米国クライン派の臨床
自分自身のこころ

R・ケイパー 著　松木邦裕 監訳

池田暁史・久保田圭子・坂井俊之・藤巻純・古川俊一・別所晶子 訳

岩崎学術出版社

A Mind of One's Own
A Kleinian view of self and object

ロシェル，リサそしてミーガンに，
アナベルの思い出に

A Mind of One's Own——A Kleinian view of self and object
by Robert Caper
Copyright © 1999 Robert Caper
Japanese translation rights arranged with directly the author
through Tuttle-Mori Agency, Inc., Tokyo

推薦の辞

　精神分析の本を訳することはそう簡単なことではない。英語ができればいいかというと，そうでもない。単に英語ができる人が訳しても，肝心のところで驚くような誤訳が生まれる。正反対に訳したりする。つまり精神分析で何が起きているかを感覚的に捕まえていない人が訳していなければしかたないのだ。それは精神分析が通常の論理や文脈を超えたところで思考が展開されるものであることに起因している。

　ただ，私のように，分析実践に一週間の相当の時間を占有されてカウチの脇に繋ぎ止められているだけでなく，大学だの学会だのという気は進まなくても重要なことに忙殺されているような年になると，翻訳という仕事はとても難しくなる。

　翻訳とは，相当の熱意と根気と強迫性が要求される仕事なのだ。そのとき若さはとても大きな力になる。そして臨床家としての自分を形成しつつある人のもつ特有の情熱と翻訳作業がつがうことで，大きな成果が生まれるものだ。

　ケイパーという，ある意味おそろしく原理主義的な精神分析家の著作を訳してみようなどと考えることは，若くてとんがっていないとできないことかも知れない。

　訳者の一人の坂井さんがこの本の一章になっている論文「自分自身のこころ」を読んできて，上智大学大学院の私のゼミでその内容を発表したときのことはよく覚えている。訳者のもう一人，その後ＮＹのコロンビア大学に行った別所さんもゼミにいた頃で，坂井さんはその後，「精神分析は治すのか？」についても発表した。彼がケイパーに惹かれていくのがよくわかった。彼が松木先生の仕事を通してケイパーに最初に触れたというのは当時聞いたかどうか，記憶がさだかではない。

　その後，私が個人的にやっていた「古典の会」，東大精神科の若い人を教えていた通称「藤山ゼミ」，そういうところにいる若い人たちと彼らが集まって翻訳のプロジェクトが始まったという。池田さん，古川さん，藤巻さん，久保

田さん，みな骨のある，きちんと仕事をする人で，精神分析への思いをしっかりもっている人たちだ。

　私はこのプロジェクトの発足の過程にまったく関与していない。発足を聞いたのがどれくらい後だったのか，とにかく，なかなかやるもんじゃないか，と思ってうれしい気持ちがしたのをよく記憶している。

　このケイパーの本を私が買ったのは，2000年，私がまだ日本女子大にいた頃だったと思う。一読，その志の高さと厳密な原理主義的な印象に粛然とした気持ちになった。この本が出版され，日本で読まれることはたしかにいいものをもたらすだろう，とその翻訳の話を聞いたときに思った。ただ，私はクライン派ではもちろんないから，この本の訳出について何かをする立場にはなれない。その点，松木邦裕先生が関与してくださって，若い志をはぐくんでくださったことをたいへんありがたく思う。

　そういう意味でこの本は，私としては大変うれしい一冊になった。ただ，この本を私が推薦したいのはそうした個人的事情によるのではない。読んでいただければわかるが，この本は，精神分析らしさとは何か，ということについて真っ向から論じようとしている本である。ケイパーの考えるコンテインメントとは，明確な差異というものに向き合うことである。分析家は解釈だけをするものであり，それ以上でも以下でもない。けっして，精神分析は治癒を目指すものではない。あくまで精神分析は精神分析だ。こうした彼の精神分析観に私たち分析的実践家が一度触れておく意義は，どのような立場に立つにせよ，あると思う。

　いま精神分析の翻訳の本が売れなくなっているらしい。入門的な本は売れるのに，オリジナルな言説の翻訳は，古典に属するものでさえ売れにくくなっている。手軽にわかったつもりになりたい人が増えているのだろう。

　精神分析は原理的に言って，わからないことにもちこたえていくこと，わかろうとする営みを続けることである。精神分析を「手軽に」入門書でわかったつもりになることは，まったく反精神分析的なことだと言わざるをえない。この本のような骨太な本が精神分析に関心を持つ人に行き渡ることを私は願っている。

　2011年夏　白南風の吹きぬけるオフィスにて

藤山直樹

謝　辞

　これから述べます方々からいただいたご恩に対し感謝の言葉を記すことができるのをうれしく思います。アルバート・メイソン博士は，私を支援し，メラニー・クライン，ハンナ・スィーガル，ウィルフレッド・ビオンの業績を紹介し，二人精神病 folie à deux に関して議論を重ねてくださいました。デイヴィッド・タケット，アーノルド・クーパー，ジョルジュ・アフマダの各博士と「国際精神分析誌」の編集諸氏にはその寛大さと，こころのこもった編集上の助言に感謝いたします。スザンナ・アイザックス・エルムハースト博士には本書で論じられた小児および思春期の症例に関してとても貴重な援助をいただきました。そして同博士，ハンナ・スィーガル博士，ベティ・ジョセフ女史およびその他の友人，同僚諸氏は，私を支援し，教育し，励ましてくださいました。本書を執筆するに当たり，分析の一部分を用いることを許可してくださった患者諸氏に感謝いたします。私に本書執筆を熱心に勧め，編集者として助言と粘り強さを示し，同一化と内的対象のテーマについてかけがえのない貴重な議論を重ねてくださったエリザベス・ボット・スピリウス夫人には特に感謝いたします。最後に，家族に感謝したいと思います。彼らの忍耐と支援と寛容がなければ，私は本書を書き通せなかったでしょう。特に妻に感謝します。私の英語を平易で分かりやすいものにしようと彼女が根気強く努力してくれたおかげで，読者の苦労は大幅に軽減されていると思います。

　第3章「精神分析は治すのか？　精神分析技法論への寄与」，第4章「変化をもたらす解釈をすることの難しさについて」，第5章「臨床的事実とは何か？」，第7章「精神病理と原始的精神状態」，第8章「遊び，創造性そして実験」，第10章「自分自身のこころ」を再刊行することと，「美学への精神分析的アプローチ」を引用することを許可してくださった「国際精神分析誌」とロンドン精神分析インスティテュートに感謝したく思います。第6章「心的現実と転移分析」の再刊行を許可してくださった「季刊精神分析誌」と，ジェイムス・グレイック著『天才：リチャード・ファインマンの人生と科学』からの一節を使用することを許可してくださったパンテオン書店にも感謝いたします。

序

　この明快な書物は，過去数年にわたって書かれた一連の論文で成り立っていますが，その内容は一見したところまったく統一性がないように思えます。しかし，一度これらに目を通せば，読者は，本書の題名になっているテーマ——自分自身のこころ——が浮かび上がってくることに気がつくでしょう。そして，この本が，自分自身のこころを獲得しようとする患者を精神分析がどのように手助けするのかについて書かれていることに気がつくでしょう。このための筋道は次のとおりです。精神分析はいかに働くのかということや，分析家と患者双方にとっての困難の性質を問うこと。解釈それ自体はいったい何をしているのかを問うこと。患者と分析家との関係の性質およびこの関係の複雑性を理解することが変化をもたらすうえでいかに手助けとなるかを論じること。それが問うて論じているのは，変化の性質——何から何への変化なのか——ということです。これによって，精神分析における変化，すなわち心的変化，という言葉でもってわれわれがいおうとしているあらゆる領域が切り拓かれます。ケイパー博士が論じていることをごくごく単純化していうと，自己愛的な対象関係および万能的な「妄想」思考から「真の」対象関係および現実思考へという変化に関することです。彼が例証しているように，この議論を先に進めていこうと思うのなら，内的対象関係や原始的精神状態という言葉でもっていおうとしていることについて詳細に検討しないわけにはいきません。彼はこの作業に取り組み続け，いまや真に対象に関わることと自分自身のこころをもつこととをはっきりと結び付けています。

　彼の前著『形のない事実 Immaterial Facts』の中で，ケイパー博士は，心的現実に関するフロイトの考え方を論じ，メラニー・クラインの仕事が，博士が示したとおりフロイトの思考と本質的につながっており，連続したものであることを論じました。今回の書物において，心的現実に関するこの関心はさらに推し進められ，いまや自分自身のこころを獲得することへと焦点が当てられています。彼の思考に対するビオンの業績の影響は，明らかに精緻化されています。たとえば，成熟した対象関係へと向かう動きをアルファ機能と結びつけ

る議論や，さらに例を挙げれば，われわれのさらなる逆転移理解に対するベータ要素の意義といったものによってです。

　本書は，理論についての本でもなければ，技法についての本でもありません。精神分析および精神分析することの目的と困難とに関するわれわれの思考を段階ごとに吟味する本であり，したがって，これらの段階を読者自らが吟味し，自分自身のこころをよりいっそう獲得できるよう手助けするはず——そうみなす人もいるでしょう——の本なのです。

ベティ・ジョセフ

訳者まえがき

　本書は A Mind of One's Own: A Kleinian View of Self and Object, by Robert Caper (Routledge, London, 1999) の全訳である。本書をこのような形で世に出すことができて，私たち訳者一同はみな，こころから嬉しく思っている。

　ロバート・ケイパーは，米国西海岸のカリフォルニア州ビバリーヒルズで開業する医師の精神分析家である。UCLA の医学部を 1968 年に卒業しているので，現在 70 歳前後と推測される。彼は，分析家になる過程での重要な教育をロンドンで受けており，いわゆるクライン派に属している。しかし，彼の著作からは構造論や実証科学への強い関心もうかがわれ，英国クライン派とは一線を画したオリジナリティをもつ米国クライニアンといえる。

　彼には現在まで 3 冊の著作がある。最初の著作 Immaterial Facts: Freud's Discovery of Psychic Reality and Klein's Development of His Work (1988) は，米国の読者にフロイトからクラインへという精神分析の流れを紹介するものである。第 2 著作が本書であり，New Library of Psychoanalysis シリーズの 1 冊として刊行された。その後，本当の理由は分からないが，本書の第 4 章にもあるように精神分析協会の硬直した姿勢に嫌気がさしたのだろうか，彼は IPA を離れてしまった。しかし，2009 年に本書第 5 章の内容を更に発展させたといえる第 3 著作 Building Out into the Dark: Theory and Observation in Science and Psychiatry を発表して，依然として精神分析的思索を続けている様子を内外に示した。

　本書は，大まかにいえば 3 部構成となっている。第 5 章までが第 1 部，第 6 章から第 10 章までが第 2 部，そして最後の 2 章が第 3 部である。それぞれについて以下で少し説明を試みる。第 1 部の中心テーマはストレイチーの「変化をもたらす解釈」という概念である。ケイパーはまず，暗示と精神分析とを識別するところから始める。（そういうものが仮にあるとして）暗示の治療効果は，治療者への強い理想化に基づく。一方，治療者には患者を「治したい」という欲求がある。この両者が組み合わさると，そこには万能的な二人だけの世界が成立してしまう。彼は，これをビオンの「基本的思い込み集団」の二人組

版であると説く。分析家はこの状態に「変化をもたらす解釈」で挑戦するが，その際，二人の蒼古的超自我の融合物がもたらす強烈な罪悪感や不安に晒される。分析家は自分の自我でもってこの蒼古的超自我に取り組まねばならない。そして分析家がこの過程を分析の場に提示することこそが，ストレイチーが「補助超自我」と呼びケイパーが「補助自我」と呼ぶ機能である。これによって患者はそれまでの「思い込み」の世界を離れ「本当のこと」に出会うのである。

　それでは分析で「本当のこと」が起こっているかどうかはどうすれば判明するのであろうか。ケイパーは，精神分析を科学の実験になぞらえて検討する。彼は，精神分析が本物であるエビデンスとして，患者と治療者が分離しているという感覚と，羨望に基づく強い葛藤とを取り上げているが，このテーマは，彼の第3著作で再度扱われていることからも分かるように，彼にとって非常に魅力的な話題なのだと思われる。第5章までのこの一連の論旨は，非常に説得力に満ち魅力に溢れるものであり，読者は一読して強い感銘を受けるのではないであろうか。

　第2部は，第1部と較べて幾分各章間のつながりが薄いように感じられるかもしれない。しかし注意して読んでいけば，ベティ・ジョセフが述べているように，全ての章が第10章の主題である「自分自身のこころ」を目指して収斂していくことが分かるであろう。ここで説明されるのは，転移とは患者が自分の内的現実を無意識的な妄想として分析家に投影するということであり，分析家を外的現実としてではなく自分の内的対象の延長として自己愛的（万能的）に扱うということである。分析家がこれを生き延びるためには自らのよい内的対象との関係性を保持しておく能力が必要である。これは分析家がエディプス（三者）状況を生きているということであり，抑うつ的な対象関係を保持できているということでもある。分析家には患者の操作を受けない内的対象があるということに患者が直面すると，結果として，患者は分析家には分析家のこころがあり，自分には自分自身のこころがあるということを知る。それは自分が対象に支配されていないという自由の感覚と，自分が対象を支配することができないという哀しみの感覚との両方を備えた経験である。

　第3部では，ビオンのアルファ機能とコンテイナーについての理論が取り上げられる。著者は，第2部にも登場した患者の無意識的妄想が普通の無意識的空想に変形される仕組みをアルファ機能の概念を用いて説明する。そしてさら

にアルファ機能を，生の感覚データに心理的意味を与える「統合的アルファ機能」と，耐え難いこころの状態を耐えられるものへと変形する「分析的アルファ機能」とに二分する。つまり無意識的妄想から普通の無意識的空想への変形は分析的アルファ機能によるのである。

著者によれば，この分析的アルファ機能こそがビオンのいうコンテイナー機能なのである。こうして，抱えることとコンテインメントとの概念の差異が解説される。著者は，「抱えること」とは患者の万能的・妄想的な対象関係に対して分析家が敵意をもっていないという再保証に過ぎず，それだけでは患者に変化をもたらすことはないと考えている。一方，コンテインメントとは患者の空想が空想に過ぎないということを示し，治療者が患者の空想する対象とは異なるということを示すことである。もっともこの識別には異論を唱える読者も大勢いるかもしれない。

最終的に，本書全体の通奏低音となっているテーマは，自他の分離に気づくこと，自他を識別することの重要性である。人はみな自分と出会う前に他者に出会わなければならない。そして分析家がこのためになすべきことは，解釈によって患者の無意識の心的現実をただ描写することだけなのである。読者は，本書の至る所で著者が繰り返しこのことに言及するのを目にするであろう。解釈はただ解釈するだけであり，決して何かを示唆したり，価値判断を下したりするものではない，というこの潔さがケイパーの最大の魅力といえるのかもしれない。

さて，少々長くなるが訳出の経緯について触れておきたい。そもそもの始まりは，メンバーの一人である坂井が松木邦裕先生の著作を通じてケイパーの存在を知ったことにある。坂井はケイパーの論文を入手し，上智大学の藤山直樹先生のゼミで抄読した。本書の第10章の基となった論文「自分自身のこころ」であった。ケイパーの代表論文といってもよい重要な論文である。

ゼミに参加していた別所はこの論文に感銘を受け，職場の同僚であった池田にそのことを話した。たまたま何か精神分析に関する勉強会を開催しようと思っていた池田は，早速原著を取り寄せると別所と二人で読書会の計画を練り始めた。最初の打ち合わせは，下北沢のとあるビルの2階にあるタイ料理屋で開かれた。このときに別所の強い推薦で久保田がメンバーに加わった。別所と久保田とは藤山先生を中心に開かれている精神分析の古典を原書で読む会のメンバーであった。いまとなってはこのとき何を食べたのかも憶えていないが，タイの

唐辛子よりも三人の熱気のほうが刺激的だったのが忘れられない。

　この段階で読書会の骨子がほぼ定まった。その後，別所と池田とがメンバーを募集した。別所の誘いで坂井が参加したのは自然の成り行きであった。一方で池田は，東大の精神神経科で開かれていた精神療法のグループコンサルテーション（通称「藤山ゼミ」）の参加メンバーを中心に声を掛けた。そうして藤巻と古川がメンバーに加わった。

　全員揃っての顔合わせが行われたのは2004年の秋のことと思う。なおこのときに参加された，やはり東大精神神経科の医局出身者である牛尾敬先生が，その後まもなくの職場の異動のために参加できなくなってしまったことは返す返すも残念なことであった。

　訳出作業は次のように行われた。先ず各メンバーが自分の担当章を訳出（①）し，それを基にみなで読書会の場で議論した。メンバーはこの議論を基に訳稿を修正した（②）。次に文体の統一と誤訳のチェックを兼ねて，池田（第1章～第7章，第10章）と坂井（第8, 9, 11, 12章）とが訳文の練り直しを行った（③）。これをメーリングリスト上に公開しメンバーで更に修正点を検討（④）したうえで，監訳の松木先生に提出し，修正の指示やアドバイスを頂いた（⑤）。最後に，読書会の場で改めて読みあわせを行った上で最終稿とした（⑥）。章によっては，完成までに松木先生との間でさらに数往復したものもある。なお訳稿のやり取りを始めとする松木先生との連絡は全て別所が行った。

　したがって各章とも，現在の形になるまで最低でも6回は人の目を通過していることになる。手前味噌になってしまうが，訳出にここまで力を注いだ専門書もそうはないのではないだろうか。翻訳作業に完璧などありえないということは重々承知の上で，それでも本書は私たち6人がいまもてる力を全て出し切ったものであり，私たちが提供できる翻訳としては最高水準のものであるとメンバーみなが胸を張って言える内容に仕上がっていると思う。

＊　＊　＊　＊

　上述したような経緯から，私たちが本書の翻訳出版を思い立ったとき，監訳者として真っ先に思い浮かんだのが，そもそもこの本と出合うきっかけを与えてくださった松木先生でした。突然のお願いにも関わらず先生は快く引き受けてくださいました。そして松木先生の監訳作業は本当に緻密で丁寧，かつスピーディなものでした。私たちの誰もが気づかなかったような訳し間違いも見逃さず指摘なさる先生の姿勢に，私たちは訳者としてというより臨床家としての本

気度を問われている気がして，思わず赤面してしまうことも度々でした。

　また，精神分析的な臨床家としてのアイデンティティを形成する上で，訳者全員が極めて大きな影響を受けた藤山先生に推薦の辞を書いてもらいたいというのもみなの願いでした。1冊の書物の中に，先生と並んで名前を載せることができるのは私たちにとって本当に喜びです。

　お忙しい中，それぞれの仕事をお引き受けくださった御二人の先生には，こころから感謝申し上げます。

　岩崎学術出版社の唐沢礼子さんには，編集作業に対する御礼を申し上げるとともに，余りに長くお待たせしてしまったことをお詫びいたします。本訳書の完成に要した7年という歳月は，決して短いものではありません。私たち訳者もこの7年で，所属が変わったり，オフィスをもったり，留学したり，と公私においてさまざまな変化を経験しました。それでもこうして最後まで無事に辿り着けたのは，それぞれの家族，職場の同僚，スーパーバイザーを始めとする恩師といった方々の支援があったからです。あらためてこの間の私たちを応援してくれた方々に感謝申し上げたいと思います。

　そして何よりも私たちは，1つのチームとしてこの作業を進めてきたメンバーみなに感謝しています。みなで力を合わせたこの書物は，私たちにとって生涯の宝物です。私たちの努力の結晶である本書は，松木先生と藤山先生という御二人の大きなお力添えを得て，いま羽ばたこうとしています。どうか一人でも多くの方が本書を手に取ってくださいますように。そして，手に取るだけでなく，是非目を通していただけますように。精神分析という営みを通して人がどれだけ他者に対して誠実になることができるのか，を感じていただけたらと思います。

2011年5月

訳者一同

目　次

推薦の辞　　iii
謝　辞　　v
序　　vii
訳者まえがき　　ix

第1章　イントロダクション　*1*

第2章　精神分析と暗示：ジェイムス・ストレイチーの「精神分析の治療作用の本質」再考　*11*

第3章　精神分析は治すのか？　精神分析技法論への寄与　*24*
 3.1　はじめに　*24*
 3.2　分析過程における投影同一化　*26*
 3.3　治癒させたいという分析家の欲求の起源　*29*
 3.4　分析家にとっての精神分析の情緒的な難しさ　*31*
 3.5　現実的な対象としての精神分析家　*34*
 3.6　技法的考察　*37*
 3.7　結　論　*39*

第4章　変化をもたらす解釈をすることの難しさについて　*41*
 4.1　はじめに　*41*
 4.2　転移と逆転移の相互交流　*43*
 4.3　臨床例　*45*
 4.4　考　察　*47*
 4.5　結　論　*57*

第5章　臨床的事実とは何か？　精神分析技法論への寄与　*58*

5.1　はじめに　*58*

5.2　精神分析のエビデンス　*61*

5.3　心的現実　*71*

5.4　考　察　*75*

第6章　心的現実と転移分析　*78*

6.1　心的現実　*78*

6.2　転　移　*80*

6.3　臨床例　*83*

6.4　転移の分析　*87*

6.5　蒼古的超自我の分析　*89*

第7章　精神病理と原始的精神状態　*92*

7.1　原始的精神状態　*92*

7.2　異常な精神状態と経験から学ぶことの失敗　*95*

7.3　無意識的妄想と無意識的空想　*97*

7.4　臨床描写　*98*

7.5　理論的誤謬　*101*

7.6　精神分析的再構成　*105*

7.7　要約と結論　*108*

第8章　遊び，創造性そして実験　*111*

8.1　はじめに　*111*

8.2　遊ぶことと実験　*112*

8.3　精神分析における実験的な遊び　*114*

8.4　精神病状態における実験的な惨事　*117*

8.5　実験と性愛　*119*

8.6　象徴形成と創造性　*121*

8.7　結　論　*124*

第9章　内的対象　*127*
    9.1　無意識的概念　*127*
    9.2　妄想分裂内的対象　*131*
    9.3　抑うつ内的対象　*134*
    9.4　臨床例　*139*
    9.5　概　括　*142*
    9.6　内的世界とエディプス・コンプレックス　*143*

第10章　自分自身のこころ　*148*
    10.1　はじめに　*148*
    10.2　臨床描写　*159*
    10.3　考　察　*166*

第11章　アルファ機能について　*170*
    11.1　はじめに　*170*
    11.2　アルファ要素　*172*
    11.3　ベータ要素　*175*
    11.4　ベータ要素と逆転移　*179*

第12章　コンテイナーについての一理論　*185*
    12.1　はじめに　*185*
    12.2　反アルファ機能　*196*
    12.3　分析的アルファ機能　*198*
    12.4　臨床例　*199*
    12.5　コンテインメント，安全感，そして不安感　*206*

参考文献　*209*

監訳者あとがき　　*215*
人名索引　　*217*
事項索引　　*218*

第1章 イントロダクション

　本書は過去6年余りに書かれた一連の論文を基にしている。書いているときには，それらに共通したテーマを持たせようとは意識していなかった。しかし振り返ってみると，ひとつのテーマが浮かび上がってきた。いうなれば，自己と対象を識別するという心的発達の重要性であり，［対象と自己が識別されるという—訳注］この困難な心的解きほぐしが，精神分析の治療効果において果たす中心的役割である。本書で私が試みているのは，心的発達はどのようにして生じるのか，これを支援するために精神分析が行おうとしていることとは何か，そしてその試みを概念化するのに役に立つかもしれないのはどんな理論かという問いに部分的な答えを出してみることである。

　多数の源泉から答えは出てきた。すなわち，私が学んできた理論からであり，それらの理論を論理的に拡張し発展させようという私の試みからであり，私自身の臨床経験からであり，そしてこの経験を生かして既存の理論を試し推敲しようという私の試みからである。

　精神分析と暗示との違いからはじめよう。それは主として，私自身が精神療法から精神分析へと歩を移す中で，精神科医，臨床心理士，ソーシャルワーカー，そして夫婦カウンセラーや家族カウンセラーによって実践される精神療法と，精神分析とを区別するものは，前者が，私見では，暗示および患者の性格への戦略的で如才ない操作に基づいているのに対して，精神分析は要するにより根本的ななにかを成し遂げようと目指しているということに私が徐々に気づいてきたからである。精神分析の目的は，患者をたくみに操作して「よりよい精神保健」という予め決められた観念へ向かわせるために患者の既存の性格を用いることではない。そうではなく，患者はおそらくそれを望みかつその能力があるであろう——そして当然分析家も同様にその能力があるであろう——が，患者が自分は誰であり誰でないのかということを分かるようになれることであり，これに続く心的発達の恩恵をこうむれるようになれることである。この含蓄をしっかりと描き出してみるならば，精神分析は単に患者が，自己と対象，内的

現実と外的現実とを識別できるように援助するだけでなく，真実と欺瞞，そして公平な探索とモラリズムとを識別できるように援助するということになる。

　精神分析にとってのゴールとはというこの疑問は，第2章「精神分析と暗示：ジェイムス・ストレイチーの『精神分析の治療作用の本質』再考」の中心テーマである。この章では，ストレイチーの「変化をもたらす解釈」とは，患者が内的現実と外的現実とのもつれを解けるよう援助していくことであり，患者が分析家に帰している患者本人というものと，別個の，分離した人物としての分析家というものをよりいっそう識別することが可能になるよう援助する試みから構成されているということを述べている。

　第3章「精神分析は治すのか？」および第4章「変化をもたらす解釈をすることの難しさについて」は，この命題をさらに発展させている。ストレイチーにならって，患者が分析家を，あるいは分析家のある側面をどう見るかということを，ストレイチーが「外的空想対象」と呼んだものとみなすことは役に立つであろう。無意識的に患者は，「蒼古的超自我」の諸側面を分析家へと投影する。もしこれらの投影が単に患者の空想に過ぎないのなら，分析家が自分と患者の投影とを識別することは比較的容易である。しかしながら，臨床状況はしばしば2つの要素のために複雑になっている。1つに，患者は，ビオンが「現実的投影同一化」と呼んだものをしばしば成し遂げることができる。すなわち患者は，分析家に帰すことを望む患者の諸側面に相応しいこころの状態を無意識的に分析家に引き起こすことができる。よって次には，分析家は自分自身の理由で，患者の「蒼古的超自我」の役割を演ずることを必要とするかもしれない。

　もし分析家がこの過程に引き入れられると，患者は分析家に対して無意識に暗示をかける。それは，患者と分析家とが，フロイトが群集 eine Masse と呼び，ビオンが「基本的思い込み集団」と呼ぶものの二人組版になってしまっているということである。患者の現実的投影同一化が，分析家自身の非－分析的なニーズという沃野を突然襲うと，分析家の中に，その投影に関してビオンが「現実感の麻痺」と呼ぶものが生じる。「現実感」とは投影が実際の現実を表象しているという感覚であり，麻痺とは投影の現実についてよく考えたりじっくり調べたりができなくなることである。このやり取りの大部分は，無意識に起こる。そのため，分析家が自分自身のこころに何が起こっているのかを知ること，すなわち，患者の転移に対する自分自身の逆転移反応の基盤を理解するこ

とがしばしばとても難しいのである。そして、分析家は患者に、患者が分析家を無意識的にどう経験しているのか、そしていかにしてそう経験するに至ったのかを言葉で伝えるつもりなら、つまり、変化をもたらす解釈を行おうとするなら、これこそが分析家のすべきことなのである。分析家は、そのような解釈をなすことに危惧の念を覚えることがしばしばある。自分と患者との間の「よい」関係（「よい」関係とは、分析家と患者との間での分析を避けようとする無意識の共謀を基としている）を損なうことを恐れ、患者が非難され責められていると感じることを恐れ、患者と互いに憎しみ合う関係に巻き込まれることになることを恐れるからである。分析家と患者との間での過程を公平に描写することさえも、難しく、恐ろしいことになる。これゆえ、変化をもたらす解釈は難しいのである。同時に強調しておきたいのは、他者から自己を選り分け、現実から道徳を選り分ける解釈に患者がどんなにか腹を立てるとしても、患者は、まさに彼らを立腹させるその過程に対し、感謝するかもしれないということである。私は、この過程の諸側面を例証する3つの臨床素材を記述している。

　もはや述べるまでもないが、私の精神分析的思考にもっぱら影響を与えたのは、フロイトは当然として、クラインとビオンである。私自身の考え方に必要不可欠だと思える考えには、ストレイチー（1934 [1969]）の変化をもたらす解釈についての見解（それ自体、クラインの業績に多くを負っている）、無意識的空想の観念（Isaacs 1952）、メラニー・クラインが「誕生後ほどなくして乳幼児のこころに（現出する）もっとも原始的な精神活動」と描写したそれ（Klein 1936b, p. 290）、われわれに対象関係や精神機能のタイプの基本的違いを理解できるようにしてくれた、妄想分裂ポジションと抑うつポジションについてのクラインの概念（1935, 1940, 1946）、私が分析関係の変遷を理解するのにとても役に立った、基本的思い込み集団および作業集団についてのビオンの定式化（Bion 1961）、病理的な投影同一化（Klein 1946）および羨望の臨床的重要性（Klein 1957）というクラインの考え方、そして正常な投影同一化、アルファ要素およびベータ要素、コンテイナー理論というビオンの観念（1962a [1967b の誤植か—訳注], 1963, 1965）がある。これら全てが、私が精神分析の治療作用の本質を考えるうえで極めて重要であった。

　第5章「臨床的事実とはなにか？」で私が提唱するのは、われわれが無意識についてなしうる解釈がもっとも真実味を帯びるのは、解釈が「上手くいっている working」分析の一部として生じる場合である。「上手くいっている」分

析を私は操作的に，3つの識別可能な情動状態という観点から定義する。第1は，ビオンが分析の「親密な関係内での孤立」（Bion 1963）の感覚として記述したものである。両方の当事者それぞれが，分析的関係において両者の支配を越えたものがあると強く意識することである。第2はドナルド・メルツァー（Meltzer and Williams 1988）が「美的葛藤」と呼ぶもので，上手くいっている分析に関して感じるものである。そして第3が，自分のこころの状態を生み出していく際の自分自身の役割を意識することである。

　私は，臨床的精神分析的事実を，これらの情動状態が獲得されていくのを目にしているときに，分析において明らかとなるものと定義する。臨床的精神分析的事実とは上手くいっている分析からいずるものであるということ，そして上手くいっている分析はある情動状態の出現——それらを探知するにはたいそう知的に洗練されていることが必要となるかもしれない——によってそれと知られるであろうということは，われわれをある不確かさの感情に留め置くこととなる。それは，われわれのもっとも基本的な考えでさえ科学的に定義しうるかどうかということについての不確かさである。しかし，精神分析はこころを科学的に探求するものだという観念を諦める心準備をするか，分析を，こころの状態以外の何かで，すなわち機械的あるいは行動主義的に定義しうる活動におとしめる心積りをしない限り，この困難を避けることはできない。

　第6章（「心的現実と転移分析」）と第7章（「精神病理と原始的精神状態」）で私が扱うのは，われわれが転移をいかに定義し，こころの状態を引き起こすものについていかに考えるかという問題，特に患者の過去が現在の精神状態を引き起こしているということができるのかどうかという問題である。私が示唆するのは，クライン（1952b）にならって，転移は過去の文字通りの反復ではなく，かつて患者の対象知覚に影響を与え，現在患者の対象知覚に影響を与えている同一の変形過程の今日版であるということである。次にこの定式化を転移についての競合する観点3つと比較する。私が思うに，これらの観点は，分析家が患者の蒼古的超自我であると分析家も患者も感じているという決定的かつきわめて一般的な臨床的現象を扱えていない。

　第7章で私は，こころの破壊的な力を婉曲的に表現する語として「原始的精神状態」なる用語を使うことによって精神分析にもたらされた混同を論じる。これらの破壊的な力は，自己愛的同一化の一型として現れるのだが，それは以下に伴って生じる。まず「よい」部分と「悪い」部分へと自己が分割され，対

象も同様に分割される。それに続いて，各々の「よい」側面は「よい」自己／対象へと再結合され，「悪い」側面は「悪い」自己／対象へと再結合される。そして最終的に，自己と対象の「よい」側面は同一化され，悪い側面は逆‐同一化される。私が使っている意味での自己愛的同一化は，投影か取り入れのどちらかを介して，通常は両者を巻き込んで進行する。それは，分割と再結合の空想が「ほんとうの」現実を表象すると感じられているこころの状態と関連し，一方，現実の事態（すなわち，どんな性質や性格が真に誰に属しているか）は相対的に軽視されている。このこころの状態は，強烈に迫害的であるか，強烈に幸福なものかのいずれかであり，通常は両者が交互にやってくる。自己愛的同一化により破壊されるものは，現実の自己と現実の対象との関係である。自己愛的同一化のこの型は生まれたときから，自己とは何で，対象とは何かについてのより現実的な評価力と併存していると私は信じている。どちらも等しく原始的なものであるので，対象関係を破壊する力だけを「原始的」と記述するのは，破壊的な力と共存する建設的な力を暗黙のうちに否定することになる（それは乳幼児に不公平である）。それ以上に，過去に注意を向けることによって，患者のこころでの現在の建設的な力と破壊的な力との相互作用から関心を引き離してしまう（それは回復しようとしている患者に対して公平でない）。この章で，私は，自己愛的同一化の通常は強調されない一側面を特に強調しておきたい。分割された自己の上澄み部分と分割された対象の上澄み部分との再結合が，自己と対象との混同を生み出しているということである。

　私が述べるのは，成人の精神病理とは，復興した，あるいは持続性の正常な原始的精神状態であるという考えは，分析作業を妨げかねない理論的誤謬であるということである。この見解は，何が自己で何が対象かという正気の視点をひそかに侵食していく今日の勢力からの逃避を支持する。

　第8章「遊び，創造性そして実験」で私が示したいのは，遊び，それは正常の投影同一化と取り入れ同一化を伴うものだが，外的対象の性質を探る一法であり，正常な投影同一化を用いて外的対象についての自分の知識と内的現実とを結びつける一法であることであり，正常な投影同一化を上手に使えるかどうかは内的および外的世界の相互の自律性を認識する能力があるか，言い換えれば，自己愛的同一化の結果としての内的世界と外的世界の混同から自分を救い出す能力があるかに拠っているということである。（万能感とはシンプルにこの種の混同とみなせるかもしれない。）私はまた，子どもの遊びと，科学的探

索と，芸術的創造性とのつながりを示そうと思う。これら全ては，私の考えでは，内的および外的現実を学ぶために空想と投影とを遊び心をもって用いる結果生じるものである。これは部分的には，創造性についてのハンナ・スィーガルの業績（1952, 1974）を拡張したものである。

第9章「内的対象」では，私は内的対象というクライン派の概念を検討する。私の考えでは，妄想分裂ポジションにおける内的対象とは自己愛的同一化の産物であり，（現実においては）対象であるものが自己から分離されておらず，その代わり自分の一部であるという具象的に経験された空想である。妄想分裂ポジションにおける内的対象とは，自己と対象のそれぞれが先ずは部分に分割され，次に自己の部分と対象の部分とが混同されるというタイプの同一化の産物である。これら自己と対象の混乱した混合物は，所有しかつ所有されていると感じられている。それらは万能的な投影と取り入れという空想の産物である。人はそのような対象とは本当には関係を持てない。その代わり，無意識のうちに自分が対象**であり**，対象が自己**である**と感じている。

抑うつポジションにおける内的対象は全く違った過程での産物である。自分が対象であるという妄想的信念の結果ではなく，むしろせいぜいできるのは（好きなら）その対象のように**なりたい**と，（嫌いなら）その対象のようには**なりたくない**と熱望することだという感覚の結果である。この熱望は一様に，この点ではどういうわけか望みに届かないという認識，自分がせいぜいできるのは，愛され賞賛される対象のようになろう，あるいは嫌われ軽蔑される対象のようにはなるまいということだけだという認識を伴う。抑うつポジションでは，人は，手が届くからといってそれをしっかり摑めるわけではないということを分かっており，天国とは願望であり，実現するものではないということを認識している。

抑うつ的同一化とは，自己と対象との境界を認識し維持することができる自我の一部分の機能である。このタイプの同一化はいつも部分的で制限されたものである。このタイプの同一化は，ある特別な対象によって万能的同一化空想の力から守られている場合のみ，現れ始めると示唆しておきたい。この特別な対象の原型はエディプス的父親で，これが原型的対象――エディプス的母親――に入ること（支配すること）を禁じる。エディプス的父親の存在が無意識的に認められると，それに続いて対象との万能的同一化にとって代わるものは，自己とは違うと感じられる対象への愛や憎しみである。この愛や憎しみはビオ

ンがつながり link と呼んだものである。つながりは，対象とは違うものとして実感されている自己と，自己とは違うものとして実感されている対象との間に存在する。それは自己と対象とを同等視する妄想分裂型の同一化とは根本的に異なっている。

　この観点からは，クラインが抑うつポジションにおける「よい内在化された対象」と呼んで「自我の核」とみなしたものは，つながり——自分とは分離した違ったものであると認識された対象である，よい外的対象への愛——に基づいている。クラインは，ほんとうの自尊心や内的安全感を，よい内的対象との関係から生じるもの，そしてそれらを憎悪から守る能力から生じるものとして描いた。私は，そのような安全感と自尊心を，よい外的対象への愛をそれに対する自らの自己愛的憎悪から守ることのできる能力から生じるものと定義したい。要約すると，私の考えでは，妄想分裂ポジションで対象が取り入れられるときには，自己愛的に同一化される。すなわち，自己は対象となり，対象は自己となる。抑うつ的同一化では，対象が別個の同一性を持つことが認識されており，よい対象や悪い対象とつながっているだけなのである。

　私は，超自我の形成に，妄想分裂型あるいは自己愛型の同一化，および抑うつ型の同一化が果たすインパクトを探究し，また，各々と関連したエディプス・コンプレックスの解決の型を探究する。私は，内的対象関係をこのように見ることが，エディプス状況の解決や現実的で有用な超自我の設立についてのいきいきとした描写に与える含蓄を論じることで，この章を締め括る。有用な超自我に関するこの議論は，第4章でのストレイチーの「補助超自我」についての議論とつながっている。

　第10章「自分自身のこころ」で，私が検討するのは，分析家と患者の双方にとって，自己愛的認識から抑うつ的認識へと移ることに関係した過程である。分析家が，一方で患者の投影を受け容れる力に富み，他方でそれらについて考え解釈することができるためには，患者と自分自身の内的対象の双方とつながっている必要がある。精神分析に携わっているとき，分析家のよい内的対象とは精神分析そのものである。つまり，作業している分析家にとって，それはブリトン（1989）によって記述された状況であるが，よい（理想化されたものでない）内的対象である。私の結論では，第9章で提起された議論に沿って，分析はそれ自体がエディプス状況であり，患者が抑うつポジションに入るということは，彼がこのエディプス状況をやり通すということそのものである。私は，

この関連を臨床例を通して描いている。

第11章「アルファ機能について」および第12章「コンテイナーについての一理論」では，私は先行する章で論じてきた観念を，分析がどのように働くかについてのビオンの理論につなげようと試みている。第4章「変化をもたらす解釈をすることの難しさについて」で述べているように，ビオンは彼の概念を未定義のまま，「未飽和」にしておくことを好んだ。それゆえ「ベータ要素」，「アルファ機能」そして「アルファ要素」といった用語を使った。ビオンは，考えたり夢見たりすることのできない非-精神的な刺激としてベータ要素を定義した（Bion 1962, p.6）。私の考えでは，ベータ要素とは，未だかって思考となったことがないゆえに考えることができない生の感覚刺激か，かつては思考で**あった**何かがどういうわけか非-思考へと転換してしまって，それゆえ考えることができないものであるように思う。

アルファ機能の役目は，ビオンの考えでは，ベータ要素をアルファ要素に変換することであり，それを用いることで夢を見たり考えたりができるようになる。コンテイナーというビオンの理論（Bion 1962, 1963）はアルファ機能の対人版とみなせるかもしれない。つまり，患者は，現実的投影同一化を用いて，無意識にベータ要素を分析家の中に投影する。それに続いて分析家は，彼のアルファ機能を使ってそれらをアルファ要素に転換する。分析家が行う解釈によって，患者は，いまだベータ要素であったがゆえに意識的にも無意識的にも感じていなかったことを我が身に持ち込んで意識することができるようになる。第11章で扱う問いは，ベータ要素をアルファ要素に転換して夢見ることや思考することに使うことができるようにするために，アルファ機能はベータ要素に一体何をしているのかということである。アルファ機能を働かせるということは妄想を普通の観念に変形することに他ならず，この変形のためにはまさに自己と対象との分化のようなものが必要で，その分化には対象関係が自己愛的なものから抑うつ的なものへと移り変わることが関連していると思う。

分析において自分の理解力を取り戻すためにアルファ機能を働かせるには，一連の作業を要する。なぜなら普通の思考へと転換されるべき妄想とは，自己愛的対象関係および蒼古的超自我の世界の一部であり，したがって宗教的信念でもって保持されているからである。そのような妄想に対してアルファ機能を働かせることで，分析家は自分自身の，および患者の蒼古的超自我に対抗する。そのために分析家はきわめて重大なときに，解釈をすること（あるいは解釈し

ようと考えるだけでも）は罰当たりなことをしでかしていると感じてしまう。精神分析の臨床セッティングの合理性とは，患者からと同様に自分から受ける一種の蒼古的道徳的非難をものともしないという代償を払って得るものである。

第12章で私が提示するのは，ビオンがアルファ機能という用語を2つのまったく異なった過程を表すのに用いており，各過程は2種類あるベータ要素の1つずつに作用しているということである。すなわち一方は生の感覚データに作用して，それを心的に意味のある実体へと変換し，他方は耐え難いこころの状態に作用して，それを耐えられるものへと変換する。混乱を避けるために，私は前者を統合的アルファ機能，後者を分析的アルファ機能と識別する。

統合的アルファ機能は，生の感覚知覚を，本能衝動とつがわせることで無意識的空想に転換する。それは，夢見ることについてのフロイトのモデルにおいて，日中残滓が本能衝動とつがわされて夢の要素や潜在夢思考になるのと同様である。この観点では，統合的アルファ機能は，心的作業やコンテインメントをほとんど必要としない。つまり，普通に夢を見るのと変わりない簡単さである。無意識的空想が統合的アルファ機能によって一度生み出されたなら，それは脱万能的で実験的な投影と取り入れとの相互交流を通して，経験から学んでいくための仮説として用いられるであろう。私が第8章で概説したように，この種の実験により，外的対象の現実は，投影の修正をすることができる。そしてこのようにして経験から学ぶことが促進される。

内的現実や外的現実についての感覚を獲得できるかは，個人の無意識的空想が証明されること，あるいは，もっと重要でさえあるのだが，反証されることによっている。これによって内的現実と外的現実との間に線が引かれ，この線が自己愛的対象関係が誤ったものであることをはっきりさせる。自己愛的対象関係の手口 modus operandi とは，内と外，自己と他者，真実と虚偽の境界を曖昧に曇らせることである。私は，この曖昧な曇りを反アルファ機能と呼ぶ。

反アルファ機能は，私が第8章で概観した無意識的空想と知覚との科学的相互交流を，両者を極端に曖昧に曇らせることで攻撃する。つまり，両者は一緒に固まって巨大な凝塊になってしまい，仮説にも観察にも役立たないものとなる。それがすなわち，幻覚であり，妄想であり，奇怪な対象である。現実のよい対象を認識し，それを保持しようとすることに基づく価値観は，モラリズムに取って代わられる。幻覚，妄想そして奇怪な対象は，関連したモラリズムとともに集合して，反アルファ要素を構成する。

こころの状態を耐え難いものとし，その結果，分割排除か積極的なコンテインメントを必要とすることは，その内容が痛々しく悲惨であるということだけでなく，反アルファ要素による耐え難いこころの状態が圧倒的であるということでもある。正確に言えば，反アルファ要素はこころの状態ではない。それはこころに包み込みえたり，耐ええたりできない具体的な経験である。というのもそれらは［逆に—訳注］こころを包み込み，侵略し，衰弱させるからである。
　反アルファ要素を変形させるには，第2のタイプのアルファ機能である，分析的アルファ機能を伴うコンテインメント形式を利用することが必要である。分析的アルファ機能は，反アルファ要素（幻覚，妄想および奇怪な対象）を変換し，アルファ要素（無意識的空想，潜在夢思考）に戻す。それは，混同を解くことと，自分と他者とを別個の自己，「本来の」対象としてそれぞれ認識するようにすることで，内的現実と外的現実との接触を復元する。
　分析的アルファ機能は，反アルファ機能の働きを打ち消す。その結果，パーソナリティの自己愛的かつ蒼古的な意味で道徳的な側面との葛藤が生じる。したがって分析的アルファ機能は心的作業とコンテインメントを必要とする。
　私は，私が述べてきた主体／対象の交流の一側面としてウイニコットの「ホールディング」の概念を説明する臨床例を提出し，それを，分析的アルファ機能の働きによる分析的コンテインメントの効果と識別している。
　精神分析は歴史的には，暗示から抜け出たことで発展したが，個々の分析は，自己と対象との混同を生み出している，暗示の力が圧倒的に強いこころの状態から抜け出て，分離した自己が分離した対象と親密な関係にあるようなこころの状態へと発展するというのが私の視点である。

第2章　精神分析と暗示：ジェイムス・ストレイチーの「精神分析の治療作用の本質」再考

「集団心理学と自我の分析」でフロイトは，ル・ボンにならって，あるタイプの集団についての心理を以下のように記述している。

> （それは）衝動的で，移ろい易く，刺激されやすい。……集団に関しては何事も前もって計画されるということがない。激しく何かを望んだとしても，そんなに長続きはしない。というのも集団は，保持していくということができないからである。欲望と欲望が結実することとの間に，多少なりとも遅れが出ることを許さない。万能感に満ちている。つまり，集団の中の個人からは，不可能という観念が消えてしまっている。……集団は疑うことも，不確実であるということもしらない。
> 　（これらの）集団は，真理を渇望するということがない。錯覚を要求し，錯覚なしで済ますことができない。優先権が与えられるのは，常に現実的なものより非現実的なものである。すなわち集団は，真理からとほとんど同じくらい大きく，真理でないものからも影響を受ける。両者を識別しないという明らかな傾向がある。
> 　　　　　　　　　　　　　(Freud 1921a, pp.77-80; 著作集 6, pp.201-203)

これらの集団は，後にビオン（1961）によって基本的思い込み集団 basic-assumption groups の名の下に研究されたものであるが，その万能感を確信させ続け，具現化していくための指導者を必要とする。指導者がこの鉄則に従っている限り，集団はどこまでも彼の後をついていく。彼がそうすることをやめたとたん，彼は指導者としては無きものとされ，誰かより適当な人に取って代わられる。

　個人の心理は集団のそれから脱し切ることはできない。フロイトは「集団心理学は人類最古の心理学である。すなわち，われわれが，集団の痕跡を全て無視し，個人心理学として分離させたものとは，後に古い集団心理学から頭角を現すようになってきたものに過ぎず，その過程は，おそらくいまだに不完全にしか記述されていない」(p. 123; 著作集 6, p. 237) と推論した。

この種の集団心性に最も深く刻み込まれた個人心理の一面が，暗示に対する感受性である。フロイトは暗示を「充分な論理的基盤を持たない影響」と定義した（p.90; 著作集 6, p.211）。私はこの定義を次のように敷衍したい。つまり，ある観念を，論理や証拠ゆえにではなく，それを表明する人ゆえに信じることであると。基本的思い込み集団の成員が指導者に対してもつような関係を，暗示にかかりやすい主体は暗示家に対してもつ。主体は，主体と主体自身の万能感との関係を反映したものである愛や恐怖といったしがらみで暗示家に縛り付けられており，暗示家の万能は，単に具現化や照り返しに過ぎない。暗示家が主体の万能感を具現化している限り，主体は彼と同じ道を辿るであろうし，同じ理由から基本的思い込み集団は指導者に従うだろ。けれども暗示家が主体の万能感の具現化を止めるなら，彼の暗示は失敗するだろう。（私が強調したいのは，フロイトとル・ボンが扱ったこのタイプの集団機能は，今日われわれが大衆心理学あるいは群集心理学と呼んでいるものに最もよく対応しており，より現実的に方向づけられたタイプの集団活動とは慎重に識別されなければいけないということである。ビオン（1961）は後者のタイプの集団を「作業集団 work group」の名の下で分析的に扱った。）

　暗示は，証拠や倫理，真理といったものを指導者の言葉という権威で置き換えてしまうので，その結果，思考は阻止され，内的現実と外的現実の双方の否認が強まり，問題に立ち向かう代わりに蓋をしたり避けたりするようになる。

　精神分析は，周知のごとく，暗示とは正反対の方法——抑圧や否認を増強させる代わりに「蓋を持ち上げる」こと——で，その治療効果をもたらすと主張している。これは大胆な主張であり，多くの批判者によって反論されてきた。いわく，精神分析自体も洗練された暗示以上のものではないのだから，全ての他の暗示形態と同様，その真の性質は隠されねばならず，さもないと効果を失う危険に直面しなければならない，と。それらは正しくないのだろうか？　精神分析とは，精神分析家と患者とが二人で基本的思い込み集団を形作った結果の，単なる洗練された暗示に過ぎないのではないのだろうか？　さらには，分析において真の統合が生じるというわれわれの信念は，自分たちの分析家たちからのまさに洗練を極めた暗示や，精神分析はたしかに洗練された暗示であるというもっともな疑いを払拭しようとする精神分析の体制がもつ権威によるものではありえないのだろうか？

　われわれはまず，精神分析は暗示の一形態であるという観念は歴史的には充

分真実なのであり、そのためそれを完全に払いのけるのが難しいということを認めることから始めなければならない。暗示は、意識的にも無意識的にも精神分析療法の歴史において重要な役を演じてきた。しかしながら、精神分析は暗示**以外の**何物かになりえるのだろうか？　これはジェイムス・ストレイチーが彼の古典的論文「精神分析の治療作用の本質について」(1934 [1969])で取り上げた問題である。

　ストレイチーはその論文を、精神分析がどのように作用するのかについて分析家が考えてきたさまざまな理論を概観することから始めている。彼が指摘するのは、その草創期の段階において、精神分析療法は夢——そして症状——の解明からなっていたということである（私は1897年以前の時代は省いている。その間は現代的意味で精神分析と呼びうる学問分野が存在していない）。症状は、抑圧された衝動や観念の表現とみなされていた。もし抑圧が克服され、抑圧された観念が意識化されるならば、症状は消えるのであった。治療過程は半分教育のようなものであると考えられており、分析家の仕事は患者の素材から抑圧された観念は何かを推測し演繹する知的なものと考えられていた。しかし、分析家はそのような解釈が真の治療効果をまったくもたないことに気づいた。患者は、分析家が演繹し説明した無意識の観念を「知的に」認めるだけだった。観念を「真に」意識化すること——それに情動的に気づくこと——は、どういうわけか、いまだに抵抗を受けたままであった。この時点での精神分析の治療効果は、あまり腕のよくない暗示家のものと同じようなものであった。

　分析家が次に悟ったのは、もし彼らがどうにかして患者に、自分たちと結びついた強い陽性の情緒をもたらすことに成功すれば（あるいは、むしろ自発的に生じてくる強い陽性の情緒的結びつきを認識し使えるようになれば）、分析家の解釈がぐさりと的中し、いままで以上の効果——**腕の立つ**暗示家のものを上回る——をもたらすということであった。

　フロイトが考えた集団状況では、暗示が作用するのは、主体が暗示家の善性や権威を無意識的に信じているからか、あるいは暗示家の力や悪意を信じているからである。彼は、前の場合では愛ゆえに、後の場合では恐れや恐怖ゆえに指導者に従う。いずれの場合でも、患者は理想化する転移に囚われている。分析家は理想的に善か理想的に悪かのいずれかであり、いずれにしろ万能である。患者が受け入れる観念は、自身の経験に基づくものではなく、指導者／暗示家との関係から無理強いされる性質のものに基づいている。彼は自分自身の判断

も無視してしまうほどの強い信念でこれらの観念にしがみつく。暗示家の判断を支持し，自分自身の判断は抑圧されるのである。われわれはここで，暗示家の暗示は主体自身の万能的な無意識の空想——それらは批判的思考を受けず，したがって一種の絶対的力をもっている——とまさに同じように作動していると述べてよいかもしれない。理想化する転移とは患者自身の万能感を分析家に投影したものに基づいているという事実を考えると，これは驚くべきことではない。それはあたかも，患者が「そう，私の万能感は上手く働いてない。だから専門家にちょっと助けてもらおう」と独りごちているようなものである。この場合の「専門家」とは，巧みに万能であるとみなされた分析家であり，こころと争う必要がない，特に勝手気ままな無意識と争う必要がない人物である。フロイトは，陽性転移を患者の抵抗に打ち勝つ手段としてこのように用いることを，長い目でみれば患者の自我の領域を拡げる「良性」の暗示であるという理由で正当化した。

　しかし分析家は，無意識を分析しようとするとき，理想化する転移を育てることは危険で不確実な問題であるとすぐに気づいた。分析家が患者の陽性転移だけを引き出そうと全力を尽くしたとしても，陰性転移や性愛化された陽性転移が不意に現れた。もちろん，われわれが今日認識しているように（ストレイチーのおかげによるところもあるが），これらはどちらも，分析の役に立つものである。しかし，もし患者の愛情を勝ち取ることで，われわれの暗示に従って患者に無意識内容を受け入れさせようと考えるなら，それらは障害であり邪魔である。

　ここに分析家のジレンマがある。もし知的な修練以上のものとしての分析の効果が，分析家への陽性の情緒的結びつきを患者に喚起することに拠っているとしたら，そのような結びつきは分析を続けていくために維持されなければならない。けれども分析家が，陽性転移を養成することで患者を支配しようとするなら，いつの間にか患者によって支配されていることに気づくであろう。われわれが思い出すのは，基本的思い込み集団の指導者が権勢をもつのは，彼がグループの万能感についての妄想を具現化し続ける限りにおいてであるということである。集団の成員（患者）が，指導者（分析家）に導くこと（暗示すること）を許容するのは，彼が集団（患者）の理想化された自己イメージあるいは万能感を具現化し続ける限りにおいてのみである。そのような集団の指導者（分析家）は，この領域に現実を持ち込むことができない。というのも，彼が

そうしようとすれば単に無視されるか，首を挿げ替えられることになるからである。

　こうして技法的に行き詰まった結果，心的統合をもたらすため現実的に採用しうる手段はどんなものであるかについてより綿密に吟味せざるをえなくなった。多くの分析家は，陽性転移という形で情緒的資産を貯めて，それを患者に「洞察を植えつける」ために費やすことで分析を行うという考えを諦め始めた。彼らは転移そのものの本質，特にその無意識的根元に，より深い注意を払い始めた。それらが分析によって顕わになってくるからである。

　これはきわめて重大な進歩であり，分析家は徐々に転移分析それ自体を精神分析の不変の目標として採用するようになった。われわれは転移分析それ自体が暗示には拠っていないということを堂々と確信できる。というのも転移分析は，それが公平で偏りのないものである限り，暗示の根元を攻撃するものだからである。これにより分析と暗示との断絶が明白になった。以前のアプローチから——患者が分析家を友好的な権威として信頼するように教化することによって患者の無意識についての分析家の推論を受け入れさせようとすることから——の決定的な決別が，分析本来の道を開いた。

　続いて第2の技法の大転換が起こった。分析家が患者を説き伏せ克服させようとしてきた抑圧は，過去の出来事の記憶——「抑圧された記憶」に関連していた。旧型の非転移分析を特徴づける過去の出来事についての解釈——ストレイチーが「死んだ環境」および「ミイラ化したパーソナリティ」を巡っての闘争と呼んだもの——は，生きた葛藤の分析に取って代わられた。それは，患者の中で分析家にまつわり生じてくる，分析状況の生々しさ，逼迫感，ありありとした感じといったものである。

　しかしながら，転移自体が分析の本来の焦点であるという認識が全てを解決するのではない。転移を分析すべきであると知ることと，特定の患者を相手に現実にそれを実践することとは別物である。しかし少なくとも，この発見は，精神分析療法を（実際は必ずしもそうはいかないが）原理的には暗示とはっきり識別する明確な方向をもたらした。

　転移を組織的，分析的に綿密に調べていくと分かることは，それが神経症の一型であるということである。分析家は，どれほど束縛されない自由な分析であっても現れてきてしまう，陽性，陰性を問わない一群の転移の顕れを，いまや「転移神経症」と呼ぶようになっている。転移に関する新知識が，今度は暗

示の理解へと還元されるようになった。暗示の根拠は，患者の転移神経症を巧みに操作して，暗示家の視点で「治療的」といえる結果をもたらすことにある。暗示で治療されている患者は，治療者が陽性転移を求めているのをいいことに，治療が彼のより深い抵抗に何らかの現実的な脅威となるのを，ちょっとでもそのようなことを試みれば陽性転移が台無しになってしまうと示唆することで無にしようとした。（基本的思い込み集団の万能的指導者が自分の位置を保てるのは，成員の万能感とファウスト的な契約を結んだおかげであるということを思い出してもらいたい。）

　精神分析にとって転移神経症に価値があるのはなぜかといえば，それが患者に自然発生している神経症を引き起こしている無意識過程の詳細で現在進行形の顕現型であるという事実にある。両者は，同一の基盤をなす心理構造や過程の別個の実例である。もし転移が神経症として治療されるなら，つまり，その無意識的根元が分析されるなら，その双生児といえる患者が治療を求める理由となった自然発生した神経症を生み出した基盤となる要素もまた明るみに出されるであろう。転移神経症を分析的に解きほぐしていくことは，同時に疾病の解消をも伴っていた。そのうえ，どんな治療であれ転移をその根元まで分析し**ない**ものには，自然発生した神経症を分析すると主張する権利がないのであった。というのも一方の根元は他方の根元であるからである。精神分析の専門性とは，したがって転移を分析することにある。

　しかし，いったい，転移神経症はどのようにして解消されうるのであろうか？

　暗示による治癒ではありえないことは明らかである。というのも，それ自身を破壊するためにその効力を用いる結果になるからだ。この質問に答えるには，さらに3つの発展を待たねばならなかった。まずは，フロイトの超自我の発見であり，次は，超自我は分析における抵抗の最大原因であるという発見（Freud 1926, pp.149-150 をみよ），そして第3が転移における投影と取り入れに関するメラニー・クラインの業績であった。

　ストレイチーは，超自我の力動的構成や維持について，メラニー・クラインの詳細な研究に負っている。クラインの研究は，超自我がその人の過去からだけでなく，多数の**現在進行形**の力からの産物であることを明らかにした。個人は，無意識のうちに，衝動を外的対象に投影し続け，その後にいまやそうした衝動を包み込んでいると感じられるこれらの対象を取り入れるとクラインは考えた。取り入れられた対象の性格は，外的対象に向けられた衝動の性格次第で

ある。このように，たとえば，口唇攻撃性の感覚に支配された子どものリビドー発達の時期では，外的対象へ向かう感覚とは口唇的に攻撃性を帯びたものとなるであろう。そして，対象を取り入れると，その取り入れられた対象は，いまや（超自我のように）子どもの自我に向かって口唇的に攻撃的な行動をとる。次に起こるのは，この口唇的に攻撃的である取り入れられた対象を，外的対象に投影し返すことであろう。それらは今度は，口唇的に攻撃的にみえるであろう。このようにもう一度危険で破壊的なものとして外的対象が感じられるという事実は，自我に，自己防衛のため対象に対してさらに危険で破壊的な態度を採らせることになる。悪循環はこのようにして成立する。正常な個体の発達の過程では，陽性の衝動が優勢となり始める。外的対象に対する態度は，こうしてより優しいものとなり，それに応じて取り入れられた対象（あるいは超自我）は，厳しさを失い，自我と現実との接触は歪みの少ないものとなっていく。しかしながら，さまざまな理由――欲求不満のため，イド衝動にじっと堪える能力が自我に不足しているため，あるいは破壊的構成要素が生来過剰であるため――から，神経症患者の場合では，この発達が生じず，個体は前性器期レベルに固着したままとなる。（ストレイチーはこの決定的な進歩を，精神性的発達における性器期の達成と評した。クラインは後にそれを抑うつポジションの達成と記述した。現在の議論にとっては，この２つは多かれ少なかれ同等のものである。）彼の自我はこうして，一方では残忍なイドからのプレッシャーにさらされたままであり，もう一方ではそれと対応するかのような残忍な超自我からのプレッシャーにさらされているのであるから，ストレイチーが概説した悪循環が永続する。この悪循環は，神経症の個体がさらに成長するのを病理的に阻害する。

　精神分析が何らかの根本的な方法で神経症を治療するよう働くのなら，ストレイチーが推論した様に，超自我の性格を作り変えることで，この神経症的悪循環に風穴を開けなければならない。

　分析家は，彼が「補助超自我 auxiliary superego」と呼ぶものになることでこれを行う。これは次のように起こる。患者は，転移の過程の一端として，（超自我を含んだ）彼の内的対象を分析家に投影し，分析家を「外的世界の空想対象」とする。**この仮説**において患者は神経症的なので，悪い内的対象が支配的で，よい内的対象よりも多く投影される傾向があるであろう。そして「よい」内的対象は投影されるとしてもたいそう理想化されており，悪い内的対象

に対抗するための防衛の産物であり，したがって全くもって現実離れしている。

ここまでは，日常茶飯のことであり，分析関係の行き着く先が神経症的悪循環（すなわち転移神経症）である。しかし「分析環境の特殊性と，分析家の振る舞いゆえに」とストレイチーがいうように，取り入れられた分析家は，患者の超自我の残りから切り離される傾向がある。それは質的に別個なもの――「**補助超自我**」（この点のさらなる議論のためには第4章をみよ）――として経験される。

ストレイチーは，分析的に効果のある解釈（あるいは「変化をもたらす解釈」と彼が呼ぶもの）を二段階に分けることで，これを説明している。最初に，分析家は，暗黙裡に「患者の少量のイド衝動が自分に向けられる」のを「許可する」。より現代風な言葉遣いをすれば，彼は一時的に患者の投影の標的となることに同意する。投影により，分析家はストレイチーが「外的空想対象」と呼ぶものになる。彼はこうして転移対象となる。この段階がないと，分析は上述した心理的に生きた関係というありありとした即時性を欠いたものとなるであろう。しかしながら，第1段階に成功すると，差し迫った危機がもたらされる。分析関係が，ときに「現実」関係といわれるものに堕落しかねないのである。これが実際に意味するのは，患者の投影は，現実の分析家を外的空想対象にしてしまおうと常に脅かしているということである。

もし分析家が蒼古的なよい対象や蒼古的な悪い対象のように振る舞わずに――言い換えれば，陽性転移や陰性転移によってあてがわれた役割を演じずに――済ますことができれば，変化をもたらす解釈の第2段階が起こる。陽性転移や陰性転移によってあてがわれた役割を演じるのを控えるということは，まさに暗示を行う誘惑に耐えるということを意味する。この事態を維持するのは難しい。外的対象を自身の無意識的蒼古的対象の別バージョンとみなしたいという患者内の圧力が非常に強いので，分析家の側のほんの些細な振る舞いがこの先入観を満たし，分析家が実際に空想対象と一致するという結論に患者を飛びつかせてしまう。分析家の振る舞いのいわゆる「不自然さ」の大部分は，本当のところ，不自然というよりも技巧なのである。それは，分析家を外的空想対象として経験しようとする患者内の無意識の圧力の強さや，患者の投影に迎合しないようにしている分析家の立場が結果としてもたらす微妙な機微をしっかり認識していることに基づいている。

いっさいの役割を演じないことが，分析家の仕事である。これこそが分析家

と暗示家とを識別する。彼は転移の役割を演じず，患者の無意識によって割り当てられたと思しき役割を単に観察する。現実の分析家と患者の空想上の分析家との間の矛盾が，患者のこころの中で分析家を特別な地位につける。現実の対象は神経症患者のこころのルールには従わないので，特別なのである。

転移対象のように振る舞うことに分析家が失敗することは，分析家はこうであると患者が感じている類いの対象を観察していることと相まって，分析家を，患者の視点から，より現実の対象へと変える。患者の無意識の投影に対して成し遂げられる，この種の精神過程は，コンテインメントと分析的受容性によって引き起こされるものである。コンテインメントとは，単に患者の投影にじっと耐えるということを意味するのではない。それが意味するのは，転移解釈によって，分析家が投影を理解しているということを患者に示すことである。転移（に入り込むのでなく）を解釈する力によって，分析家は，さらなる投影の安全で論理的な受け皿となる。その結果，投影の過程は，非-分析的対象（すなわち，患者の空想から，充分納得できるようなかたちで自身を解きほぐすことができない対象）とでは決して達しえなかったであろう深遠と豊穣に達する。解釈は投影を育てて助長し，次には投影のおかげで解釈は，単に学術的という範囲を超えた影響をもつことができる。

分析家の側で現実主義的態度を取るということは，情緒的に超然としていることと同じものでは決してない。反対に，（フロイトは分析家を外科医になぞらえたにも関わらず）分析家は情緒的に距離をとっている余裕などない。分析家が解釈の基にしている現象は情緒的なものであるから，分析家が超然としているというのは画家が何も見ないでいるようなものである。しかし神経症患者は分析家の態度を非情緒的なものと誤解する。なぜなら，分析経験から生成した情緒状態に対する分析的対応とは，行動でなく思考であるからである。

ストレイチーは，精神分析を暗示から**原理的**に識別するものを明らかにしたうえで，**臨床実践**で分析を行うに際して，幾多の困難が存在することを認めることに取り組んでいる。これらの困難の幾つかは，分析家側の症候的な振る舞いによっておのずと現れてくる。つまり，解釈すべきだと分かっているのに上手くできなかったり，いまが解釈のときなのか決めかねたりするかもしれない。そうして，質問をしたり，励ましや助言を与えたり，理論について論議したり，転移外の，直接的でなくいきいきとしていない，不正確な解釈をしたり，同時に2つ以上の解釈をしたり，自分でも半信半疑であることが相手に伝わってし

まうような解釈をしたりする。

　この振る舞いは，特定の変化をもたらす解釈が分析家にとって重大な行為であるということの証拠であり，**分析家にとって行うのが常に難しいものである**。分析（すなわち現実）が導入されるとき，分析家と患者の双方が，万能感からの危険に直面する。患者と分析家の双方が感じる危険とは，彼らのパーソナリティ（分析家と患者のパーソナリティ）のもっぱら集団／指導者関係に携わる側面とつながっている。分析家の場合，絶滅の危機に瀕しているものとは，患者の分析家に対する理想化であり，変化をもたらす解釈が解消すべき転移の一部であると分析家は気づいているものである。その危険とは，彼が基本的思い込み集団の「指導者」としての地位を失うかもしれないというものである。変化をもたらす解釈は，分析家にとって決定的な行為である。なぜならそれは，分析家の自分自身の万能感との関係を――万能感なしでやっていけるか，あるいはもっと突っ込むなら，万能感を拒むことができるか――テストするからである。（この点のさらなる議論は Mason [1994] および第4章をみよ。）

　しかし現実に反応して生じるこの危険な感覚を解決することは，（逆説ではあるが）より現実的である。この危険に直面しつつ分析家が現実にしがみつくことが，分析セッティングにおいて重要な要素となる。それは，分析家が，彼の精神内界の基本的思い込み集団の心性を表象するものである，自分自身の蒼古的超自我の怒りの直接の標的となるときにどうやってやり過ごすかを目にする機会を患者に与える。これは患者に，自分と**自分自身**の蒼古的超自我との間で折り合いをつけることの，真の，そして現実的な希望を提供する。

　分析状況を現実にしっかりつなぎとめておく分析家の能力――自分と患者の蒼古的超自我に直面して退避もしなければ逆襲もしない能力は，ストレイチーが強調したように，自分自身の無意識衝動との関係を見る決定的なテストである。

　分析を行うことの複雑さが増すということは，たとえ分析家が筋の通った正確さで転移解釈をするときでさえ，患者は無意識的に解釈を暗示として，つまり患者の**あるべき**姿についての隠れたメッセージとして受け取る危険があるということである。これにより，解釈は暗示に後戻りする。加えて，患者は解釈を合理化として用いようとして，その避けがたい不正確さに飛びつくかもしれない（Glover 1931）。これらは，転移解釈が万能薬ではない理由のひとつである。解釈の**運命**もまた行末を辿られねばならず，患者の中で解釈が少なからず

受ける巧妙な解釈のしなおしおよび変形も,分析素材から抜き出されなければならない。これ自体が分析の重要な部分である。(この点に関するさらなる議論は第6章をみよ。)

われわれは,暗示とは全く別物の——上手くいっている分析と呼ばれる——精神分析の領域があるということを結語とせざるをえない。そこに含まれる領域は,分析家が自分の暗示家としての潜在的基盤——よい蒼古的超自我や悪い蒼古的超自我によって分析家に割り振られた役割——を,転移解釈によって弱体化させようと常に試みているような領域であるべきである。

これが意味しているのは,結局,分析家は否応なしに,転移を分析するか,暗示をかけるかしているということである。「否応なし」であるのは,もし転移が分析されなければ,患者は蒼古的な集団／指導者状況のまま無意識的信念を保持し続けることになり,かつては意図的にそうなされたのだが,分析家が何をいったとしても指導者の言明と取られてしまうからである。これが意味するのは,精神分析自体は,原理的に限りなくどこまでも達するものでありうるが,それぞれの,つまり現実の分析には,限界があるものであり,それは患者と分析家とが生きた転移を現実的なやり方で処理する能力次第ということである。

精神分析は,父祖である暗示と袂を別ったときに,歴史の一歩を踏み出した。同様に論理的意味も明らかになっている。つまりわれわれは,暗示とどのように違うのか言及することによって,治療としての精神分析と非-精神分析的な精神療法とを識別するであろう。

もしかしたら,実際は全ての精神分析的治療は精神分析本来のものと暗示との混合物であるということを強調しておくのは重要なことかもしれない。**暗示が全ての分析で生じるのは避けがたく**,分析の大部分は,無意識に与えられ取り入れられる暗示を理解することから成っている。精神分析と暗示に基礎を置く治療との識別は,精神分析ではその究極的あるいは適切な治療効果は,暗示を支持するこころの力を突き止められるかにかかっており,一方,暗示に基づく治療が上手くいくかどうかは,これらの力を生み出せるかにかかっている。暗示の治療効果は,無意識がどれだけ残っているかに頼っているので,精神分析は暗示の力を無きものとする。

暗示に基礎を置く治療は,世間一般では実践的な位置を占めていることは明らかである。昔,精神分析がいまだ精神医学の一部として歓迎されていたとき,

われわれがよくいったものだが，われわれは理解できるものを分析し，理解できないものに薬を与えるのである。これの形を変えれば，暗示にも当てはまる。社会的，経済的支援の不足や，患者の疾病の重症度に見合った技術と理解をもつ精神分析的臨床家が足りない場合など，実際上の理由で精神分析を利用できない際に，暗示は役に立つ。精神療法的要素をもっているとは考えられない類の治療でさえ，暗示は決定的な役割を演じる。つまり，医療実践で生じる治癒のうちいかほどが，医師にあてがわれた転移の役割をうまい具合に搾取することによっているのだろうか？　精神薬理学的物質の効果のかなりの部分がプラセボ効果に帰しうるかもしれない。だとすると，プラセボ効果も暗示の一型ではないのか？

　しかし暗示に出番が来れば，一方でその代償も発生する。そしてこの代償は，治療者と患者の双方に強いられる。暗示の実践家は自らを理想化されたよい対象として維持しなければならない。これが意味するのは，患者のこころの中で，よい対象としての治療者と悪い対象としての治療者とを分割したままにしておかねばならないということである。分割を維持するとは，演じるように望まれたよい対象の役割に一致したやり方で振る舞わねばならないということを意味する。それはまた，治療者を悪い対象とみなしかねない振る舞いを避けるということを意味する。こうして治療者は［よい対象としてのみ振る舞い続けることが―訳注］，徐々に真実を確立させていくための全体的戦略の一部としての戦術ではなく，治療の本質部分であるという偽りの演技を，一時的でなく引き受け続けるというのっぴきならない事態に追い込まれてしまう。そのような治療を続けても，患者が数名しかいなかったり，患者の混乱があまりひどくなければ，それほどの負担にはならないかもしれない。しかし患者が大勢いるときや，患者がかなり混乱しているときにはその負担は相当なものになるであろう。そしてその代償は，治療者が自分自身の真実感，さらには現実的なことをしているという感覚に対してどれだけ自分が暴力的であらねばならないかという観点から測られる。この負担は過小評価されるべきではない。治療者は皮肉屋であることに逃げ込まないとすれば，この負担によって，「燃え尽き」として知られる焦燥感の強いうつ状態に押しやられてしまう危険性がある。

　患者にとって，暗示の代償はより深刻である。治療者は，患者を励まし，悪い対象の役割を患者の人生上の誰か他の人に移し変えることによって，良い対象のみとしての虚構の自分を維持するが，それは患者の外的対象との関係を損

なわせることとなる。より深刻なのは，患者の自我と**内的**対象世界とに対し暗示が及ぼす影響である。治療関係の分割は，患者のこころの中でのよい内的対象と悪い内的対象との分割に対応している，いや，むしろ前者は後者の顕現である。治療上での分割を促進するということは，同時に患者の内的分割を促進するということを意味する。患者は以前から存在している自らの未統合な分割をもち続けるだけでなく，さらには（暗示が効果的でなければならないので）混同して「よい」治療者に同一化する。この場合のよい治療者とは，患者が内的現実や外的現実に直面せずにいられるように積極的に働きかける人のことである。これは実際のところ，患者のよい内的対象と悪い内的対象との統合に**反して**作用するし，対象を分割することの一部としてバラバラに分割された患者の自我の断片を統合する際にも同様に反作用する。患者が暗示に対して支払う代償の一部は，したがって転移神経症の悪化，およびその双生児であり，治療を始めたときには患者の健康な部分が救いを見出したいと望んでいたはずの，自然発生していた神経症の悪化である。

第3章 精神分析は治すのか？
精神分析技法論への寄与*

3.1 はじめに

『分析医に対する分析治療上の注意』の中でフロイト（Freud 1912）は，精神分析家に「精神分析治療中に模範とすべきは……昔の外科医が座右の銘とした言葉：『私はそれを手当てし，神がそれを治す Je le pansai, Dieu le guérit』である」と忠告した（p.115）。（アンブロワーズ・パレ Ambroise Paré。17世紀フランスの軍医。兵士の怪我を壊疽から守る技術をたたえられたときに「私が傷を手当てし，神がそれを治す」と答えたとされている。）

この態度をとれないなら，分析家は「作業にとって好ましくないこころの状態になるだけでなく，患者のある種の抵抗に手も足もでないであろう。患者の回復というのは，われわれが知っているように，第1に患者の中にある諸力の相互交流によっているのである」とフロイトは警告した。フロイトは，精神分析は患者を治す heal ことができる，あるいは治すべきであるという信念に対して同僚に用心するよう促していた。分析の運命は，最終的には分析家の介入それ自体によるのではなく，患者の無意識の力動によって決定される。分析家は，外科医のように無意識をまさぐることだけが可能なのであり，一方で患者の最終的な回復を左右する要素は自分のコントロールを超えているということを認識しているのである（神がそれを治す Dieu le guérit）。

フロイトが精神分析家を外科医に喩えたのは，しばしば誤解されてきたような患者の苦痛に対して無関心を要求するものでは決してなく，現実的な謙虚さに基づいた技法上の助言の一部であり，精神分析の実践にとって本質的ではないもののとても重要なあるこころの状態に分析家をおくことを狙ったものである。私がこれから明らかにしていくように，この慎ましいこころの状態も，精

---

* 本章は国際精神分析誌 International Journal of Psycho-Analysis 73, 283–92（1994）に掲載された論文に若干の加筆修正を施したものである。

神分析実践を精神分析以外のたいていの心理療法から識別しているように思われる。（私が論じているその差異は，もちろんセッションの頻度や長さ，カウチの使用，あるいは特有の支払い方法によるものではない。これらは単に現実的な取り決めに過ぎず，その目的は分析実践にとって本質的なことを促進すること，いうなれば，ある特有なこころの状態を分析家が採択することを促進しているに過ぎない。本章では，そのこころの状態についての一特徴が描かれている。）

　フロイトがこの態度を推奨して以降，精神分析技法論のいくつかの発展があり，われわれは分析セッションでの行きつ戻りつの揺れ動きの基礎となっているものがより明確に分かるようになった。私は，ジェイムス・ストレイチーの古典的論文『精神分析の治療作用の本質』（Strachey 1934 [1969]）を嚆矢とする，それらのいくつかを振り返ってみたい。

　ストレイチーによれば，分析において患者は分析家を，彼のいう「外的空想対象」であると考える。それは，分析家の中に患者が無意識にみているものは外的現実と患者の内的現実が投影された断片との混合物であり，その2つは患者のこころの中で明確には識別されていないという事実をあざやかに伝える語句である。これの極めて典型的な一例は，分析家を患者からみて魔術的に病気を治す人 magical healer に仕立て上げるために，自分自身の万能感を分析家に投影するときに生じる。

　外的空想対象を形成する患者の傾向は，分析設定に限定されてはおらず，患者の対象関係の全てにおいて生じる。神経症者の世界はそうした外的空想対象に満ちており，そして，分析家が患者のこころの中でそうなっている限り，分析家としての有用性——つまり，外的現実と内的現実を混同されていないものとして経験するために患者の信頼しうる人物であること——はかなり損なわれるかもしれない。

　この危険性にも関わらず，分析家は分析を進めるために外的空想対象にならなければならない。外的空想対象は単なる転移像である。患者が自分の万能感を分析家に投影することで分析家をそう仕立てているとき，分析家は単に転移的に重要な価値を引き受けたに過ぎない。**重要なことは，分析家は万能感に関する患者の空想に参加しないということである。**フロイトが推奨していることは，この点で正鵠を射ていると思う。つまり，もし分析家が本来の分析的なこころの状態を維持しようとするなら，自分の病気を治す力について現実的であ

る必要がある。

3.2 分析過程における投影同一化

ストレイチーの論文が公表されて以降，投影同一化の理論に関するクライン (Klein 1946) と彼女の大勢の後継者——そこにはビオン (Bion 1967a)，ローゼンフェルド (Rosenfeld 1971a)，メルツァー (Meltzer 1966)，ジョセフ (Joseph 1989) が含まれる——の研究のおかげで，転移における外的空想対象としての分析家についてストレイチーが観察したことがわれわれに理解できるようになった。われわれはいまや，転移の形成において，患者が分析家の中に（空想で）自分の一部を投影し，その後に分析家がこの部分に同一化したと感じるということを認識している。つまり，患者は投影された部分はもはや自分のものではなく，代わりに分析家のものであると信じるのである。患者が，病気を治す人という立場に分析家を祭り上げるときにどうするかといえば，分析家の中に自分の万能感を投影するのである。そうして，分析家は病気を治癒させる curative 魔術的な力を持っており，分析過程とは人格神 personal god と呼ばれる特定の外的空想対象についての彼の信念が待望久しく何とか具現化されたものであると信じ込もうとするのである。

私たちは，転移における投影同一化が単なる患者の空想以上のものであるということも知っている。患者は，空想で分析家の中に投影しているものに対応するこころの状態を（言語的そして非言語的なコミュニケーションを通して）分析家に実際に引き起こす (Heimann 1950)。このこころの状態は，グリンバーグ (Grinberg 1962) が投影逆同一化と呼んだ逆転移の一型である。（これはおそらく，複雑な問題をあまりにも単純化している。たとえば分析家が魔術的に病気を治す人であるという患者の空想に対応する空想が分析家のこころに見いだせるかもしれないという事実は，患者の空想が空想以上のものになったということを意味するのではない。それは依然として空想であるが，いまや分析家というもう一人の人物が加わったのである。二人精神病 folie à deux は一人精神病 folie à un と同様に精神病 folie であり，集団妄想でさえ，それらが現実にどれほど影響しようと，所詮は妄想なのである。患者の投影同一化が，どのようにして分析家へ現実的な影響をもたらしうるのかは重要で複雑な問題であり，4, 6, 7, 11, 12 の各章でさらに論じている。）

患者が投影した万能感の影響下で（そして分析家自身の理由によっても），分析家は無意識に患者に同意して，分析や解釈や洞察が魔術的である——すなわち，**それらが患者が自分の問題を自らの手で解決することを代理できる**——と思うかもしれない。分析家がこの逆転移を洞察できないのなら，分析家は現実機能を見失うという危険に瀕する。この機能こそが，患者に自分との新たな接触をもたらし，またフロイトの喩えにもう少し従うならば，分割によって不自然に切り離されてきた心的組織を切除して縫合する唯一のものなのである。

精神分析の現実機能に関する私の仮説がどんなものであるかという点についてはっきりさせておきたい。それは，患者の手助けをしてパーソナリティの抑圧され分割排除された諸部分を統合できるようにするというものである。この観念は長い系譜をもち，フロイトの「エスありしところに，自我あらしめよ wo Es war, werde Ich sein」を越えて遡る。しかし，フロイトはおそらく分割排除された衝動や感情を統合するような何かについて考えていたのだが，私は精神分析家の役割とは患者がパーソナリティの分割排除された諸部分を統合するのを手助けすることであると考えている。これによって私がいいたいのは，解釈が最終的に関わるべきは，対象は誰なのか，患者は対象に何をしているのか，そして患者はなぜそうするのかということを含む，いくつかの対象に関する患者の無意識の空想であるということである（Heimann 1950）。この内的対象関係は，転移において「二重」であり，クライン（Klein 1952b）やジョセフ（Joseph 1985）が転移における「全体状況」と呼んだものを分析することで取り組まれるものかもしれない。

解釈や洞察は患者が自分の問題を自らの手で解決することを代理できるものだ，ということに分析家が無意識に同意している限り，分析家は患者を手助けしてパーソナリティの分割排除された諸部分を統合できるようにするという彼の機能を放棄し，代わりに魔術的に病気を治す人になるであろう。ここでこころに留めておく点は，この「治すこと」が精神分析とは正反対の過程にとって代わるものであるということである。それは，意識的にも無意識的にも，分析家がその空想を裏書きすることによって，分析や解釈，洞察，カタルシス，あるいは患者の気持ちに触れることが，それ自体で精神内的葛藤を解決でき，その結果，患者が自らの手で葛藤を解決しようと奮闘することを代理できるというものである。これは患者が自分の中の葛藤と新たな接触をもつようになるのを手助けするというより，患者が問題を分割排除するのを助長する。（このよ

うにお互いに共謀している分析家と患者は，患者のこころに最終的な責任を負うのは分析家であるはずであると信じる自分自身の理由を各々がもっている。つまり分析家側は，それによって自分が患者を治すことができるという空想が支持されるからであり，患者側は，それによってよい内的対象を保全したり償ったりすることに関して，決して自分で責任を負ったり，その欲求を感じたりする必要がないという空想が支持されるからである。)

　私は，コフート (Kohut 1979) が公表した症例「Z氏の2つの分析」を用いて，分割を通して病気を治す人になろうとする分析家の傾向と，それによる**続発症**を例示したい。(この論文を書くに際してコフートは，「Z氏」がコフートその人であり，Z氏の最初の分析はコフートが訓練分析家とともに行った分析であったが，2度目の分析はコフートによるその後の自己分析であったという事実を隠した)。Z氏の最初の分析では，後にコフートが認識したように，分析家は患者の要求「に対する立場をハッキリさせ」ようとする「健康で成熟した道徳」に支配されていた。この逆転移行動は，かまびすしい患者を治そうとする試みであった。それが現れたのは，おそらく分析家その人が要求過多にならざるをえなくなるような作業をしたときであった。そしてこれは，患者（コフート）に自分のかまびすしさを分割排除し投影する受け皿を提供したのである。

　コフートの2番目の分析（自己分析）は，最初の分析とは重要な点で異なっていた。彼は（分析家として），最初の分析でそのように重要な部分を形成していた威圧的な戦術に異議を唱えることができた。これは明らかに大幅な技法改良であり，患者と分析家との双方に明らかで根拠のある安堵をもたらすものであった。しかしいまやコフートは，知らず知らずに患者を後押しして何か悪いものを分析家に分割排除させるという技法を捨ててしまって，患者に母親と同じ事をするよう後押しし始めた。コフートは，自分の精神病理は健やかに発達しようとすることへの母親の破壊的な欲求不満がもっぱらの原因であるに違いないという患者の主張を額面どおりに受け取った。この技法上の姿勢もまた，患者の分割を助長するのであった。そのために，分析家も患者も，患者が母親との間や最初の分析で感じた困難に自身がどれほど寄与しているのかを探索できなくなった。分析家コフートのアプローチは，患者コフートが自分自身のパーソナリティの破壊的な諸側面を統合できるようになるのを邪魔したのである。

　コフートの最初の分析の「治療的道徳」と2番目での「共感的」アプローチ

とはともに，治すことを試みたものであった。患者の建設的衝動と破壊的衝動との間での葛藤という厳しい現実にきちんと向き合ったり，それを尊重したりしないということは，どちらも患者の破壊性を分割排除したり抑制したりすることでこの葛藤を取り扱おうとする試みであった。これらの分析では，分析家は傷の手当てをする人という一線を超え，病気を治す神に似た何者かになったように思われる。一方でこれは，万能的な対象が，患者を「治すこと」で，最終的に自らと折り合いをつける責任から解放してくれるという患者の抵抗空想を強化した。そしてもう一方で，それは，自分の破壊性があまりにも強力すぎて直視することさえできないという患者の恐れを強化し，そのためにもし解釈がなされたなら患者がもてたと思われる，それについて自由に語り合う機会が失われた。（コフートは，2番目の分析の終結時，Z氏の対象関係は幾分自己愛水準の状態のままであったと示唆した。ここで予測されるのは，もし彼の破壊衝動がいまだに彼の対象へ投影されているなら，それらの対象は危険すぎて依存できないということである。）

3.3 治癒させたいという分析家の欲求の起源

患者の分析家への投影同一化で表現される転移は，分析家にある圧力を加え，万能的に病気を治す人にしたてようとする。しかし，なにゆえ分析家はこの過程に同調し，患者とともに空想の中で行動するのであろうか？ フロイトは，治癒させたいという分析家の欲求――それは分析から現実的な謙虚さを失わせるものであるが――とは，分析家自身のサディスティックな衝動に対する1つの防衛であると考えた。すなわち，「私は決して本来の意味での医者ではなかった」と，フロイトは『素人による精神分析の問題』の後記（1927）で書いた。「私は，苦しんでいる人々を助けたいという熱望を自らの幼少期に抱いていたという認識はない。私の生来のサディスティックな気質はそれほど強いものではなかったので，その派生物の一つであるこれを発展させる必要がなかった……若い頃には，この世の神秘を多少なりとも理解し，そしておそらく，その解決に幾分か貢献さえすることに抗し難い欲求を感じていた。」

技法論文でフロイトが推奨したこころの状態は，分析家が自分自身のサディズムや破壊衝動と折り合いをつけた場合にのみ到達しうる。この理由は，患者の破壊性を抑制したり分割排除することを差し控え，その代わりに建設的な衝

動と破壊的な衝動との間での葛藤の両極を患者のこころの中で擦り寄らせるということのみに自らの立場を徹する分析家は，分析の結果を，この葛藤を解決する患者の能力に委ねているからである。もちろん解決は決して保証されてはいないのではあるが。もし分析家その人が万能的破壊衝動とうまく折り合いをつけることができないなら，分析家はそのような葛藤が適切に取り組まれ，包み込まれる可能性をほとんど信じることができないであろう。すると分析家は，自分の全作業の結果を，あえて危険を冒してまで誰か他の人の作業能力に頼ろうとはしないであろう。

しかし，もし分析家が，愛の衝動と破壊的な衝動との間での自分自身の無意識的な葛藤ゆえに，そして破壊的な衝動に直面して愛の衝動の適切さを疑うがゆえに，患者の苦しみを和らげたいと欲求しているのだという根源を認識することができたら，分析家は（少なくとも一時的には）患者を治そうとする欲求から自由になるだろう。これによって，分析家は患者の異なる諸部分をきれいにまとめる解釈ができるであろう——その解釈は，患者を健康に駆り立てるよう欲求せずに，患者の無意識的な役割を含んで，分析におけるその瞬間の情緒的状況をあるがままに描くだけである。これが精神分析的コンテインメントが意味するものの1つである。つまり，分析家は患者を治癒させたいという自分の欲求をコンテインしなければならない。

もし分析家の機能が，患者を手助けし，パーソナリティの分割排除された諸部分を統合できるようにすることであるなら，精神分析的解釈は（恐らく無意識の自己欺瞞を除けば）患者のなにごとかを治癒させようという試みではなく，患者のこころの状態についての単なるコミュニケーションになるだろう。この観点からいうと，分析家が解釈するのは，分析家が患者の無意識のなにごとかについて伝えるに足るだけはっきりと分かっていると思うからであって，解釈が患者に与える治療的な効果を正しく判断できたり管理できたりするからではない。解釈を試みることでパーソナリティの分割排除された諸部分を患者が統合するのを手助けすることができても，それが患者にとってなにを意味するのかを本当に前もって予測することは誰にもできない。これゆえに，本当の分析的解釈は，なんらかの特定の治療的方向性をもって心的変化をもたらす手段という従来の意味での治療の道具としては不適切なのである。

3.4 分析家にとっての精神分析の情緒的な難しさ

　（用語の従来の意味での）分析家の治療的な潜在力に対するこの制約は，子どもとの関係で両親が受け入れなければならない痛々しい現実についてのメラニー・クラインの観察を思い起こさせる。

> 　子どもの発達は，不可避であり不可欠でもある［人生での］欲求不満や，部分的にはそれらによって引き起こされる愛と憎しみとの葛藤に耐える方法を見つける能力，すなわち，欲求不満によって増大する憎しみと，結果的に自責の苦しみをもたらす愛や償いへの願望との間で，ある方法を見つける能力次第であり，また，かなりの程度までこのことによって発達が形成される。子どもがこころの中でこれらの問題に順応するやり方は，後の全ての社会的関係，愛や文化的発達に対する大人としての能力にとっての基礎を形成する。**子どもは子ども時代に，自分の周りのそれらのものを愛し理解することでたいそう救われるかもしれないが，しかし，これらの深い問題は決して解決もされないし根絶されることもない。**
> 　　　　　　　　　　　　　　（Klein 1937, p.316n，強調は引用者による）

　同様に，われわれには次のことがいえる。患者のパーソナリティの分割排除された諸部分が統合されると，患者には自分の困難が何であるかが明らかになり，それらに対処できるようになる。しかし，だからといってそれらの困難が解決したり，根絶されたりはしない。

　これがわれわれにもたらすのは，分析においてやり通すこと working through と治してもらうこと being cured との違いである。もし精神分析の目的がパーソナリティの分割排除された諸部分を統合するよう患者を手助けすることであるなら，やり通すこととは患者が無意識を自分の一部として受け入れたり，自己理想化に付随する喪失を悲しんだり，これに続いて起こる抑うつ不安に直面するというようなことを意味しているに違いない。これは，新たに発見された無意識の断片を取り除くことによって「治癒させる」ということとは対照的である。なにごとかをやり通すということが意味しているのは，それを取り除くことなどできはしないという事実に先ず向き合うということである。

　ある夢がこの点を例証するであろう。ある女性患者は，分析家への依存に気づくことに対する防衛として最初に性愛転移を発展させ，それを理解するため

に苦しくも生産的な作業をかなり成し遂げていた。その患者がある夢を見た。その夢で，患者は「少女のように」分析家に近づいてひざに座り，彼の肩に頭を預け，彼の首に優しくキスをし始めた。すると彼が彼女の口にキスをしたので，彼女の気持ちは混乱したままとなった。連想では，彼女はその夢の性愛的な要素には触れず，代わりに優しさの要素と，目覚めた後でさえ続いていた分析家の反応に対する自分の混乱にだけ焦点を当てた。

もし彼女が男性のひざに座って彼の首にキスをし始めたなら，そんなふうに彼が反応したからといって現実に目覚めて混乱するのだろうかと，分析家が彼女に尋ねると，彼女はすぐに，自分の混乱が，自分がずっと分析を性愛化し続けていたことに対する否認からきていたということに気づいた。この洞察で彼女はひどく悲しんだ。なぜなら，彼女がいったように，彼女はそれまでの作業で「すでにそれを取り除いた」と思っていたのである。

これにより問題がはっきりとした。パーソナリティのこの強力な側面を解釈し論じることによって取り除くことができると思い込むことで，彼女はそれが重要な現実であり，単に名前がついたくらいで解消されるものではないということに気づき損ねてしまっていた。いまやこれに気づいて，彼女は，自分の無意識をパーソナリティの真の一部分として，より真摯に受け止めることができ，それを取り除けると想像する代わりにその現実といっそう折り合いをつけることができた。それが結果的に彼女の分析での重要な進展となった。パーソナリティの望まれざる部分を除去する道具としての精神分析のこの限界は，患者と分析家との双方にとって屈辱的なものであり，治療的な野心がこうして失望に終わることは，精神分析の情緒的な難しさの１つなのである。

無意識を解釈しても患者からそれを取り除くことにはならないと気づくことに伴う第２の情緒的な難しさは，分析家への破壊衝動や罪悪感，迫害的な気持ちが発生することに対して，それがなんの安全装置にもならないということである。（治癒をより指向するアプローチは，原始的で精神病的な転移が現れないようにする。しかし，この場合，それらは単に患者の両親，子ども，配偶者，友人や同僚へと分割排除され，そうした人たちがそれらを処理することになる。）その結果，痛々しく恐ろしい転移と逆転移とが生じるかもしれないという不断の危険性があり，しかもそれらがコンテインされうるかどうかがなんら確実でないのである。これは，恐ろしく不安を喚起することである。そのような恐ろしいことに直面するときに，自分がそのように限られた力しか持っていないと

いうことを自覚するのは難しいことである。

　治療的な限界感や，いついかなるときでも分析に対する破壊衝動が発生するという危険といったこれらの困難は，治すというより分析をするのだと分析家が決心した結果であり，分析以外の心理療法では直面されるより回避される傾向があるものである。私の経験では，これらの痛々しい情緒は，分析作業が前進していることの確かな臨床指標である。もしこれらの指標が，分析であるはずのものから一貫して欠けているなら，分析家は偽りの分析になってしまっていないかという可能性を考慮すべきである。

　分析家にとっての第3の情緒的な難しさは，精神分析がまったく独特な営みであり，またある意味では不自然な営みでさえあるという事実に由来する。すなわち，明らかな苦痛を目の前にしてすぐに慰めたり，支持したり再保証を与えるという自然なことができないのである。提供できることといえば，患者が自分のこころを統合しようと試みたり，それから慰めを得たりするのを支持することぐらいである。そして，この慰めは非常に深いものであるのだが，しばしば到達するのにとても時間がかかる。（たとえ深さに欠けるとしても）より迅速な形で安堵を供するのを差し控えるということは，禁欲原則のうちで最も困難な禁止令の1つなのである。しかしながら，もし自分の仕事を全うしようと思うなら，分析家は，すぐに慰めを控えて，心理的統合によってもたらされるより長期の安堵のために短期の現実的苦痛を「引き起こす」やり方を用いているという事実を受け入れなければならない。

　この観点から考えると，分析的な禁欲原則——患者と分析家との関係は実際友人同士のそれでは（あるいは，転移を記述するのにわれわれはしばしば親子の喩えを用いているにも関わらず，家族のそれでさえ）ありえない——は単なる手続き上の原則ではないし，実際，手続き上の原則では全くない。そうではなく，分析という営みが，あらゆる通常の自然な人間関係にとって不可欠なあまりにも多くの要素を当然のこととして除外しなければならないという事実の結果なのである。その力は，無意識の情熱に対して，強烈に，一極集中して，冷静に焦点を当てることに由来している。この一極集中した強烈さは，ビオン (Bion 1963, p.15) が「親密な関係内での孤立の感覚」と呼んだものを生み出すが，それは各自が自分自身の責任や限界を自覚するときに行き渡るのである。

3.5 現実的な対象としての精神分析家

　自分の解釈で患者が治るのか否かについての責任を分析家がとろうとしないことは，むしろ冷たく非人間的な態度，あるいは無責任な態度にさえみえるかもしれないが，私はその正反対こそが真実であることを論じたい。つまり，解釈で病気を見事に治したいという衝迫に抵抗することによってのみ，分析家は患者に対する本来の責任を果たすことができるのである。それは，患者を治すことではなく，患者を手助けして自ら立ち直らせることである。

　長い目で見ると，このアプローチは，患者に，さらにいえばむしろより混乱した患者にこそ，大きな安堵をもたらす。この安堵の感覚は，患者の無意識の中でその瞬間になにが，なにゆえにうごめいているのかを知ろうとして，分析家が目の前の仕事に誠実かつ公正に力を注いでいるということを患者が徐々に認識していくことにより生じると私は思う。この結果，患者の深い不安——回避したり分割したり早急にそれを直そう fix と欲求することなしには，内的世界を現実的に，均衡の取れた形で探索できないであろうという不安——が和らげられる。

　しかしながら，混乱した患者であってもその健康な部分は，自分の投影を持ち堪える分析家の能力（この能力は患者の無意識のあらゆる側面を穏やかに解釈するということ以外をしないことで明らかにされる）に安堵と感謝を感じる一方で，健康な患者であってもその混乱した部分は，公正な解釈をしようと分析家が万難を排して取り組むことを無意味でわざとらしい手段以外の何物でもないと感じるのである。患者のこの部分は，外的空想対象としての役割を行動化している転移像が絶対的な現実であり，分析家の現実の人物像をわざとらしいものであるとみなすようである。そのような患者はしばしば，現実の分析家との関係を「わざとらしい」と思うのとは対照的に，外的空想対象との関係を「真実の関係」と述べるであろう。

　分析関係をわざとらしいと患者に感じさせるものこそが，逆説的に，現実であろうという分析家の強い頑張り——外的空想対象としての役割を分析家に期待する患者の無意識的空想と様々な形で共謀することを注意深く回避すること——なのである。患者はそれらの共謀を，通常の社交性や友好性，一般的な人間としての礼儀，あるいは温かさや共感であると倒錯的に理想化するかもしれ

ない。これゆえに患者は，分析家が患者の無意識的空想を（共謀するというよりも）実際に分析していると，分析家は現実の人でないとか，友好的でも温かくも共感的でもないと感じる。したがって，患者が分析家を「真実」で共感的であると感じているときには，分析家や患者自身の現実感に対する患者の倒錯的な攻撃と知らず知らずに共謀しているかもしれないということを，こころに留めておくことはとても重要である。

　分析家の現実機能とは，パーソナリティの分割排除された諸部分を患者が統合するのを手助けすることであるが，われわれはもちろん，患者も分析家も，これとは異なった関係を無意識的に空想しているかもしれないということを認識しなければならない。たとえば，分析家が分析をしているとき，彼は恋人，子ども，敵，配偶者，親，あるいは迫害者なのである。しかし，それらは所詮ただの空想である。もちろん，これらの空想は現実的な空想であり，分析家と患者との関係の質に現実に影響する（これは転移や逆転移が疑う余地のない現実のインパクトをもっているということしかいっていない）が，現実の分析家の現実の仕事というのは，患者のパーソナリティの分割排除された諸部分に関する転移と逆転移双方の空想の意味を同定し，理解すること，そして，この理解を患者に伝えることである。この観点から考えると，愛や助言，指導や患者の自尊心に対する支持といった何か他のものを患者に与えることは，分析家が逆転移で行動しているということであり，分析に対する分析家の抵抗を表象している。

　これはもちろん，分析家が逆転移を免れるべきであるということをいわんとしているのではない。それは患者が抵抗を免れるべきであるというようなものである。たとえこれが可能であったとしても，それでは分析が益するところとは対極にあることになるであろう。抵抗はわれわれが重要な無意識的空想に近づきつつあるという価値ある指標であり，それなしではわれわれは道に迷ってしまうだろう。同じことが逆転移についてもいえ，それは中立の立場で解釈する以上のなにごとかをしようとする分析家の衝迫によって明らかにされる。（抵抗と逆転移との間でのもう１つのより印象的な関連とは，われわれが分析の最中に逆転移反応に気づくようになるとき，われわれの最初の反応は，しばしば罪悪感——いやむしろ迫害感——を感じることであるが，それは分析を受けて自分の抵抗に気づくようになるときに感じるものと似ているという事実である。これらの迫害感の背後にある力——それは，所詮われわれもただの人間

であるということへの気づきに対する反応に由来するのであるが——は心理的な統合にとって重大な障害であり，どの分析においても詳細に理解される必要がある。)

　一部には患者の転移に対する反応として，また，一部にはわれわれ自身の理由によって，患者を分析するというよりもむしろ，患者を感化することを知らず知らずに望んでしまうのが常であり，そして実に律儀にこの願望を実行に移す。しかし精神分析家と心理療法家とを識別するものの1つは，われわれが暗示や感化を用いるのは意図せずしてなのに対し，非分析的心理療法で決まって治療の中心となるのは，患者のこころの状態をそうして意図的に変えようと試みるということである。そして，患者を単に分析するという目標は決して達成できないにしろ，われわれは，これらの欠陥を（確かにその通りなのだが）人間が本来もつ誤りやすさの避けられない顕現として諦めてこの身を委ねるべきものとしてではなく，さらなる分析に燃料を供給する機会とするのである。この観点から考えると，分析家は騒動をよそに「中立的な」立場を維持している人ではなく，いつも騒動に引き込まれている人であり，もし分析家がその騒動の中にいなかったなら分析をすることはできなかったであろうし，分析をするということは主として自分がどんな種類の騒動の渦中にいるのかを理解することによっているのである。

　クライン（Klein 1952b）とジョセフ（Joseph 1985）は，転移における分析の「全体状況」としてこれに言及した。ジョセフは以下の表現で記述した。

　　われわれの転移理解の多くは，われわれがさまざまな理由でものごとを感じるようにと患者が働きかけてくるそのやり方についての理解からくる。すなわち，いかに患者がわれわれを彼らの防衛システムの中に引き込もうとするか，いかに患者がわれわれとともに転移の中で無意識に行動化し，われわれを彼らとともに行動化させようとするかということであり，患者が幼児期に築き上げられ子ども時代と成人期とを通して練り上げられた内的世界の諸側面や，しばしば言葉の使用を超えた諸経験——これはわれわれの中に喚起される気持ちを通してしか，つまり広い意味での逆転移を通してしか捉えられない場合が多い——をいかに伝えるかということである。

(Joseph 1985, p.157)

　ハイマン（Heimann 1950），マネー-カイル（Money-Kyrle 1956），スィーガル（Segal 1977）とピック（Pick 1985）も，転移と逆転移との相互交流を

精神分析過程に必須の要素とするこの見解を形成するのに貢献した。

3.6 技法的考察

　私が提案しているのは，精神分析の目的は患者を手助けしパーソナリティの分割排除された諸部分を統合できるようにすることだけであるという見解であるが，それが含蓄することの1つは，分析家が健康だとみなす患者のある部分，あるいは別の部分が優勢になるよう意図するのは分析の成すべきことではないということである。分析がうまくいったかは統合の程度によって測られるのであり，患者が正常性という基準に接近している程度によって測られるのではない。

　フロイトの外科の喩えをさらに先へと拡張すると，精神分析家の仕事は，ちょうど外科医が治すことの妨げとなっている死んだ組織を除去することによって外傷性の傷口をきれいにするように，無意識の統合を妨げる防衛構造を除去することによって，患者に無意識を生き生きと経験させるものとして考えられるかもしれない。この創面切除がなされるのには繊細で慎重な手さばきが必要なことは明らかである。すなわち，死んだ防衛的な組織は，患者の生きた無意識の経験から慎重に切り出されねばならない。それら無意識の経験は，「よい」ものも「悪い」ものも，できる限り変わらないままでいなければならない。

　分析家は，たかだか，患者が自分のことを偏りなく考えて経験することを手助けできるに過ぎない。われわれは，この統合が生じると，よい内的対象が最終的に悪い内的対象より優位に立つであろうと思うかもしれない。われわれは，これが実際に起こった過去の経験を思い出すことによって自らを再保証するかもしれない。しかし，われわれにはそれを保証する方法はないのである。メルツァーが述べているが，分析家とは庭師のようなものである。庭の草むしりと水遣りを通じて，どの植物もその最大限まで育てるようにしている。しかし，庭師はプラタナスをモミの木に変えることはないし，その逆もない。

　この分析に冷や水を浴びせるような見解は，その治療様式としての限界を浮き彫りにする。これらの限界は真実であり，われわれはそれらをいつも脳裏にとどめておくべきであると私は思う。全ての現実対象と同様に，分析はわれわれがそうあってくれたらと思うほどのものではないのである。

　ある意味，こう考えることで分析家が自らに課す技法的要求は非常に単純な

ものとなる。分析家は解釈が治療によい影響を及ぼすかについて頭を悩ます必要がなく，ただ患者が転移や自分の内的世界の中で何をしており，誰のためになにゆえそうするのかを正確で分かりやすく描写することをこころ掛けていればよい。私はこれを技法と呼んだけれど，戦術の欠如と呼んだほうがよいであろう。

　『羨望と感謝』の中で，メラニー・クラインはフロイトが1912年に記した技法問題に戻った。彼女は書いた。

　　陽性転移および陰性転移双方での分割の過程や，その根底にある憎しみと羨望を分析することは，分析家にも患者にも多大な要求を課す。この困難の1つの結果として，陽性転移を強化して陰性転移は避け，患者が過去にしっかりと確立することのできなかったよい対象の役割をとることで愛の気持ちを強化させようとする分析家が出てくる傾向がある。しかしこの手続きは，患者が自己の統合をよりよく達成できるよう手助けすることで愛情による憎悪の緩和を目指す技法とは，本質的に異なっている。
　　　　　　　　　　　　　　　　　　　　　　　　　(Klein 1957, pp.225-6)

　この所見は問題の核心に触れている。万能的に患者を治すということは，患者の破壊的な衝動を分割排除し，両者ともよい人間ではないかもしれないのにその可能性については真剣に探索することもせず，結局のところ自分はそうであると再保証し，この再保証の源である治療者もまたそうであると再保証しようとする患者の試みを強化しているということを意味する。これは多くの心理療法に共通した特徴である。分析は，これらの治療とはっきりとした対比を成している。それは分析が患者のすべての面をしっかりと受け止めることで，彼がそれらについて単に再保証されるのではなく，それらを保有することができるようになるかもしれないということである。

　クラインは続けている。

　　たしかに誰の中にも，母親との最早期の関係にさかのぼる，再保証を求める根深い欲求がある。乳幼児は，自分のあらゆるニーズにだけでなく，自分が不安を経験しているときにはいつでも愛情のしるしを必要としているのだということに母親が気をかけてくれるように期待している。この再保証への切望は，分析状況に不可欠な要素であり，大人，子どもを問わず患者にとってそれがいかに重要かをわれわれは過小評価してはならない。それらの意識的そしてしばしば無意識的な目的は分析されるべきで

あるが，愛されて尊重されているとのあかしを分析家から受け取り，そうすることで再保証されたいという患者の強烈な願いは決して諦め切れるものではないということをわれわれは知っている。……これに気づいている分析家は，そういった願望の幼児期の根源を分析するであろう。そうしないと，患者と同一化することで，再保証を求める早期の欲求が，分析家の逆転移ひいては彼の技法にも強く影響することになるかもしれない。この同一化のために，分析家は容易に，母親の立場になってしまうかもしれないし，すぐにでも子ども（患者）の不安を和らげようとする衝迫に抗し切れなくなるかもしれない。

(Klein 1957, pp.225-6)

3.7 結　論

　私は分析家の技法上の姿勢についていくつか述べることで結論とするが，私が辿ってきた考え方が行き着く結論とは，私が推奨している姿勢は，誰でも簡単に採用しうる技法であるという意味で，およそ姿勢といえるようなものではないということである。それは，分析家であることのある種の情緒的な難しさをやりとおした worked through 結果として，分析家があるこころの状態に到達したことなのである。

　私が仮定したように，もし分析家の役割が，患者を手助けし自分や対象の無視放置された諸側面を，可能な限り完全かつ正確に，経験できるようにすることであるなら，分析家は次の事実に直面しなければならない。すなわち，これ自体は，患者に修正感情体験を提供したり，超自我の厳しさを和らげたり，正しい発達の道筋を患者に手引きしたりしないという事実である。患者の成長を手助けすることはできるが，患者を「成長させる」ことはできないというこの限界を認めることは，分析家にある心理的負担を課す。それは，痛々しく恐ろしいものであるが，分析の各段階で何度も何度も繰り返し取り上げなければならない。というのも，それは分析家が分析しなければならないに違いないこころの状態の一部だからである。分析家が認識しておく必要があるのは，不死鳥のごとく湧き上がってくる自分には病気を治す力があるという信念は逆転移反応であり，それが，もし破壊性――彼自身のであろうと患者のであろうと――と愛の衝動とが同時にもたらされ，それぞれに好き勝手にさせておくなら，前者が後者を支配するであろうという恐れから彼を守っているということである。これらの病気を治す力を分析家が信じ込むことは，対象が万能的に病気を治癒

させてくれるという患者の転移空想と連動して、患者と分析家との間に二人精神病や、共同妄想——多くの種類の心理療法では「病気を治す」ための手段であるが、統合するという精神分析の目標とは対極にあるもの——を形成する。

　最後に、フロイトが推奨した患者に対する態度を取ることに分析家が失敗すると、彼は「作業にとって好ましくないこころの状態」になり、「患者のある種の抵抗に手も足もでないであろう。患者の回復というのは、われわれが知っているように、患者の中にある諸力の相互交流によっているのである」というフロイトの警告に戻ろう。すなわち、患者を治すことを（望むというより）欲求する分析家は、自分自身の創造性が自身の破壊性の犠牲になってしまってはいないという再保証を求めているのだということが分かる。分析家が手も足もでない「患者の抵抗」は、患者の自分の破壊性についての再保証の求めに対応したものである。しかし、フロイトが思い出させてくれるのだが、患者の回復は患者の無意識の中にある諸力の相互交流によっており、それは、最終的にどれほど突き詰めたとしても、分析家の力の及ばぬものなのである。

　傷を治すというよりも「傷を手当てする」ということが分析家に課す限界は、精神分析におけるコンテインメントという用語に意味を付加する。すなわち、患者を分析的にコンテインするためには、分析家は最初に自分自身の破壊衝動に関する不安や、それらに対する防衛としての役を果たしている分析に関する万能的な信念をコンテインしなければならない。そのときにのみ、分析家は、万能感からの特有の派生物であり、治すことへの衝迫として姿をあらわすものから自由になることができ、そして、そのときにのみ、自由に精神分析を行うことができるのである。

第4章　変化をもたらす解釈をすることの難しさについて*

4.1　はじめに

　「精神分析の治療作用の本質」(Strachey 1934) についての彼の古典的な論文で，ジェイムス・ストレイチーは，精神分析の治療の基本的要素が「変化をもたらす解釈」と彼が呼ぶ過程にあることを示唆した。変化をもたらす解釈は2つの構成要素あるいは段階から成り立っている。最初，患者は分析家に彼の内的対象の1つを投影する。そしてそれにより患者は，意識的にしろ無意識的にしろ，分析家が実際には所有していないある種の特徴を所有していると感じる。これはメルツァー (Meltzer 1967) が「転移の収集」と呼んだものとしてわれわれによく知られている。第2段階で，転移解釈を通して，これらの特徴が現実には，分析家ではなく自分に，いやむしろ自分自身の内的世界に属していることに，患者は気づく。(転移とは，まず第1に心的現実の放射 emanation であり，内的対象の現実におけるその内的な起源はいやいやながら見出される，というメルツァーの観察と比較してみよ。)

　変化をもたらす解釈は，患者が分析家を現実の外的対象とみるのを手助けし，同時に，彼の内的対象世界における以前には理解されていなかった側面を認識できるようにする。これら2つの発達は同じ物事のまさに2側面である。すなわち，患者の内的世界と外的世界との間での混乱を解きほぐすことで，どちらもがよりはっきりみえるようにするのである。

　ストレイチーが示唆したのは，患者が転移で分析家の中に投影する内的対象が通常彼の蒼古的超自我であるということである。この投影の結果として，患者は，自分の蒼古的超自我の外界版 external version のようなものを分析家の中に当然見出せるものと考える。それは，その陰性の面では厳しくて懲罰的

---

　* 本章は国際精神分析誌 International Journal of Psycho-Analysis 76, 91–101 (1995) に掲載された論文に若干の加筆修正を施したものである。

であり，そして陽性の面では暖かくて誘惑的である。しかしながら，変化をもたらす解釈の結果として，彼は誰かが，厳しかったり，懲罰的であったり，暖かかったり，誘惑的であったりするのではなく，その代わりに合理的で，現実的であるということに気づく。ストレイチーによれば，精神分析を他のあらゆる形態の心理的な治療から識別するのに役立つものは，他の治療では，意識的にか無意識的にか，治療者が蒼古的超自我の役割を行動化するのに対し，精神分析では治療者は明確で説得力のある方法でそうしないようにするということである。

変化をもたらす解釈についてのもっとも印象的な事実の1つは，それをするのは分析家にとって実に難しい情緒的経験であることが非常にしばしばであるということである。ストレイチーは彼自身の経験から，臨床に携わる精神分析家なら誰もが認識するであろうこの現象をはっきりと記述した。

> クラインは，解釈をする際に分析家には克服されるべき極めて特別な内的な難しさがあるに違いないと私に示唆していた。そしてこれは特に，変化をもたらす解釈をすることに当てはまると私は確信している……というのも分析家が代わりに何か他のことをしたくなる不断の誘惑があるようであるからである。彼は質問をしたり，再保証や助言を与えたり，理論について議論したりするかもしれない。あるいは解釈するかもしれない——しかし変化をもたらす解釈ではなく，転移外の，差し迫っていない，曖昧で，不正確な解釈かもしれない——あるいは彼は，同時に2つ以上の代替可能な解釈をしたり，自分自身でも半信半疑であることがその場で相手に伝わってしまうような解釈をするかもしれない。これら全てが強く示唆しているのは，変化をもたらす解釈をするということが患者にとって同時に分析家にとっても決定的な役割を果たすこと，そして彼がそれを行うときは自らを大きな危険に晒しているということである。
>
> (Strachey 1934 [1969], pp.290—1)

もちろん，ストレイチーがここで記述する危険は，ただ単に，患者が解釈に抵抗するかもしれないという事実によるものではない。これは解釈が患者に危険なものと感じられているという徴候であるのに対して，ここでの問題は分析家もそれによって危険に晒されていると感じるということである。

変化をもたらす解釈についての2番目の印象的な事実は，われわれが，何であれこの内的な難しさを克服し解釈してみたところで，その内容は，振り返っ

てみればあまりに明らかであったと思われることがしばしばであるということである。それはときとして恥ずかしいほどで，われわれは知性を一時的に見失っていた状態 deterioration からまさに回復したばかりであるという気持ちになる。

われわれはもちろん，分析家のパーソナリティ内での分割と抑圧とが，最も適切な解釈をここぞというタイミングで考え出せなくなる原因であると分かっている。しかし，私の念頭にある問題は，分析状況の最中にもっとも強烈に生じる傾向がある。すなわち，セッション中より後のほうが，正しい解釈を思いつくのは簡単なのである（後知恵 l'esprit d'escalier）。これが示唆しているのは，なんらかの特定の要素が，分析家と患者との間での相互作用において働き，その結果，分析家は実際，一時的に知性を見失った状態になるということである。それが分析家の自我の制限や制止である。この現象は，自我心理学者が分析における分析家の退行と呼んでいるもので，よく知られたものである。

この章で，私は2つの疑問を考えてみたい。すなわち，変化をもたらす解釈を**する**ことに関係した危険な感じの起源は何か，そして分析家がそれ［解釈―訳注］を**考えること**すら妨げる知性を見失った状態の源とは何か？

4.2 転移と逆転移の相互交流

患者の無意識の内的世界を学ぶために，分析家が有するもっとも重要な道具はもちろん転移である。それは，周知のように，単に患者が分析家に対して感じる衝動が集まったものや，患者が分析家について抱くつかの間の空想だけではなく，患者が無意識に分析家を自分の内的対象のあれやこれやとみなす複雑な関係である。ストレイチーが適切にそれを表現したように，転移の中の分析家は患者にとって「外的空想対象」になる。

しかし，患者は単に分析家を誰か別の人であると空想するだけでは済まさない――患者は，分析家を「勧誘し」，患者の無意識の空想の中で分析家が表象しているあらゆる役割を実際に取らせようとする。この勧誘が成り立つのは，分析家のパーソナリティの微妙なあやを知覚し，評価し，利用する（大部分は無意識であるが，しばしば大いに知的な）患者の能力ゆえである。これにより，分析家は転移の中で彼が演じるべき役割に対応したあるこころの状態になるよう促される。患者はこのために言語的，非言語的手段をともに用いる。それは

監督が俳優に劇中の一場面の準備をさせるような手段といえる（もし監督がそうしていることを俳優が知ることなく、そうすることができたならであるが）。この活動はわれわれが投影同一化という用語でいおうとするものの不可欠な要素であり、分析家に引き起こされたこころの状態は逆転移の一形式である。

患者の投影同一化の影響下にあるとき、分析家は、それの詳細を言葉にするのがどれほど難しかろうとも、実際に誰か別の人の空想のなかでの役割を押し付けられているかのように感じる。同時に、洞察の欠如を通して、彼は、この役割に関係した強力な情緒を、完全に自分に属しており、患者が彼に及ぼす心理的影響とはまったく関係のないものとして経験する。

分析家の情緒が客観的な現実によって完全に正当化されるという気持ち——ビオン（Bion 1961）が「現実感の麻痺」と呼び、投影同一化によって生み出されるとしたもの——から逃れ出ようと作業することで、分析家は自分の逆転移に患者が寄与しているのだと徐々に認識できるようになる。これが彼にもたらすのは、患者の投影同一化をコミュニケーション——分析家が患者の内なる世界について学び考えるのを手助けする患者の無意識の努力——として取り扱う立場である。そのおかげで彼は解釈ができるのである。患者の投影同一化をこうして分析することは、患者が分析において投影同一化を用いる無意識の動機の1つを満たすことになる。

もちろん、これは、投影同一化を用いて、患者が自分には耐え難い（しかし分析家はそれに耐えることが望まれている）あるこころの状態に分析家を押しやるというお馴染みの過程である。それに引き続いて分析家は、自己分析を通して、患者が耐えられなかったものは何であるのかを明確に示し、それが何かを解釈することができる。そうすることでおそらく患者はそれに耐えることができるようになる。これがビオン流のコンテインメントのモデルである。

しかし、分析家がいままさに変化をもたらす解釈をしようとしているときにこそ、彼は何か有害なこと、彼と患者との「よい」関係を危険に晒すような何かをしようとしているという気持ちに悩まされる。この危機は、それが通常定式化されるようなビオン流のコンテインメントのモデル、すなわち患者による投影同一化は、ついで分析家によりコンテインされ、投影が解釈されるというものでは説明されない。そのモデルでは、分析家は適切な解釈をすることを喜ばしく思い、それを危険として経験するどころか、その機会を歓迎するであろう。コンテインメントの従来のモデルで説明されるもの以外の何かが作動して、

解釈に関する分析家の不安を生み出しているに違いない。

4.3 臨床例

　ある患者は月曜日の分析セッションを開始すると，彼が「ブラッドショウ・ウィークエンド Bradshaw Weekend」として知られる一般向けの心理学イベントに出席してきたばかりであり，そこから彼は分析家との「4年半」では得られなかった自分の行動についての多くの貴重な洞察を手にすることができた，と分析家に述べた。彼は，一連の正当な洞察であると思われたものをリストアップし始めた。しかしながら，そのいずれも，分析家が過去に何度も彼に伝えてきたものであった。患者はこれを認めず，それがすべて「ブラッドショウ・ウィークエンド」に由来するかのように話した。

　大変ないらだちと脅威を感じながらも，分析家は，相当の努力を払うことで，自分を見失わず，分別を備えているように見せ，患者がその週末から利益を得たということを受け入れることができた。患者は，すぐにでも分析をやめたいという彼の望みを話し続け，これが数年間にわたり「私にとって母と父とのよう」であった分析家を傷つけないことを希望しているといった。それから彼は，家を出たいという望みを告げたときの母親の反応――「崖があるわよ。もしあなたがそれを飛び越したいなら，行っておしまい。」――について話した。患者は，彼がMDの学位（分析家は医師ではない）をちょうど手にしたばかりであるように感じると話し続け，分析家が，得意気な父親の心持ちで，彼を祝い，彼の健康を祈ってくれることを希望した。

　その患者が分析家に残した気持ちは，彼の仕事振りはブラッドショウ組織のそれに較べてかなり惨めで遅々たるものであるというものであった。その組織の成功と効果とに羨望を抱いているのを彼は自覚していた。分析家が一瞬考えたのは，この逆転移を用いて，患者が自分に直面した際の無力感について，および分析家の能力に対する患者の羨望についての解釈の基礎とすることであったが，彼はこの考えを却下した。というのも，それではまるで彼が他人の楽しみの邪魔をし，患者がよい週末を経験したことを羨望のまなざしで否定しているようであると彼が感じたからであり，このため彼はあまりに罪悪感を覚え，この解釈をすることができなかった。いいかえれば，投影がその日を支配し，分析家は解釈をすることは患者に対する自分自身の羨望を明らかにすることに

しかならないであろうと感じた。

2番目の臨床ビネットである。彼女の治療で相当の作業と進展とを経た後に，週3回の心理療法患者が週4回のセッションを求めてきた。この要望を分析して分かったことは，これまで彼女の助けとなれていた何かあるいは誰かについて絶望した状態から脱け出ることを表象しているということであり，患者はそのことを意識して認めることができた。このすぐ後，彼女は1週間セッションなしで過ごすことを強いられた。分析家は休暇に先立つ3週間すべてに4日目のセッションを加えることによって，損失を「埋め合わせる」ことに同意した。3週目の終わりが近づくと，患者は，それを自覚することなく，週4セッションのスケジュールのおかげで，彼女の分析作業がずっと容易なものになったということを示唆した。分析家がこれを解釈したとき，彼女は涙ぐんで激怒した。彼女は，彼が彼女をいじめ，彼女を貪欲に操作して週4セッションを持つようにし，何年間も彼女が「自分のためには何も買うことができないであろう」結果になるよう仕組んだといって彼を非難した。

分析家は，抑うつ感と罪悪感を覚え始めた。振り返っていうには，あたかも，彼自身の貪欲さから彼は危険で破壊的な嗜癖へと患者を誘惑してきたという患者の考えに同意したようであった。4日目のセッションが貴重であると彼女が感じたということを彼女に指摘したこと以外，彼は何もしていないということを，彼は完全に忘れていた。週4日のセッションを保持しなくてはならないという観念が彼女に生じたのは，自分が持つことができない何かがとても大事なものであると認めることを患者が憎悪するからであった。

分析家への患者の投影の影響がそれほど強力であったので，彼がこのことを理解したときでさえ，このような解釈をすることは，価値のない4日目のセッションを維持するように彼女を貪欲に操作する巧妙な試みに過ぎず，患者との良い関係を確実に危うくするものであるという感じに彼は部分的に囚われたままであった。

これらの例の双方において，いまここでの分析的な関係を観察して意見を述べる分析家の能力は，罪悪感によって妨げられていた。実のところ科学的な努力というもの——分析家に対する患者の無意識の関係を探索すること——は，それが道徳感覚上よくないものであり，もし彼が自制しなければ，ほぼ確実に患者とのよい関係を駄目にするであろうという感じに分析家が圧倒されたときに頓挫した。これが示唆しているのは，変化をもたらす解釈をする際に分析家

が出会う難しさは，解釈それ自体が科学的な営みから道徳的なそれへと彼のこころの中で変形させられたという事実に関係しているということである．

4.4 考　察

4.4.1 ストレイチーの「補助超自我」

　ストレイチーは，変化をもたらす解釈がその治療的効果を及ぼすのは，それによって分析家が，彼がいうところの患者にとっての「補助超自我」になるからであると思っていた．変化をもたらす解釈をする際に，分析家は患者の注意を，患者が分析家を何とかして患者の蒼古的超自我に類似したものとみなすという事実に引き付けるとストレイチーは感じていた．しかし分析家がそうするときには，同時に彼は患者の蒼古的超自我ではないということを実証するような方法を取る．ストレイチーが明らかにしているのは，分析家は自らを，厳しく狭量な患者の超自我と対比する手段として，親切で，寛大で，愛情に満ちているということを示すことで，これを行うわけではないということである．これは結局，たかだかその陽性の（すなわち誘惑的）変異である蒼古的超自我であるにすぎない．それは，「親の」憎悪と不承認というより，「親の」愛と承認とによって患者のこころを支配する．

　その代わりに，分析家は蒼古的超自我には不可能なあるものになる．それは現実的であるということである．ストレイチーは「補助超自我の最も重要な特徴は，**自我への助言が一貫して現実的かつ今日的な配慮に基づいており，このこと自体がそれをもともとの超自我の大部分から識別するのに役立っているということである**」と書いている（Strachey 1934 [1969], pp.281-2 [強調は引用者]）．しかしもちろん助言にしろ他のものにしろ「現実的で今日的な配慮に基づいた」ものは，自我の機能である．

　ストレイチーが分析家の機能を「補助超自我」と呼んだとき，実際には，分析家が自我を用いているということを語っていたのだと私は思う．変化をもたらす解釈をする際に，分析家は自分の自我を，患者が自分自身の蒼古的超自我を見出すであろうと思っていたところに差し出す．超自我があると思っていたところに自我を見出すことは，患者にとって，予想が思い切り裏切られるということであり，それこそが精神分析の本質的治療効果であるとストレイチーは感じていた．

繰り返そう。蒼古的超自我は承認や不承認を下すことはできるが，何が本当であるかを評価することはできない。変化をもたらす解釈が患者に対して特定の効果を有するのは，分析家が「よい」超自我であることが分かるからではなく，彼がいかなる超自我の類でもないということが分かるからだと私は思う。分析家がその身を置くのは，超自我のそれとは異なる世界である。それは，蒼古的超自我の世界には不可欠なものである承認や不承認がいっさいなく，現実を公平に評価する世界である。

私が提起した最初の疑問——変化をもたらす解釈をすることに関連して分析家が感じる危険な感覚の起源は何なのであろう？　——へ戻ると，分析家が変化をもたらす解釈をするのを妨げるものは，転移の形成において，分析家の無意識中に生じるものであり，分析家が最終的に解釈するとき，患者に生じるものとは正反対のものである。ストレイチーが，過程の第1段階で分析家に自分の蒼古的超自我を投影している患者について書いたとき，おそらく彼は患者の空想を念頭においていた。これは正しいが，それには現実的な面もある。分析家に蒼古的超自我を投影している患者のことを話すとき，われわれがいわんとするのは，彼が，実際に何とかして分析家を，いわゆる蒼古的超自我に感染させるということである。分析家の感染しやすさとは，彼自身の強力な蒼古的超自我の機能である。すなわち投影された患者の超自我は分析家のものと溶け合い，それらの結合された力は，分析家をあるこころの状態へと無理やり押しやる。そこで彼は分析を蒼古的超自我の観点から，すなわち患者の無意識の公平で科学的な探索（ビオンの用語でのK活動）としてではなく，他の何か——道徳的，あるいはむしろ不道徳な企て——として経験することになる。過程のこの段階では，分析家が患者の蒼古的超自我の一部を自分の自我へと置き換えているというよりも，患者が分析家の自我を自分自身の蒼古的超自我で置き換えて（あるいは移しかえて）いる。もっと簡単にいえば，分析家が患者を治癒せしめているというよりも，患者が分析家を病気にしてしまっているのである。（これは，素材の曖昧さ，正確に患者の不安と防衛とを見積もる必要性，機転の必要性といった，解釈をすることについてよく認識された問題を軽視するということではない。しかし，これらがすべて分析家にとって外的な問題であるのに対して，分析家と患者との蒼古的超自我の融合は，分析家にとっての内的な問題を引き起こす。）

私が述べた例で分析家が感じた不安が例証しているのは，ストレイチーが変

化をもたらす解釈と関連させた危険の感覚である。これらの例ではともに，この不安が生じたのは精神分析に関する分析家自身のアンビバレンスからであると主張することができよう。それによって彼は，それが，ライウス［エディプスの父―訳注］のように，患者の発達を羨望のまなざしでもって抑え付ける方法や，貪欲に操作して患者からお金を搾り取る方法でなかったのかどうかの確信が持てなくなった。そして私はその通りと思うのであるが，分析をそのように倒錯的にみなすことは，充分に経験を積んだ分析家の無意識においても普遍的なことであり，ある役割を演じたことは疑いない。

しかしながら，その問題で私が焦点を当てたい側面とは，分析家と患者との間での無意識の関係が，分析についての分析家の倒錯的な視点をいかに**強化したか**ということと関係があり――分析設定での多少の相互作用が，彼のこころの状態は患者の投影の一機能であるのかもしれないという可能性について，セッション**後**よりもセッション**中**に考えることをよりいっそう難しくしたという事実と関係がある。自分がしようとしている変化をもたらす解釈が危険なものであるという分析家の感覚は，彼の蒼古的超自我から生じる。それは特有の性質を持っている。その蒼古的超自我ゆえに，分析家は，適切な解釈をすれば患者とのよい関係が損なわれてしまう――すなわち，もし彼が恐れや好意なしで単に状況を分析しようと試みるなら，冷淡で非共感的になっており，もし客観的な方法で単純かつ現実的な解釈をするなら，機転が利かなくなっている――と感じがちである。

しかしもちろん現実には，これらの不安は真の共感や機転とは何の関係もない。それらは分析家が患者の蒼古的超自我を恐れていることに由来しており，それにより分析家の自我が侵害されるのである。分析的な感覚における真の共感とは，単に患者の真の，そして現在進行形のこころの状態を細やかに感じ取ることであり，患者の蒼古的超自我を畏れ敬うことではない。そして真の機転を構成しているのは，痛みを避けることではなく，必然的に自己愛を傷つけることになる解釈をするに際して最も痛みの少ない方法をみつけることである。

いままさに変化をもたらす解釈をしようとしている分析家が瀕する危機とは，彼自身の自我機能――彼自身の現実把握力――が彼および患者の蒼古的超自我の結合した力からの攻撃の的になることであり，両者の蒼古的超自我の結びつきは，変化をもたらす解釈が患者と分析家との間の「よい」関係をダメにしてしまうであろうという共通の信念によっている。しかし，このいわゆる「よい」

関係は，もちろん，分析での真の作業関係であるはずがない。それは何よりもまず解釈を容易にするために存在するのであるから，解釈で危害を被るはずがない。それは分析家と患者との間での一種の自己愛的融合であり，それは多くの点で作業関係とは反対のものである。

4.4.2 集団超自我

　もし私が描いているこの像――超自我が交じり合うことであるこころの状態が生じ，そこでは「道徳的」配慮が科学的探索，知識への興味そして作業能力を排除しているということ――が，馴染み深いものになり始めているなら，それはビオンが1961年に「基本的思い込みの心性 basic-assumption mentality」として記述したもの，つまり集団の一員になるときその身に降りかかってくる心理状態に似ているからかもしれない。基本的思い込みの心性と分析における超自我の交じり合いに関連したこころの状態との類似性はきわめて顕著である。すなわち，超自我に支配された分析および基本的思い込み集団の双方において，批判的思考の能力が低下している。それは，双方ともに，表面的でむしろ躁的な暖かさの感覚，つまり集団の心地よさがあり，それが維持されるかは批判的思考が欠如していることにかかっているということであり，双方ともに，手近な実際上の問題に注意を向ける者は誰であれ，どういうわけか集団の敵で，反社会的で，よそよそしく，敵意があり，傲慢であるとみなされるということである。そして双方ともに，どういうわけか「集団」あるいは「関係」がそれ自体重要なよいものであって，集団（あるいは患者と分析家と）を直面するどのような問題でも，集団の成員の側で特定の作業を必要とせずに解決する heal であろうという，永遠の，こころを麻痺させる感じがある。

　この種の心性はしばしばみられるものであるが，精神分析協会のように，集団が理想化され，その一方で直面する現実的問題を否認する集団や組織の形成初期に特に明らかである。その後，当初の多幸感が過ぎ去り現実的問題が存続すると，それに続いて分割と責任転嫁とが起こり，その問題に注意を向けている者たちが生贄となる。同様の現象が分析の初期段階にみられる。

　それは，ビオンによって観察された基本的思い込みの心性が集団成員の蒼古的超自我が合流することで引き起こされるということなのであろうか？　これは「集団」に属しているというまさにその感じは，集団成員の超自我の心的な融合を通じて生じるというフロイトの仮定 postulate (Freud 1921) と一致し

ているであろう。その場合には，基本的思い込み集団とは，「よい」分析関係の複合版といえよう。

　ビオンの「基本的思い込み」集団と対照を成すのが，彼が作業集団と呼んだものであり，それはとりわけ，特定の明確な問題を解決するために協力しあう多くの**相異なる**個人から成り立つ。通常述べられるように，コンテイナーの理論は患者と分析家との間での作業集団関係を想定している。変化をもたらす解釈をすることと関連した危険の感覚がコンテイナーの理論で説明できないのは，その感覚が基本的思い込み集団から生じるためである。

4.4.3　超自我とコンテインメント

　いまから，私が出した2番目の疑問に移ろうと思う。それは知性を見失った状態のことであり，患者との関係が，超自我に支配されたり，基本的思い込み型に囚われている分析家に影響を与えているように思われる。ビオンによると，考えることができるようになるのに先立って，ベータ要素をアルファ要素に変換する必要がある。ビオンがわれわれにいっているのは，アルファ要素とは「潜在夢思考として用いるのに適当な」何かであるということである。ビオンの見解では，夢の創造に際し起こるような無意識に考えることが，われわれの精神生活全体の源であり起源であることを思い起こすとき，こころについてのビオンの見解の重要性を高く評価することができる。

　しかし，ベータ要素とは何なのであろう？　それは単に，無意識の思考を構築すべき生の素材にすぎず，身体的な緊張や要求についてのスーザン・アイザックス（Isaacs 1952）の観念のように，いまだ精神的なものでなく，いまだ身体と魂psycheとの境界を越えていないもので，無意識的空想になるためにはこの境界を越えて運ばれなくてはならないものなのであろうか？　そうかもしれない。それは象徴化を待っている何かであり，それによってベータ要素は精神の織物構造の中に繋ぎ止められているのかもしれないのであろうか？　そうかもしれない。あるいは，ヒステリーについての古い理論における幼児期の性的な過剰刺激というフロイトの観念のように，準備ができていないこころではあまりに強烈すぎて処理できない何かなのであろうか？　圧倒的であるがゆえに耐え難いのであろうか？　またしても，そうかもしれない。

　概して，ビオンは彼の概念を定義しないままにしておくか，代数の変数のように，飽和させずにおくことを好んでいた。それは，そうしておけば，後の経

験によってそれらを評価することができるからである。しかし『変形』(1965)の中で，ビオンその人は，ベータ要素の概念について若干記している。ベータ要素が考えるのに不向きなものである理由の1つは，それらが迫害的でただひたすら道徳的であるということであると，彼は示唆している。

> ベータ要素に不変なのは……道徳的な構成要素である。[それは]罪悪感や責任感と不可分であり，対象同士の間でのつながり link やこれらの対象とパーソナリティとの間でのつながりが道徳的な因果関係にあるという感覚から不可分である。
> (1965, p.64)

すなわち，起きているすべてのことが，どういうわけか企てられたものであるように感じられ，したがって誰かがそのことで非難（あるいは信頼）されて然るべきである。ビオンが述べたように，この

> 因果関係の理論は，それに科学的な意味がある限りで，……（より良い言葉がないので）ある観念を道徳的領域から，それ本来の道徳的連想の陰影が不適切である領域へと持ち込む例である。
> (1965, p.64)

彼はこの現象を「超自我機能による自我機能の簒奪 usurpation」と呼んだ。ビオンの見解では，自我は科学的である。それは，ものごとをあるがままにみることに関係しており，なにごとも誰かの失敗であるということとは関係がない。ビオンが主張しようとしている点は，蒼古的超自我によって支配されたこころの状態は，そこでは失敗と道徳的因果関係が重要なことなのであるが，現実的な方法で考えることと実際には著しい対照をなしているということである。すなわち

> 定義と意味の探究は……，因果関係の感覚とその道徳的含蓄との強さによって破壊されることがある。……因果関係，責任，そしてそれ故に（よるべなさと対置されるものとしての）支配する力が，万能感の君臨する枠組みを提供する。
> (1965, p.64)

この現実検討の低下を集団現象と結び付けている脚注で,彼はつけ加えている。すなわち

> 集団は道徳性——もちろん私は,道徳性に対する反抗として現れる否定的な意味を含んでいる——に支配される。そしてこのことは,フロイトが述べた,個人の思考に対する敵対的な雰囲気の一因となった。
>
> (1965, p.64)

『変形』からの他の一節で,彼はちがう方法で同じ主張をしている。すなわち

> 精神分析家は,因果関係の理論について私がいったことが,……Oについて知ることとOになることにおいてみられるように,もし他者を非難しようという要求と,成熟することの難しさ——というのも成熟は必然的に責任を伴うので——とが分析においていかに大きな役割を果たしているかが思い起こされるなら,より馴染み深いものになるということに気づくかもしれない。
>
> (1965, p.155)

　要するに,ベータ要素は,何事かについてパーソナリティを非難する以外には,それと関わることができない対象である。いいかえれば,それらは蒼古的超自我の断片である。慎重に考えてみるなら,成熟した超自我——それはストレイチーの「補助超自我」と同じものであり,「現実的で今日的な考え」という考えのみによって特徴付けられている——が本当の自我であるので,ここでは「蒼古的超自我」というより,単に「超自我」ということができる。このように蒼古的超自我と成熟した超自我との間の識別は不要のものとなる。すなわち,われわれが成熟した超自我と伝統的に呼んできたが,単に自我と呼んでいいのかも知れないものと,超自我という用語とは,いまや超自我の蒼古的変異を示しているだけである。この観点から考えると,たとえば,よい外的対象やよい内的対象に与えてしまった現実的損傷にまつわる不安や罪悪感は,超自我から生じるのでは全くなく,自我から生じているといえよう(というのもそれは現実的かつ合理的であり,幻想的で誇張的なものではないようであるから)。
　これがわれわれにもたらすのは,私が以前に出した2番目の疑問,つまり変化をもたらす解釈を分析家が考えることすら妨げる知性を見失った状態の源に

ついてである。蒼古的超自我の影響下で，思考や理解することは，不可能とまではいわなくとも，痛々しいほどに難しくなる。すなわち，自分自身や他者に関する本当のことを単純な事実として経験することができず，非難する根拠としてのみ経験する。この風潮 climate のせいで，考えることは単なる非難の実践へと成り下がってしまい，この風潮に浸っていると，考えることを止めてしまいさえすれば，自分や患者を非難でもって攻撃するのを避けることができる。これは，分析家が適切な解釈について考えることさえ妨げる知性を見失った状態（あるいは自我機能の制止）の重要な根元である。

　アルファ機能についてのビオンの理論が示唆しているのも，分析家がいかにしてこの知性の制止を克服し，正しい解釈を考えることができるようになるかということである。もしアルファ機能が，現実検討（あるいはビオンが示したような，科学的思考）に適した何かにベータ要素を変換することであるなら，アルファ機能の一側面とは，変化をもたらす解釈をしようと準備しているときに，分析家がまさにしていることであるに違いない。すなわち，彼は，自分の解釈に関してふと抱いてしまう「道徳的」含蓄を打ち捨て，ただ単に彼が患者について経験していることを可能な限り現実的に患者に描写するということで，彼の超自我と患者の超自我とが組み合わさった力から自らを解きほぐす。

　この観点から考えると，アルファ機能は，自分の蒼古的超自我に支配されることから，自分の自我に支配されることに移ることを意味し，この意味で，分析は自我機能のかなり純化された形式である。私が示唆するのは，われわれが分析的コンテインメントと呼ぶものの本質部分が，道徳的な配慮からその身を離して，目にするものを，恐れや好意抜きに描写することからなるということである。

　この見解は，分析的コンテインメントは，患者をホッと安心させたり，自分はよいものであると感じさせたりすることに力を注ぐのではなく，ただ彼を手助けし彼が本当のこととは何かを考えて感じることができるようにするために力を注ぐのであるというわれわれの知識と一致している。分析は，患者の「悪い」超自我を促進することに関係しないが，それ以上に「よい」超自我を促進することには関係しない。どちらもともに蒼古的なのである。分析の関心事は，ありとあらゆる種類の超自我を犠牲にしてでも患者の自我の成長を促進することである。これは，分析家は「悪い」親ではなく「良い」親であろうと努力するべきではないということを意味する。彼はただ分析家であろうとのみ努力す

るべきである。（分析が患者に大いなる安心としてやってくることがしばしばあるという事実は、これと矛盾しない。その安心は、本当のことは常に空想よりも迫害的でないという事実に由来する。空想は患者のこころから本当のことを追放してしまうのである。このために、分析家は患者に安心を生み与えるのを気にする必要がなく、ただ本当のことを見出すことのみを気にかけていればよい。本当のことが全て明らかになるとき、安心がそれに続くのは当然のことである。）

　ビオンが分析の価値を見出したのは、それがものごとの本当のことに到達しようとしているという事実であった。というのも、本当のことや現実検討が、患者の自我の発達をもたらすものなのである（フロイトがたしかに是認したであろう見解）とビオンは感じていたからである。しかし、ビオンは本当のことということで何を言わんとしているのであろうか？　『変形』の中で、彼はわれわれにとって興味深いものである本当のことについて部分的な規準を定式化した。というのもそれが具体的にいえば精神分析であり、自我と超自我とについてのわれわれの論議と関係があるからである。すなわち

　　何らかの目的を見据えて観客の情緒に働きかける画家は、ポスター作家の見方をする宣伝活動家である。彼は、自分の伝達内容をどう使うかを、観客に自由に選択させるつもりはない。分析家の立場は、自分の芸術によって観客の経験を増す画家のそれに似ている。精神分析家は、患者の人生を管理することではなく、患者が自分の見方 lights に応じて管理できるようにすることを目的とし、それゆえに彼の見方が何であるかを知ることを目的としている。［分析家の］解釈……は、［彼の］情緒経験の言語的表象であるべきである。……［解釈が表現すべきであるのは］**分析家の意見として****それは本当であるという含蓄以外の含蓄がない本当のこと**である。……本当のことは、いかにして［分析家の解釈の］基準となるのであろうか？　それは何に対しても本当でなければならないのであろうか、そしてわれわれはどのようにしてそれが本当かどうかを決定すべきであろうか？　ほとんどどんな答えも、本当のことを何らかの事情やそれ自体偶発的な観念に偶発するものとしているように思われる。

　　　　　　　　　　　　　　　　　　（1965, p.37, 強調は引用者による）

　言い換えると、本当のこととは何なのであろうか？　ここで、フロイト派の最もよき伝統に則って、ビオンは臨床経験の一断片を披露し、本当のことの性質について哲学的に論議することへと堕するべく脅かしているものを浮き彫りに

している。すなわち

> 実際はその問題は，超自我が発達的に自我に先行し，自我に対して発達と存在自体を拒むようにみえるスキゾイド・パーソナリティとともに生じる。自我が占めるべき場所を超自我が簒奪することには，現実原則の不完全な発達，「道徳的な」見方の高まり，そして本当のことへの敬意の欠如が伴う。その結果は，魂の飢餓と成長の停止である。私はこの声明を，困難を生み出す以上に解決する公理であるとみなすことにする。
>
> (1965, p.37-8)

精神分析におけるビオンの本当のことの基準は消極的なものである。本当の解釈は，他のどんな特徴を持っていたとしても，何がよく何が悪いと強調する道徳的見方をしない類のものでなければならない。もちろん，そのような解釈はまだ偽りであるかもしれない（そんなわけで，分析家はそれがただ本当のことについての自分の意見にすぎないということを認識していることが重要である）。しかし，道徳的含蓄を含んでいるどのような解釈も分析的な意味では偽りである**にちがいない**。

ビオンは分析的な意味での本当のことをアルファ要素に関連づけているように思われる。すなわち，アルファ要素とは自我を育む精神的要素であり，科学的（すなわち現実的）方法で用いることのできる，内的現実と外的現実とについての事実を自我に供している。彼がこれらと対比しているベータ要素は，現実的でも，事実でも，あるいは本当のことでもなく，宣伝活動家的である。

患者の自我は，栄養として事実を必要とするが，同時にベータ要素の生の素材からそれらを準備しなければならない。分析が患者に供するのは，単なるベータ要素の別の源である補助超自我ではなく，彼の蒼古的超自我のベータ要素活動にもかかわらず，彼自身の自我が現実との接触を維持することを援助するための補助自我である。（これは「転移解釈の力動」についての1956年の論文の中でポーラ・ハイマン（Heimann 1956）が著した，分析家の機能についての考え方と一致している。）

分析をすること，患者の補助自我であることのまさしくその過程の一部として，分析家は患者の自我と蒼古的超自我との間の葛藤に巻き込まれる。この葛藤と，それに伴う不安は，分析家のものになる。適切な解釈をするために，分

析家は，自分自身の自我と超自我との間の葛藤をやり通す working through ことによって，自分の中のこれらの不安に勇敢に立ち向かわなければならない。このことで患者は，自分の中の同様の葛藤をやり通す最善の機会をえる。この結果の1つと，分析の特性の1つとは，もし分析家が上手くやり通すのなら，たとえ患者があまりよくならないとしても，分析家はよくなるであろうということである。

4.5　結　論

本章の要点をまとめよう。分析家がいままさに変化をもたらす解釈をしようとしているときに経験する危険の感覚は，彼が患者と一緒に形成する基本的思い込み「集団という二人組」にもたらす脅威から生じる。ストレイチーが分析における「補助超自我」と呼んだものは，実際には分析家の自我であり，変化をもたらす解釈をすることは，とりわけ，分析家の自我が，彼の蒼古的超自我によって生み出される罪悪感や不安に取り組むことである。蒼古的超自我は，変化をもたらす解釈とは正反対のものであり，基本的思い込み集団の一側面として，患者の蒼古的超自我による罪悪感産出活動において増大する。変化をもたらす解釈が上手くいけば，自我が超自我に勝利することになる。この過程はビオンによって $\beta \rightarrow \alpha$ として示されたものの一部に対応し，超自我の融合がもたらす知性を見失った状態から分析家を解き放つ。これは，患者が本当のことを考え，感じるのを手助けするという，分析の目的の1つを達成する。ビオンは本当のことを精神的に生き残るために不可欠なものであるとみなした。そして，分析的に本当であるというわれわれの概念のための慎ましやかな規準として，彼が示唆するのは，それは蒼古的超自我が産み出したものではないということである。

第5章 臨床的事実とは何か？
精神分析技法論への寄与*

5.1 はじめに

「臨床的事実とは何か」という問題は，われわれの営みにとって根本的なものである。そして，われわれは皆，あたかもその答えを直観的に知っているかのように営みを続けるのであるが，わたしが思うに多分われわれは知っているのだ。しかし何かを顕在的に定義するということと，それを潜在的に知っているということとは別物である。

ある意味，定義するということは危険な行為である。というのも，ある問題を明確にしようとすると，最後に行き着くところは代わりにそれを「公式」見解としていつまでも廃れないものにすることになってしまうという危険が常にあるからである。しかし，（原因と結果とは，ある感覚印象の「恒常的連接」に過ぎないというヒューム Hume の定義のように）たかだか必要最低限だけをわれわれの定義に含み，そして残りを経験でもって埋めるように注意して，最小主義的方法でことに臨むなら，われわれの主題を定義しようとして［逆に―訳注］それを捻り潰してしまうという危険は最小限になるように私には思われる。

本章で私が示唆しようと思うのは，臨床的な精神分析的事実はそれ自体単純なものであるが，それを発見するのはとても複雑な事柄であるということである。また，臨床的事実を構成するものは何かについての同意に至ること――すなわち，われわれはどのようにしてそれを発見するのかについて同意すること――は，よりいっそう複雑で意見の分かれることになるかもしれない。しかしそれは確かに骨を折る甲斐のあるものである。というのも，われわれの基本的な事実を構成するものについていくらかでも同意しておくことは，どのような

---

*本章は国際精神分析誌 International Journal of Psycho—Analysis 75 (5/6) , 903—13 (1994) に掲載された論文に若干の加筆修正を施したものである。

科学的なやり取りのためにも，あるいは，実のところ，科学的な共同体がまさに存在するためにも，重要な前提条件であるように思われるからである。（その事実が何であり，どのようにしてそれらに到達するかについては同意するが，それらの事実の重要性については同意できない人々の間で生じている精神分析的な論争は，経験主義的研究によって解決可能である。精神分析的事実を構成するものは何かについて見解を異にする人々の間での論争は解決不可能かもしれない。すなわち，それらはその分野が多数の専門領域に分割されている印なのかもしれない。）

　私は，臨床的事実とは何かという問題に，間接的に取り組むつもりである。まず，より論争となっていないものを扱おう。それは，**科学的**事実とは何か？である。（私に言わせると，精神分析的事実とは何かという主題に較べれば，この主題はそれほど論争にはなっていない。もちろん，科学哲学を読めば，科学的事実とは何かという問題でさえ論争にならないわけがない。しかしいかなる分野であれ科学者は，明示的に述べられてはいないにせよ，自分の分野において事実とみなすものは何かということについて，ある作業同意をもつようである。）

　私の課題をできるだけ簡単なものとするために，私は，単純な科学的事実，すなわちもっとも単純な物事を可能な限り単純な方法で扱う科学から始めよう。いわゆる物理学である。もちろん，いったんもっとも単純な例を吟味したからといって，現実の世界がそれ程単純であるなどと誤解する愚を冒してはならない。しかし単純な例を吟味することは，われわれがより複雑なものへと取り掛かる上での手助けとなるかもしれない。

　私が手がけようとしている単純な例は，われわれが大学の物理実験室で行った，地球の重力（「g」）による物体の加速度を測定しようという実験から成っている。われわれが用いた装置は複雑なシステムで，紙テープの端に錘をつけたものが等間隔（それは1/10秒ごとに1回だったと私は思う）で発火するように設定された電極を通って滑車上を動くものであった。錘を落として電極のスイッチを入れると，火花が紙テープに穴を開け，そして穴と穴との間隔を測定することで，1/10秒間ごとに錘がどれぐらい落ちたのかを知ることができた。そしてわれわれはこの情報を表やグラフにし，解析幾何学の技法を用いて，重力の下で錘がどのくらいの速さで加速したかを告げる数字に到達することができた。これが g であった。

記憶によれば，われわれが得た g の値は，960cm/sec^2 であり，正規の値を下回ることおよそ2％であった。これは，われわれの装置が荒削りであることを考慮すれば，上出来である。しかし，わたしが主張したいのは，われわれが測定した g の妥当性は，多数の要素に拠っているということである。すなわち，錘の張力でテープが伸びてはいけないし，テープを回す滑車が摩擦で減速してはならないし，錘は振子のように揺れることなくまっすぐ落ちなければならないし，発火タイマーは謳い文句通り 1/10 秒ごとに正確に発火しなければならない，などなどである。

実際，当時でさえ，そのような方法で g を測定した物理学者はいなかった。彼らは，振子の揺れは重力に関連するという物理理論を頼りに，振子の揺れを計測した。しかしわれわれは，そのような方法で測定するようには指定されなかった。理由の1つは，われわれが利用可能であったタイマーよりもなお正確なものが必要であったからであろうが，主な理由は，われわれが g を算出するためには振子理論を用いる必要があり，これは「直接的に」計測されねばならないからであった。しかし，もっとも「直接的」な g の測定法でさえ複雑な装置に依存しており，何らかの値が判明するためには，それらの装置の全部分が何とか上手く作動していなければならないのであった。そして，もっとも単純な例でさえ，こうなのである。すなわち，実際のところ今日では，物理学者は基本定数を測定する際に，その妥当性を，振子の理論よりもいっそう複雑な多くの物理理論が真実であるということに極度に依存する技法を用いている。

われわれが大学で行えた実験には多くのものがあるし，同じことを測定するにしても，より単純であったと思われる他の測定法もある。しかしそれらの複雑さ――観測する設定を注意深く築き上げることと，多くの理論に負うことなしには観測が意味するものが分からないこと――がなければ，その結果はなんの科学的価値ももちえなかったであろう。それらは，われわれが得た結果以上に直接的にも経験に近いものにもなってはおらず，到底物理学とはなりえなかったであろう。それらはただの悪しき科学技術になっていたであろう。素人的な観点でいうと，その装置は実に複雑であり，われわれはそれを操作するために相当神経をすり減らさねばならなかった。しかし物理学者の観点からは，それはどう考えても最低限のものでしかなかった。

この前口上が示唆するように，臨床的事実とは何か？　という問題に対する私の回答は，臨床上の単純な精神分析的事実でさえ，複雑な装置とたくさんの

理論とによる産物であろうというものである。これは、「真の」事実とは、どれほど教育程度の低い民衆であろうとも公に利用可能な類型や、理論を形成するために集められた（あるいは多分自ら集合した）のかもしれない類型を単純に観察したものであるという視点とは全く異なっている。かなり複雑な理論的装置なしでは、われわれはもっとも単純な科学的観察さえ行うことができないだけでなく、意味そのものがおよそ止め処のない空論となるであろう単なる出鱈目な印象のようなものすら抱くことができないと私は確信している。素朴な印象のみが、最初に可能となる観察の類型であるかもしれない（フロイトは、事実が話し始めるまではただそれらをみつめているようにというシャルコーからの忠告をこころの中に大切に刻み込んでいた）。しかし、おそらく、精神分析は、われわれのもっとも単純な観察——「臨床的事実」——でさえ非常に複雑で繊細な観測装置の産物であるという事実に向き合えるところまで来ている。

　臨床的事実とは何かという問題に対する私のアプローチは、事実というのはどのような種類の観察であるのかについてアプリオリに触れることは一切せず、精神分析的事実が観察されるであろう「装置」——精神分析設定——を定義しようとするものになるであろう。精神分析的な装置が、大学の重力計のように正確に作動するなら、現れるものはなんであれ正真正銘の精神分析的事実であろうと私には思われる。本章の残りで、私は2つの問題を扱うことになろう。最初は、臨床的事実を突き止めるために必要と思われるのはどのような装置であるのか、そしてわれわれはその装置を手に入れたということをどうやって知るのかというものである。次は、この装置から得られることが分かっている所見とはどのような種類のものであるのかということ、言い換えると、人の手になる紛い物ではなく臨床的な精神分析的事実を突き止めるための観察環境が整ったことをどのようにして知り、それが適切に運用されているときにどのような事実が立ち現れてくるのであろうかということである。

5.2　精神分析のエビデンス

　臨床的事実を産出する装置とは、もちろん、精神分析そのものである。それゆえ臨床的な精神分析的事実とは精神分析が行われているそれらの瞬間に観察されるものであるということができよう。しかし、いま精神分析が行われているということをわれわれはいかにして知るのであろうか？　もちろん、私は、

「g」を測定したときの滑車や，テープそして発火タイマーを記述したのと同じようには，精神分析を描写することはできない。しかし私は，精神分析が生じているという2,3のエビデンスであると思われるものを描写しようとすることはできる。私は，経験的にこれらのエビデンスに到達した。すなわち，患者と私とがそのとき観察している臨床的「事実」を私が信用することができるのは，私がセッションにおいて1つかそれ以上のエビデンスを観察したその後であるということに私は気づいた。

5.2.1 親密な関係内での孤立

私はいまからこれらのエビデンスの最初の断片を臨床例を用いて例証するつもりである。私との初回面接の前夜に，ある女性患者は次のような夢をみた。彼女は面接のため私のオフィスに着いたが，待合室は人で溢れており，私の姿はどこにも見出せなかった。彼女は面接室へと進み，私が，先程とはまた別の取り巻きたちに私がデザインした織物だかタペストリーだかをみせているのに気づいた。彼女は同じようにそれらを賞賛しなければいけないと感じたが，同時に自分の面接を上手く誤魔化されたと感じた。しかしながら，私が私の作業について彼女からの賞賛をどうしても必要としているということは明らかであったので，彼女はひどい罪悪感を覚えることなしには文句をいうことができなかった。

彼女の連想に認められたのは，彼女は常に他人のために尽くしてこなければならなかった——そのことを彼女は不快に思っていたが，かといって文句をいえる気はしなかった——という気持ちであり，彼女は彼らに充分尽くしていないという気持ちであり，そしてどういうわけか彼女はいつもうっかりミスでその重荷をおろし損ねているという気持ちであった。私は，その夢が示唆しているのは，彼女は私から何らかの援助を得られればと思うけれど，結局のところむしろ逆に何かしら私を援助しなければいけなくなるのではないかということを恐れているということであるといった。彼女は同意し，彼女の夢の中で私は，彼女が援助を必要とするとき，［逆に—訳注］彼女に援助を求めてくる無数の人々の一人であったと付け加えた。彼女は，自分が描く治療者像に驚いて当惑した。そして彼女は，母親が抑うつ的な脆い人であり，たやすく打ちのめされる女性であったが，どうやら自分は私に母親を「転移」していたらしいと説明した。

第5章 臨床的事実とは何か？ 精神分析技法論への寄与

　この夢は，ほとんど変わらないまま2年半続いたわたしとの関係についての最初のコミュニケーションであった。真の変化の最初の兆しは，長い夏休みを数週後に控えたあるセッションの最中にやってきた。そのセッションで患者は，私が彼女との作業に打ちのめされてきており，私の夏休みはその表れなのではないかと心配しているようであった。私がこれを指摘すると，彼女は同意し，夢を説明したときと同じように，母親との過去の経験からの「転移」としてそれを説明した。それ以来生じてきた多数の類似のエピソードと同様というわけである。

　私はこれらの説明に本当の意味での満足を覚えることは決してなかったけれど，それが何故かも分からなかったし，多かれ少なかれ，それらに暗黙の同意を与えるのが癖になってしまっていた。しかし，このとき私は，彼女の活気のない話し方や，彼女がその後黙り込んだという事実に強い印象を受けた。彼女が再び話し出したときの話し方は，私に何らかの苦悩を引き起こすことを口にしないように，また彼女のためにやらねばならないことがあると私に感じさせないように気を遣い（と私は感じた），用心深く躊躇いがちなものであることに私は気づいた。彼女は，彼女のこころの状態がいまや死んだも同然で現在には不適当な過去の現実を反映したものであるということを実感していると自らの解釈でいわんとしていたが，実際には彼女はあたかも私がいまこの現実において実に脆いものであるかのように行動しているということに，私はふと思い至った。自分のこころの状態についての彼女の分析が，彼女の現実の経験に合致しているとは思われなかった。というよりそれはむしろ，転移というラベルを貼り付けることで私について彼女が現在経験していることを無視するよう自らにいい聞かせるという身の入らない試みであるように思われた。

　すると私は，患者が私に気を遣っているということに思いも掛けず苛立ちを感じ始めていた。もし私の仕事が，たしかに彼女を手助けし自分の経験していることを理解できるようにすることであるとしたら，私の作業をより楽にしようと彼女が試みたことでもたらされた結果は，正反対のものであった。すなわち，そうした控えめな患者との作業の方が，遠慮なく話す患者との作業がどれほど厄介であったとしても，それよりはるかに大変なのであった。（これは珍しい経験ではない。誰もが，手助けしてくれなくてよいと願う人物に援助の手を差し伸べられるという羽目に陥っている。）

　私は，彼女は自覚的には私が圧倒されていると感じ，手助けしたいと思って

いるが，彼女が無口であることで私がどれだけ無力を味わっているかには気づいていないように思われるということを，不安を覚えながら述べた。私が恐れたとおり，彼女は瞬時に腹を立て，気分を害した。

　彼女の反応のおかげで，私にちょうど理解され始めていた疑念が確かなものとなった。つまり，過去から持ち越されたものとして私を経験していると彼女が自ら解釈しているにも関わらず，彼女は疑う余地のない**目下の** present 事実として私が消耗し切っているといまだに受け止めているのであった。この点では，私の負担を軽くしようとすることが，そのとき彼女が私を手助けできそうな方法で唯一可能なものであった。したがって私の発言は彼女の努力に対して私が恩を感じていないということを表すだけになり，それゆえ彼女の気持ちは傷ついていた。

　彼女に反応を向けられた私が消耗しきっているという無意識の信念が示唆するのは，彼女が単に私と過去の人物像とを混同していたり，現在の私について（その言葉の普通の意味での）空想を抱いていたりするだけでなく，現在の私が彼女のせいで消耗し，圧倒されていると実際に経験しているということであった。いまや私は，私をいらつかせてきたのは，この経験が文字通り疑う余地のない程の強い確信を伴っており，それについての私の解釈が完全に無力化されてしまうということであると気づいた。私が幾ら解釈しても彼女が思い描く私の像に上手く対応しない場合，彼女は単にそれらの解釈を無視したのであった。（厳密にいえば，それらは意識的には認識されていたが，彼女の無意識によって無視されていた。「彼女の無意識によって無視されていた」とは，単に彼女がそれらを無視していることを知らずに無視していたということを意味する。しかし**私**はそのことを知っていた，いやむしろ**私**の無意識中の何かがそれを知っていた。それゆえに私がそのことを自らに向けて解釈するまでは，私のいらつきは説明のつかないものであった。）彼女の目に映る私をそのように無能なものとしていたものが何であるのか考えたいと確かに望んでいたにも関わらず，彼女は，私が消耗し切った状態にあることはまったく根本的で疑いようがないことであるがゆえに，何か別の選択肢を真剣に考えることなど不可能であるという情緒的確信に打ち克つことができないようであった。わたしが彼女にこのことを述べると，彼女はまたしても沈黙に陥った。しかしこの沈黙は，以前の無口さとは違って，深く考え込む類のものであった。彼女は口を開くと，私が脆すぎて患者としての彼女の負担に耐え切れないに違いないというこころの底

からの信念——分析の経験の影響を受けない揺らぐことのない確信——に自分の分析が**支配されてきた**ことに気づいたと極めて真面目にいった。彼女は，それが過去からの単なる持ち越しに過ぎないということを何度も何度も自らに言い聞かせようとしてきたにも関わらず，いかにしつこく残存してきたかに気付いて，悲しみ，かつ驚いた。しかしいまや彼女は，それが初日や初回の夢以来存在し，いままで解釈とは無縁の状態できたことに，まるで初めてであるかのように気づいた。

　彼女は，現実の物理的実体が彼女に与えた「脆い母親」とだけでなく，彼女のこころの中で脆いものにされている何かとも関係を確立してきた。「脆いものにすること」は，彼女の内的対象との**関係**，すなわち彼女が心的現実や内的対象世界を形成するうえでの役割であった。彼女の悲しみと驚きとは，彼女が転移の中で私に投影してきた内的「母親」を形成するのに自らが**積極的な役割**を演じていたことに突然気づいたことへの反応であった。

　このセッションの後しばらくの間，分析作業は，わたしがそれ以前には目にすることのなかった信頼感や確信を帯びていた。それはあたかも分析それ自体がフィルムを通り抜けて現実世界に突然姿をみせたようなものであった。すなわち，患者は自分が内的対象と外的対象とをどのように識別しているのかについて触れ，これにより彼女はそれらの違いが分かるようになり，そしてそれゆえに現実の外的な分析家に触れることができるようになった。

　もし私がこの期間の分析の情緒的傾向を記述しなければならなかったとしたら，悲しみと不安とに彩られたいつにない明瞭さによって支配されていたと答えたであろう。私が思うに，この明瞭さは，以前の混乱した状況から抜け出したことにより生じた。以前の状況では，患者は，私を彼女の内的対象から識別してあるがままにみることができなかったし，私は，彼女が私に割り当ててきた転移の役割から自らを解き放つことができなかった。その不安に満ちた悲しみは，一部は患者のものであり，一部は私のものであった。彼女の悲しみは，私を寄る辺ない状態にしようという彼女の無意識の要求を前にして彼女がいかに無力であるかという認識の上に成り立っていたし，私の悲しみも同様の認識の上に成り立っていた。すなわち，彼女の最初の夢に効果的な解釈を与えるのに私は2年半かかった。このことは私の治療的万能感への一撃となり，それによって私は実に無力な感じを味わわされることになった。この認識がわれわれ双方に示したのは，私が彼女の無意識に及ぼした影響がいかにわずかなものでしか

ないかということであり，「分析していること」はそれ自体ではいかにしてもなんら前進や展開を保証するものではないということであった。私にも彼女にも，私が彼女の無意識を「治せる」ように仕向けるだけの力はなかった。この結果としてわれわれが感じた悲しみや不安は，明瞭さや健全さの感覚——どちらもお互いからの分離という新たな理解のおかげで生じたものである——を補完するものであった。

　先に私は，臨床的事実を探知するために必須の装置について疑問を提起した。つまり，われわれは何か他のものではなく**精神分析的**事実を手にしているということをいかにして知るのであろうか？　私は，精神分析が生じており，それゆえ目の前のものが精神分析的事実であることの基準として，この情緒的布置——セッションにおいて誰が誰であり，誰が何をしているのかについての明瞭さと悲しみとから成るある組合せ——を提案したい。

　『精神分析の要素』の中で，ウィルフレッド・ビオンもこの問題とこの情緒的布置とを以下の表現で記述した。

　　あらゆる精神分析セッションが情緒的経験であることを考えると，その経験が精神分析であり他の何物でもありえなかったということを明確にするためには，その中のいずれの要素を選択せねばならないのであろうか。……分析は剥奪の雰囲気の中で行われなければならないという格言は，通常，分析家は，被分析者の欲望を満足させたり，自分自身の満足を得たりしたいという自らのいかなる衝動にも抵抗しなければならないという意味で理解されている。この声明が網羅する領域を縮小することなくその表現を圧縮するなら，分析家も被分析者も**分析の親密な関係内での孤立の感覚**を決して失ってはならないのである。……分析家は孤立の感覚を失うことも，患者からそれを奪うこともするべきではない。その感覚は，分析を受けるに至った事情と将来それから生じるかもしれない結果が，誰とも分かち合いようのない責任であるという認識に属している。

　　　　　　　　　　　　　　　（Bion 1963, pp. 14-16, 強調は引用者による）

患者と分析家とは共に分析の作業を行っているのだが，そこでは彼らのどちらもが孤独である。ビオンは続ける，

　　［精神分析的な］超然性は，孤独感や見捨てられ感という痛々しい犠牲を払って初めて達成される。それらの気持ちが経験されるのは，(1) 超然性を生み出す原始的な

動物の精神的遺伝形質［彼が「政治的あるいは集団的動物としての個人の原始的なこころや原始的な社会能力」と定義するもの］によってであり，そして（2）自らを分離することに成功した人格の側面によってである。

(1963, p. 16)

　患者と分析家とによって同じように共有された，あんまり孤独ではいたくないという欲望こそが，分析的な禁欲規則によって実際に打ち砕かれるものなのである。
　患者の悲しみを伴う驚きは，私を脆い対象のままにしておこうとしてきたのが自分であると気づくことで生じた。われわれが共に行ってきたあらゆる解釈にも関わらず私をこの状態に留めてきた責任が自分にあると，彼女が突然気付いたことで，悲しみや不安の感覚が生み出された。しかし同時にわれわれのどちらもが明瞭さの感覚を経験した。分析において誰が誰であるのかが明らかとなったのである。私はこれが「親密な関係内での孤立」という感覚でビオンが言わんとしたものの例であると思う。つまり，人が関係におけるその人個人の役割に気づくという意味での孤立であり，二人の**分離した**個人の間での接触からしか生まれてこない親密さである。
　私の臨床経験についてここまで行ってきた分析は，たしかに他の分析的「専門用語」や理論的枠組みで定式化できるであろう。臨床素材についての私の記述が適切であれば，他の専門用語を話す人々もそれを認め，彼ら自身の用語へと翻訳することができるであろう。同じことが以下の例にもいえる。

5.2.2　美的葛藤

　私が提案したい精神分析の第2のエビデンスは，有益で心底胸を打つ解釈に対してある種の患者が示す反応に関連したものである。私はこの反応を別の臨床ヴィネットで例証したい。それはある女性の分析で，彼女は以下のような夢を語った。彼女は「**健康のため**」プールの周りをジョギングしていた。そのとき彼女は棚の上の数枚の絹のブラウスを眺めていた（彼女がいうには，これは彼女がその前日に着ていたようなスーツの上着の下に着る類のブラウスであった）。これらが突然，安手の絹のブラウスに変わった。それは生地の質でも，色使いの繊細さでも劣ったものであった。彼女はそれらがあまり好きではなかったが，上着の下に着れば実際ほとんど人目に触れないし，姉がいつも彼女にいっ

ていたように，彼女はいつも選り好みしすぎで，なんといってもよいものはとても高価──スーツ本体とほとんど同価格──であるから，これでいいのであると自らにいい聞かせた。この夢を語った後で，ブラウスに対する議論は説得力のあるように思われるが，実際のところ絹のブラウスがよいものであれば服装全体がビシッと決まるのであるから，それらは誤りであると彼女は発言した。

彼女は健康のためのジョギングを分析に結びつけ，絹のブラウスを前日のセッションに結びつけた。その日彼女は母親から貰ったスーツを着ていた。彼女は，それに対して漠然とした不満を感じていたが，どうして不快なのかを自分で正確に指摘することができなかったので欲求不満を感じていた。私が彼女に好みを尋ねたところ，彼女はスカートがもっとタイトであるか短い方がよいといった。私は，彼女がそれは自分には野暮ったすぎる，すなわち自分の好みはもっとセクシーなものであると感じているようであるといった。この見解に彼女は非常に驚いた。すなわち，それは彼女にはまさに正しいことのように思われたが，それが問題を孕んでいるとはいままで考えたことがなかったのであった。彼女が驚いたということが私には驚きであった。というのも，そのことに彼女が不平を述べているのはあまりに明らかなことと思われたからであった。（このことで改めて思い起こすのは，解釈とは明らかではあるが気づかれていないものについてのものであるべきであるというビオンの見解である。これは理想ではあるが，実際にときどき達成することのできるものである。）

その上，彼女は私の発言に心底胸を打たれ，救われるのを感じた。そのセッションがもたれた年に，患者は心底からの揺るぎない変化が生じたと報告している。彼女は自分が好きな種類の服を着ることができるようになったのである。彼女が後に語ったことによると，あたかも私があのようなことをいったおかげで，彼女は自分が着たい種類の服を着てよいのであって，彼女の母親が着たものや他人が彼女に着せたがるであろうものを受け入れる必要はないということを実感できるようになったかのようであった。（この作業は最終的に生産的なものとなり，彼女は「着る」ことや，対象の意見ではなく彼女自身の意見を披露することができるようにもなった。）一見したところ，他愛のないいくぶん陳腐ですらある私の観察が，彼女に深い影響を及ぼしたことは明らかであった。すなわち，私は彼女を脱性愛化しようとしているある内的人物像──おそらく蒼古的超自我──の転移を代表していたことが明らかとなった。彼女にとって私の発言は，私が彼女を脱性愛化することに関心が**ない**という１つの驚くべき

エビデンスのようであった。

　私の発言によって彼女は，私との差し迫った関係について彼女がまったく気づいていなかったことを経験することになった。数分後に彼女は，それを自分の子ども時代の一挿話と結びつけた。私は，これが死んだ連想（すなわち，死んでいると感じられた）であり，私との重要で差し迫った経験やその密接な関係から彼女を遠ざけることを意図したものであると感じた。しかし私はそうはいわなかった。

　さて話を夢に戻そう。素敵な絹のブラウスは彼女がその前日非常に重要であると気づいた解釈を表象しており，素敵なブラウスが安物の模倣品へと姿を変えたことは，生き生きとして差し迫った状況が過去についての死んだ連想による陳腐な表現へと姿を変えたこと——分析セッションの差し迫った経験がもつ衝撃が分析の死んだ模倣品である「説明」へと退却したこと——を表象していた。彼女の夢において，こころの状態についてのこの説明は真実ではないと彼女は気づいた。しかし彼女は，生きた経験についての不毛な説明が多かれ少なかれ生きた事物と同程度によいものであるという考えや，いずれにしろ解釈の主題は，ブラウスのように，それが内的状態であるという意味で「現実には」姿のみえないものであるので，真の違いなどというものは一切ないという考えを支持するような一連の合理化で自らを納得させようとしていた。その上，姉が分析を受けていないのに，選り好みし過ぎである［といわれてしまう—訳注］ため，彼女は真の分析を求めることができなかった。そもそも分析とはとても高価なものではなかったか？　しかし，彼女は，内的状態が（部分的にではあっても）透けてみえるということや，下に着たブラウスが服装全体をビシッと決めるように，何らかの形で姿をみせている内的世界の一部が彼女の人となりを決定しているということをも無意識に知っていた。

　夢で表象された葛藤は，自分の感じたものが美しく重要な解釈であるという衝撃を経験することに彼女がその身をゆだねることができるかどうかを巡るものであり，これを強く望む気持ちが宣伝活動家的な内的告発に屈服してしまうのかどうかを巡るものである。宣伝活動家的な内部告発は，あまりにも選り好みし過ぎで尊大であることや，生きた内的状態に接触することに非常に高額なお金（および情緒）を費やすことに対して「実際のところ外からはほとんどみえないもの」であり，いずれにしろ安手の死んだものと較べて「実際のところそれほど優れているわけでもない」ではないかと非難するのである。これらの

告発によって，重要な経験——それ以来，患者の情緒発達にとって非常に価値のあるものであると分かったもの——は脱価値化され，それに価値を見出し求めることに対して彼女はどういうわけか罪悪感を抱くようになる。それらはよい対象（素敵な絹のブラウス）への羨望に満ちた内的攻撃を表象しており，同時にそれを気に掛ける（ここでは選り好みや利己的と呼ばれる）彼女の一部への攻撃をも表象している。これが，**分析家**の考えたものがよい解釈であるということに対する陰性反応の例ではないことに注意して欲しい。それは，患者本人が心底胸を打たれ有益であると気づいた解釈に対する陰性反応なのである。

　この種の羨望に満ちた内的攻撃が，わたしが提案したいと思っている精神分析過程についての第2のエビデンスである。この症例では，その反応は比較的穏やかであった。すなわち，私の患者は買う機会を与えられた素敵なブラウスに対し罪悪感を抱く夢をみた。私はこれが陰性治療反応であるとは考えていない。しかしそれがもっともっと深刻であったなら，解釈を保持することを巡って抱く罪悪感や自己嫌悪から古典的な陰性治療反応とみなすものが生み出されてくるさまをはっきりと目にすることができる。

　私が記述した例では，解釈に対して私の患者が抱く美しいという感覚や，それゆえに分析の生きた経験にしがみつく能力は，羨望に満ちた内的攻撃によって損なわれた。奮闘する彼女は，アイネアス［陥落したトロイアから脱出し古代ローマの礎を築いたギリシア・ローマ神話の英雄—訳注］の忠実な操舵手のようであった。彼は，眠りの誘惑に抗って，夜通し船を操縦したものの，最後には怒れる神ソムヌスによって持ち場から引き剥がされ海へと投げ込まれたのであった。翌朝船室から姿をみせたアイネアスは，操舵手がいなくなっているだけでなく，船の舵柄の一部もまた同じように剥ぎ取られてしまっているのを目にした。彼はその苦闘の痕跡（私の患者の夢）を目にし，操舵手が最後まで忠実な部下であったことを知ったのであった。

　穏やかなものであれ深刻なものであれ，この種の反応を精神分析であることの基準とみなすべきであるのはどうしてかということを理解するのは，難しいことではないと思う。分析的解釈は——私の第一例目のように，痛みを伴うものであってさえ——患者に正気さの感覚を生み出し，考えて感じる能力をよりいっそう増大させる。これらの能力は，こころにとっての命なのであり，クライン派が解釈を食物になぞらえたがるのは，単なる暗喩や発生論的再構成ではないのである。ちょうど身体が食物を必要とするように，こころは自らについ

ての信頼に足る情報——お望みなら真実ということもできるが——を必要としている。これを与えることのできる人は誰であれ，たしかに羨望される立場にある。そして，患者が羨望から完全に自由でないかぎりは（もしそのような人間がいるなら会ってみたいものであるが），上手く機能している精神分析家を羨望するのと同様に何かを羨望するであろう。

　この葛藤は現象学的には，ドナルド・メルツァーが「美的葛藤 aesthetic conflict」(Meltzer 1988) と呼んでいるものに似ている。それは，解釈が本当であることを美しいと，いやもっとはっきりいえば，**耐え難いほどに美しい**と経験する際に患者の中に生まれてくる葛藤である。分析の進展に応じて生じるある種の葛藤についてのメルツァーの臨床観察は，明快で重要なものである。患者が**美しい**と経験するものこそがこの葛藤の引き金になると指摘したことは彼の貢献である。しかしながら，私はその原因についての彼の定式化には反対である。というのも私が思うに，彼は臨床像を提示し非常に雄弁に記述しているが，その際に羨望の役割を無視しているからである。

5.3　心的現実

　臨床的事実を探知するための装置が適切に働いているのかどうかをわれわれがいかにして見分けることができているのかということについて何かしらの説明をしようとしてきて，私がいまから示唆しようと思っていることは，われわれの装置が適切に働いているなら，それがもたらす事実は人の内なる世界や心的現実の要素であると判明するであろうということである。先に進む前に，私は心的現実という言葉でもって何を言わんとしているのかをより正確に説明すべきであろう。

　フロイトが心的現実の概念を発展させたのは，ヒステリーについての誘惑理論を放棄せざるを得なくなってからであった。誘惑理論とは，われわれも知っているように，（幼少期の性的いたずらのような）ある外的出来事が後の人生において神経症を引き起こすという発想に基づいていた。（この理論は再ブームの真っ只中のようである。）その代わりに，フロイトが気づいたのは，外的出来事は，それ自体実に些細なものであるかもしれないが，ある種の無意識的空想——たとえば，性欲動の表現であるようなもの——と組み合わさるのに違いなく，その結果，おそらくは後に神経症へと至るであろう**主体的経験**を生み

出すということであった。この主体的な出来事は，一種の**心的**現実である。それは，外的出来事そのもの，すなわち一種の**物質的**現実とは識別されるべきである。無意識的願望空想と物質的出来事という双方の構成要素が揃わなければ，無意識に衝撃をもたらす出来事は生じ得ないとフロイトは気づいた。外的出来事は無意識的願望空想がその表現の担い手として用いるのに適したものであらねばならないという意味で，出来事と無意識の願望とは適合していなければならない。このモデルが夢見ることであり，そこでは外的出来事（日中残滓）が，フロイトの喩で，企業家としての役割を果たしており，一方では，無意識の願望が資本家としての役目を務めている（Freud 1915-17）。この意味において，われわれの無意識はいつも夢見ているのである。

フロイトの視点において，神経症の症状が進展するのに決定的なことは，単に空想を抱いたり外的現実に苦しんだりするということだけでなく，その2つが組み合わさって一種の心的現実が生み出されるということであるはずである。彼は「神経症の症状は，実際の出来事と直接には関連しておらず，願望空想に関連している。こと神経症に関する限り，心的現実の方が物質的現実よりも重要なのである」と結論付けた（Freud 1925）。

それゆえ，心的現実に触れるということは，外的世界との**関係性**――人が経験する出来事に対して（空想上）どのように反応するのか――に触れることになる。これはある意味，人は分析によって自分のこころに衝撃をもたらしている抑圧された**外的**出来事に気づくことができるようになるという発想――これは精神分析前のフロイトの誘惑理論や外傷理論の現代版である――とは真っ向から対立するものである。

われわれが心的現実を正しく評価する上での次なる大進展は，メラニー・クラインが内的対象を発見したことにより起こった。フロイトの心的現実の概念とは，本能に駆り立てられた空想と外的出来事とが曖昧に組み合わさったものであった。クラインが内的対象を発見したことで，フロイトの骨組みに肉付けがなされた。彼女は，対象を飲み込むという子どもらの無意識の空想が，具象的に現実であると感じる空想の内的世界をどのようにして生み出すのかを記述した。それは外なる世界についての考え version ではあるが，重要な点で変更されている考えである。すなわち

　　赤ん坊は，両親と一体化しているので，深い無意識の空想を経験する際の具象的な

方法で，両親が自分の身体の内側に生きている人間であると感じている。私はそれらを赤ん坊のこころの中の「内的 internal」あるいは「内なる inner」対象と呼ぶことにしている。こうして内なる世界が子どもの無意識のこころの中に築き上げられていくが，これは自分の現実の経験や自分が人々や外的世界から得た印象に対応したものであり，自分自身の空想や衝動によってその後も変更されていくものなのである。……赤ん坊のこころでは，「内的」母親と外的「母親」とは固く結びつけられており，内在化というまさにその過程を通して赤ん坊のこころの中でいったん変更されてはいるものの，「瓜二つ」なのである。換言すれば，赤ん坊の抱く母親像は，空想や内的刺激，そしてあらゆる種類の内的経験の影響を受けているのである。赤ん坊が生きる外的状況が内在化される——生後間もなくからそれらは生じると私は思うが——ときにも，同じパタンに従う。すなわち，それらもまた現実状況と「瓜二つ」になり，同じ理由で再び変更されるのである。

(Klein 1940, pp.345—6)

　この観点から考えると，内的対象は，単に外的対象をわれわれが知覚したものや，外的対象をわれわれが精神的に表象したものではないことは明らかである。それ以上のものなのである。すなわち，クラインが「内的対象」という用語を用いたのは，子どもが空想——対象を飲み込むのだが，飲み込まれた対象はそれからも鯨の中のヨナ［旧約聖書「ヨナ書」参照——訳注］のように自分の内部で生き残っているという空想——を抱いているという自らの観察を記述するための簡便な表現としてであった。子どもはこれらの対象を，親しいものや敵対するものとして，健康なものや病気のものとして，限局性のものや侵襲性のものとして，よいものや悪いものとしてなどその他諸々のものとして感じる。
　この意味で内的対象は，われわれの心的現実の創造物である。すなわち，**外的対象とわれわれとの関係——つまり，われわれが自らの内部の外的対象を（空想上）どう取り扱っているかということ——の結果として内的対象が存在するとわれわれが感じている状況であればどんな場合でも**，内的対象とはわれわれの内部にある外的対象を表象している。
　われわれ大人がこころの中に存在するものとして意識的に認識しているであろうものは，われわれの無意識には主に身体的なものとして経験されている。（この無意識の経験を表象するためにわれわれは意識的には「腸の知らせ a gut feeling［虫の知らせのこと—訳注］」のようなこころの状態を表す慣用句を用いている。）われわれの内的対象は，われわれの対象がいかに感じたりいか

にわれわれに作用するのか，およびわれわれが対象についていかに感じるのかの双方を明らかにする。それら2つは，まさしくある特有の状態でわれわれの内部にあるものとしてわれわれが無意識に経験している対象を生み出すために組み合わされている。すなわちわれわれと対象との関係はまさに特有のものであり，対象とわれわれとの関係もまさに特有のものである。つまり，われわれはそれらに何かをしているのであり，それらはわれわれに同種の何かをしているのである。

　私が示唆するのは，「内的対象」とは，より成熟した水準においては「こころの状態」といわれるであろうものをわれわれが原始的な水準で経験するとどうなるかということである。もちろん，われわれは他の意味で「内的対象」という用語を用いたいと思うかもしれないが，これは内的対象というものの一側面でしかない。われわれの「無意識の内的対象」がこころの状態を**生み出している**というのは本当には正しくないと私は思っている。すなわちわれわれの内的対象こそがこころの状態なので**ある**。たとえば，「よい内的対象をコンテインすること」は，いい方を変えれば「愛情」と呼ぶであろうものを活き活きと表現する方法である。われわれは，よい内的対象の**ために**愛を感じるのでもなければ，われわれがよい内的対象を**コンテインする**がゆえに愛を感じるのでもない。「よい内的対象を保持している」という気持ちこそが愛の気持ちなので**ある**。同様に，われわれは傷ついた内的対象を保持するが**ゆえに**罪悪感を抱くのではない。われわれが罪悪感と呼ぶものは，われわれの内部に傷ついた状態で存在するのではと危惧する何らかの気持ちと同じものなのである。そして，われわれは疲れ果てた内的対象を保持するが**ゆえに**抑うつを覚えるのではない。われわれの抑うつとは，われわれの内部に打ちのめされた何かを保持する気持ちと同じものなのである，などなどである。

　クラインが内的対象世界——われわれの全内的対象からなる宇宙——を発見したことは，われわれがこころの状態を理解する上で大きな前進であったと私は思う。なぜなら，われわれがこころの状態と呼ぶものが内的対象と同じものかもしれないとはいえ，われわれの内的対象——われわれがコンテインするものについての詳細な無意識の空想——は，こころの状態についての通常の語彙——たとえば抑うつ，罪悪感，愛，安全感，高揚感など——が伝えることのできるものより，はるかに活き活きとして，詳細で，多彩である。精神分析に費やされる大量の時間は，これらの用語によって非常に大雑把に表象されたここ

ろの状態のまさに詳細や微妙なあや、そして成り行きを捉えることに割り当てられる。

　私が引用した臨床例の双方において、患者は自らのこころの状態に気づくようになっただけではなく、こころの状態を生み出す際の**自らの役割**にも気づくようになった。この種の洞察は精神分析ならではの産物であり、したがってわれわれの分析装置が適切に働いているより一般的な指標としての役割を果たすかもしれないと思われる。

5.4　考　察

　臨床的事実をみるこの幾分手の込んだ方法はあまりに制限がきつ過ぎるという異議が上がるかもしれない。セッション中に生じる何か——たとえば、何らかの気持ち——を事実とみなして、その後にそれらを基にわれわれの理論を築き上げることができた方がよくはないであろうか？　私はこれが魅力的な議論であるとは思うが、賢明ではないと思う。臨床的事実とは何かという私の定式化は、こころの状態をわれわれが内的対象として描こうとも他の方法で描こうとも、複雑である。そしてわれわれがそれを探知するために用いる情緒的「装置」についての私の定式化もそうなのである。すなわち、精神分析それ自体が、（ある程度は）ある種の情緒状態が出現することによって示されるのである。しかし、それらの複雑さにも関わらず、それらはぎりぎり最低限必要なものでしかないように思われる。

　いずれにしろ、われわれがお互いに意思の疎通を図るのなら、基本的事実とは何かということについて、たとえ顕在化することはできなくとも、何らかの作業同意に達することはたしかに重要なことである。いま精神分析が起こっているということを知るために私が提案している「基準」が、包括的であるとか、唯一のものであるとか、最終的なものであるなどというつもりはない。他の基準が提案されることはありえるし、わたしが提案しているものが不適切であるということが明らかになるかもしれない。それらは単に、私が自身の臨床経験を吟味する際に重要であると思われるものに過ぎない。しかし、分析以外の何物も生じていないということを示す基準が**どんなものであるか**についての何らかの定式化にわれわれが同意しようとしまいと、進行中の精神分析の品質を保証するものは、私がここで例証してきた類の情緒的雰囲気であるということが

おそらく明らかとなるように思われる。

　私がここで提案しているのは，精神分析の経過中にわれわれが観察することのできるある種の情緒状態があり，これらの観察可能な状態は上手く行っている分析の兆候であるということである。これらの情緒状態の存在下でわれわれと患者とが目にすることのできるものは，上手く作動している観測計器が物質世界についての信頼すべき情報を与えてくれるのと同様に，経験的に信頼できると私は主張している。違いは，上手く作動している精神分析的装置は心的世界についての信頼すべき情報をもたらしてくれるということである。この情報は解釈を受けない「事実」からは成り立っていない。それどころか，私が見定めているものこそ，まさに解釈を受けるとみなされるものである。

　情緒的雰囲気をきちんと読み取ることは，滑車が速やかに回り，テープが伸びず，タイマーが正確であるのを確かめるのと同じことではないというのが私の認識である。しかし，それはわれわれの仕事の性質上必然的に課せられる課題であり，より機械的なもので取って代えることのできない課題である。われわれが計測しようとしている代物は，こころの状態から成り立っており，それを計測するための機器もまた——ラッカー（Racker 1968）が転移と逆転移とについて明らかにして以降の作業のように——情緒的状態なのである。

　臨床的な精神分析的事実は分析から姿を現すものであり，ある種の情緒状態（それ自体，探知するにはたいそう知的に洗練されていることが必要であるかもしれないが）が存在することで分析であることが分かるのかもしれないとただ単にいうだけでは，われわれにとってもっとも根本的ないくつかの科学的観念を言葉で定義することさえできるかどうか怪しいものであるし，それらをより広い社会へ伝達することはいうまでもなく，自分たちの中できちんと意思疎通が可能であるのかどうかさえも，われわれにとっては不安なままなのである。この不安感を解消する策は，精神分析をわれわれの持つ科学的言語でもっと表現可能なものにしようとすることにあるとは私は思わない。われわれは科学の言語を何かもっと精神分析的なものへと変えようとする方がよいのであろうと思う。

　現在，詩人と芸術家だけがこの種の経験を獲得していて，自分を直接的に取り巻く出来事の文脈の外側に意味を保持することができている。しかし，これがどれほどもの凄く難しいことであり，一見容易く美を生み出す芸術家が背後でどれほどの苦闘を繰り広げているのかを顧慮するなら，分析それ自体の文脈

の外側に真の意味を持つような臨床的事実の正確で**科学的な**説明へと到達できるかもしれない。

　もしこれがあまりに途方もない話や，われわれの科学的基盤からあまりにかけ離れているもののように思われるなら，冒頭の物理実験に話を戻して，ニュートンでさえ物理運動を捉える前にはまったく新たな数学的言語——微分法——を開発しなければならなかったということを思い出すことができる。従来の数学の形式とは異なり，微分法が正確な量ではなく（微分法の批判者の一人であるバークリー主教が「今はなき量の幽霊」と表現したように）それらの近似のみを扱ったので，極端な賛否両論を呼んだ。ニュートン力学が適切な科学であるかどうかという論争は100年間続いた。そのおかげでわれわれは勇気づけられるし，架空の科学的正当性のためにわれわれの**専門技術** métier を諦めずに済むであろう。

第6章　心的現実と転移分析*

6.1　心的現実

　フロイトは，ヒステリーについての最初の理論で，患者の神経症は現実の外的出来事によって生み出されると考えた。つまり幼少期に性的いたずらを被り，その記憶が抑圧されたままになっていると考えたのである。この理論を定式化した後，彼は1890年代中盤までに行われた一連の分析において，抑圧された記憶の回復を試みることでそれを証明しようと企てた。しかしながら，彼は一症例ですら，それを証明することができなかった。そしてその試みの最中に出くわした困難のゆえ，1897年までに彼は神経症の病因はそれまで想定していた以上に複雑なものであると結論づけた。すなわち，ここに至って彼は，神経症の原因が単なる過去の外的な出来事の抑圧された記憶にあるだけでなく，適合する外的な出来事によって強化された無意識的空想にもあるということに気づいたのである。この発見が初めの一歩となって，彼は1925年までに，神経症の病因についての最初の理論を覆すに至った。いまや外的な出来事は二次的な役割しか果たさなくなり，そして，それらは無意識的空想を強化したり補強したりするかもしれないが，神経症の展開にはもはや必要のないものとされたのである。一方で，必要な無意識的空想が存在するならば，それは外的現実の助けをあまり借りずとも，神経症を創り出すであろう（Freud 1925）。神経症に関して彼はこう結論づけた。すなわち，こころにおいては，無意識的空想は外的現実と同じ衝撃をもつのである。彼はこれを定式化して「こと神経症に関しては，心的現実が物質的現実よりも重要なのである」（1925, p.34）と記した。
　次にフロイトが行き当たった問題は，ある無意識的空想が，この種の衝撃をこころに与えることができるという事実をどのように説明するのかということ

＊本章は季刊精神分析誌 The Psychoanalytical Quarterly 66 (1), 18-33 (1997) に掲載された論文に若干の加筆修正を施したものである。

であり，いま現在の外的現実――いま，ここで――がそれらを反証しているという証拠を前にしても，この衝撃を保ち続けることができるという事実をどのように説明するのかということでもあった。彼はこうした形ではその問題を記載しなかったけれど，彼が説明しなければならなかったこととは，神経症患者における無意識的妄想の存在であった。

フロイトは，ある特定の空想だけが人をこのように妄想的にする力をもつと考えた。それは，抑圧された性的衝動――抑圧されたリビドー――の表現であるところの空想であった。それこそが，本能が空想を引き起こすという考え（あるいは，スーザン・アイザックス（Isaacs 1952）が述べているように，無意識的空想とは，身体的な本能過程の精神的表象なのであるという考え）であり，そして，もしこれらの空想が抑圧されるなら，それらは，主体がそれと気づくことのないままに，主体の知覚や記憶と混同され始めるかもしれないという考えである。しかしこれにも問題は残る。というのも，誰もが性的空想を抑圧しているにも関わらず，誰もが無意識的妄想（すなわち，神経症）に陥るわけではないし，少なくとも，誰もが同程度にそうなるわけではないからである。

1946年，メラニー・クラインはある種の無意識的空想について記述した。それは，自分自身のパーソナリティの帰属を，自分から引き離し，対象の中に据えることができると感じさせる無意識的空想についてであった。彼女はこの無意識的空想を投影同一化と呼び，それが現実検討を押しやってしまい，内的現実と外的現実との知覚を混同させる力を有していると示唆した。すると，自分の衝動や願望，そして空想といった側面は，外的世界に存在するものとして経験される（Klein 1946）。（これはブリトン（Britton 1989）が「帰属的投影同一化」と呼んだものに相当する。）

論理的に表現すると，投影同一化はメタ空想と呼ばれるものなのかもしれない。それは，自分や対象についての通常の空想ではない。それは，われわれの空想についての空想である。それのおかげでわれわれは，自分の空想が客観的現実の一部であると感じることができる。投影同一化が産み出すものとは，世界に属しているものと自らに属しているものとに関する無意識的妄想である。

クラインの仕事が含蓄したのは，投影同一化によって空想と現実との間の混同が引き起こされるのは，（たとえばその性的性質のような）リビドーの質によるものでも，それが抑圧されているという事実によるものでもないということであった。それはむしろ，人が自分のこころについてある種の空想を抱いて

いるということであった。つまり，人は（空想を含む）自分のこころの断片を外的世界に投影することができると考えていたのである。このことがそれらに（主体の観点から）具象的な現実という地位を与えることになる。すなわち，それらは，患者の心的現実において，そして世界を主体的で無意識的なものとして経験することにおいて「現実」なのである。

6.2 転　移

メラニー・クラインの投影同一化の理論が指し示しているのは，投影同一化が自己と対象との間に一種の混同を引き起こしており，そこでは主体が自分の側面を（自分の代わりに）対象に帰属させているということである。したがって，無意識的空想は，**それらが投影同一化を通して発展する限りは**，人の現実知覚に影響を与える力を有している。投影同一化の理論は，神経症の患者において無意識的空想がいかにして無意識的妄想になるのかという問いに対する答えを与えてくれる。患者が投影同一化を用いて無意識的空想を客観的世界の一部であるかのようにみせている限り，無意識的空想は無意識的妄想になるのである。

この理論はまた，われわれの転移理解にも明らかな影響を有している。私はこれらの影響について概観し，転移分析の実践，特に精神分析に対して脆過ぎるとか，構造的な欠陥があり過ぎるなどとしばしばみなされている患者の転移分析の実践におけるその有用性を探索してみたいと思う。

本章では，「転移」という用語を，特に，投影同一化によってもたらされた患者のこころの中における自分と分析家との混同の一型として用いようと思う（3.2をみよ）。それゆえ私は，転移を神経症の原因となる過程と同じものであるとみなす。われわれがこう考えるのは次の事実によっている。(a) 分析において転移神経症が自然に発生し，患者の既存の神経症に取って代わるという事実，そして (b) 分析を通して転移神経症を解消すると既存の神経症が解消するという事実である。これが転移をみる唯一の方法ではないことは明らかである。しかし本章の目的は，そうした見方がわれわれをどのような地点に導いていくかを探索することにあるので，私はこの見方に焦点を当てていこうと思う。転移に関するこの見方を提示した後で，それを幾つかの他の見方と比較してみよう。

要約しよう。これまで私が考えてきているように，転移とは，患者が自分の現在の内なる世界の側面を妄想的なやり方で外なる世界（すなわち分析家）へ投影する過程の結果である。転移に対するこのような見方は，精神病の患者に限らずあらゆる患者は無意識的妄想に苦しんでいるというマネー－カイルの考え（Money-Kyrle 1968）と関連している。

転移とは，患者の過去の対象との関係の反復であり，過去が思い出される代わりに，現在進行形で分析家と経験されているものであるとはしばしばいわれていることである。私はこれが正しいとは思う。しかし私が強い感銘を受けているのは，それを逆さまにしてみるなら，この発言はまさに本当のものになるという事実である。つまり，患者が過去に対象との間でもち続けていたように思われる関係は，分析家との現在の関係の「反復」なのである。より均衡のとれた形でいってみると，患者の過去バージョンは，意識的にも無意識的にも，多くの歪曲——すなわち，外的現実と空想との混同——を免れないし，患者が分析家との間でもっている転移関係もまさに同じ歪曲を免れないということなのである。なぜなら，「過去」——そうはいっても，それは（いわば）患者がいままさに経験している「過去」なのであるが——や，転移というものは，現在の力動的過程という同じ活動によって影響されているからである。これらの過程——自らと対象とを混同する患者に特徴的なやり方——が，患者の現在および過去の経験の一側面を似通ったものとして構成するのである（7.1を見よ）。

患者が分析を通して，転移を解消することができる地点に辿り着くまで，すなわち内的現実と外的現実とについての患者の混同が元通りになるまで，患者の過去についての回想は意識的にも無意識的にも，制限付きのものであるに違いない。（もちろん，転移の解消は，決して絶対的な**既成事実**とはならない。私が記述している変形は相対的なものである。）これから分かる帰結の1つは，分析の終わりになってようやく，われわれはまあ信頼するに足る患者の過去を知ることができるということである。

これは，患者の過去，特に患者の両親の特徴が，分析の経過中に変化する傾向があるという観察に一致する。そしてそれは，患者が分析家に対する知覚を変化させていくのとまさに同じ方法でそうなって行く。分析での転移とは，患者が過去に現実の対象との間でもった関係の反復であるのかもしれないし，そうではないのかもしれない。それは患者が過去に転移対象との間でもった関係の反復である可能性が極めて高く，これは決定的な違いである。

われわれは，分析そのもの——患者の心的現実に存在するものとしての分析——を患者がどう経験するのかということを，この経験の源を2つに分けることで理解できるかもしれない。1つ目は，分析家が実際に何をいい何を成したかであり，いつ，どのような文脈で，どのようにしたのか，などである。言い換えれば，分析家が伝えようとしたさまざまな方法の全てのことである。2つ目は，分析家の言葉と行動とを患者がどのように変形するのか，すなわちどのように解釈するのかということである。これら2つによって生み出されたものが，解釈に対する患者の主体的体験である。

分析家が何をどのようにいったのかについてわれわれがはっきりした考えをもち，また，患者がそれをどのように経験したのかについてわれわれが評価を下すこともできるのであれば，前者がどのようにして後者へと変形されたのかについて何某かを推測することができる。われわれは「患者は，あたかもわれわれがこれこれのことをいったりしたりした**かのように反応した**」ということができる。この変形は，転移に対する患者の無意識の寄与である。これが，ビオンが「変形」(1965)という考えでいおうとしていたことの1つであると私は思う。すなわち，「a」が「b」に変形されるとして，変形を支配する規則とはどのようなものなのであろうか？　ということである。転移が充分に解消される（あるいは，同じことなのであるが，投影同一化の使用が著しく減少するとき）までは，患者は解釈を単なる解釈として受け取ることができない。しかし，患者が解釈を誤解するその方法は極めて興味深いものであり，踏み込んだ分析の素材を形成するものである。（これは，ファインバーグの論文「聴くことを聴くこと Listening to listening」(Faimberg 1996) で挙げられた点と一致するものである。）

われわれは，患者が経験する分析そのものを，この経験を2つの源に分けることで理解できるかもしれないが，一方で，これら2つの現象が複雑な方式で相互に影響しあっているということもまた事実である。この事実を前提にするなら，患者が分析家に関して経験する構成要素をそのように分離することが果たして可能なのであろうか？　多くの観察者が指摘してきたのは，患者は分析家の行動やこころの状態を正確に知覚していると思われ，この場合それらが患者の転移に寄与しているであろうということである。これは確かに正しいが，だからといってわれわれは，分析家と患者それぞれの寄与を区分けできないかもしれないという結論を正当化することはできない。そのうえ，分析家の行動

は，たかだか患者の無意識的な投影同一化の空想を強化する作用しか果たしていない可能性が高い。というのも，こうした増強の有無に関わらず，いずれにしろ，無意識的な投影同一化の空想は活動しているのであり，それがなければ分析家の行動が転移に影響を与えることなどありえないからである。これは複雑な問題であり，おそらくは以下の臨床例によって明らかにされるであろう。

6.3 臨床例

とある積年の無意識的な性格の問題に幾ばくかの光が当てられた分析期間の後，患者は，セッションの口開けに，地震によって自宅が受けた損傷を修理するために確実な見積もりを得ようとしているという問題について語った。彼は手にした見積もりに満足していなかった。というのも彼はそれらがあまりに安すぎて，その結果，保険会社からの保険金もあまりに低い額になってしまうであろうと感じていたのである。話が進むにつれ，保険金請求で得られた金を，地震による損傷の修理だけでなく自宅の改築にも使いたいと彼が思っているということが明らかとなった。保険金は地震による損傷だけを補填するよう注意深く算出されるし，患者は相当な額の自己負担金を課せられることになるので，どのようにしてこれを実行に移すつもりなのかを私は患者に尋ねた。査定者が実際にはそこにない，隠れた構造上の損傷を確認するであろうと信じていると彼は答えた。それゆえ，彼らは存在しない損傷を理由に彼に支払いをし，彼はこのお金をリフォームに回すことで自宅の価値が跳ね上がるであろうというのである。

査定者は存在すると考えている構造上の損傷が本当には存在しないということがどうして彼に分かるのかと私は尋ねた。彼は壁を引き剥がして確認したのであろうか？　彼は，そんなことはしていないし，してみる気もないと言った。彼の話し振りはまるで知りたくないかのようであり，彼の計画は根本的に構造上の欠陥のある家を「改築」するという結果にしかならないように思われるということを私が言っても，彼は欠陥などないという信念を繰り返し口にするだけであった。

これに対して私は完全に非論理的であるという印象を受けた。しかし，患者が論理を放棄しているということを前提として受け入れる代わりに，私は彼の論法の欠陥を彼に示してみようとし始めた。振り返ってみると，これが，「道

理をわきまえる」ことに彼が抵抗しているということを分析を用いて解釈する代わりに，論理を用いて彼に「道理をわきまえさせ」ようという私の側の試みであったことは明白である。しばらくして，私は自分の過ちに気づき，彼に論理が欠如している理由について可能性をあれやこれやと考え始めた。私は，その昔，彼がしばしば自分と自宅とを同一化していたことを思い出した。そして，分析が最近明らかにしつつあるものとは，彼の心的構造における根本的な欠陥を表象しているものなのではないかということを彼が心配しているということ，そして，彼が恐れているものである自分では到底修理できない内的損傷を目にしないで済むように，彼が自らをリフォームする方法――自らをよりよいもの，あるいはより価値のあるものとみせる方法――を探そうとしているということを私はいった。彼はこの解釈に，懐疑の眼差しと相当な抵抗とでもって応えた。

次の日，彼はある夢を報告した。夢の中で，彼は自分のペニスを握った状態でカウチに横たわっていた。一人の男が彼の隣に横たわっていて，痛みと努力に呻きながら，自分の肛門を指で押し広げていた。そしていかにして患者のペニスを自分の直腸に挿入するのかを教えるのであった。彼が，潤滑油がないのでそれはできないと異を唱えると，その男は，自慰をして精液を数滴搾り出し，それを潤滑油として使うようにと彼に告げるのであった。そしてその男は肛門から指を引き抜いた。患者は男の指が糞便まみれになっているのをみた。彼はひどく嫌気が差して，その男が頼んだようなことは絶対にやらないと告げた。

彼は，そのカウチがおそらく分析のカウチであり，彼の隣にいた男とはおそらく私であろうといったが，それ以上の連想は生まれなかった。私は，その夢は前回のセッションを彼が主観的にどう経験したのかを表象しているように思われるということ，そして，そのセッションで，自分の家とパーソナリティとをリフォームし改築しようという本当は強力で独創的でもある彼の計画に疑いの目を向けたいという思いに私が突き動かされていると彼が感じているということをいった。私の言葉は意味のあるものとはならず，私が肛門を押し広げ彼の勃起したペニス――強力な計画――を（解釈を装った）糞便まみれにし，同時にその過程において彼を打ち負かそうとして待ち構えているということを示唆しているとしか聞こえないようであった。つまり，たとえ私が彼のようなペニスをもつことができなくとも，少なくとも私は彼のペニスを汚すことはできるというわけである。私のコミュニケーションに対する（夢によって伝えられた）彼の解釈とは，それが，よい計画に辿り着いたことで示される彼の創造性

への羨望に満ちた攻撃であるというものであった。前回のセッションで，私が彼に（私の通常の形式とは対照的に，彼の家の計画の非論理性を論じて）詳細な指示を出していたことは明らかであった。彼は，そこまで理解してはいなかったのであるが，結果としてはそれらの指示のせいで，私の無能さや，同性愛，そして存在しない構造上の問題への肛門的強迫と彼がみなすところのものの犠牲となったようであった。それらによって彼が男性的で意欲的な態度であると考えるものが侵食を受けたようであった。

　もしその夢が表象したものは患者が前回のセッションで無意識的に経験したことであると想定するなら，セッションで生じたこととその夢とを鑑みて，われわれは患者がいかにして前者を変形し後者を産み出したのかを問うてみるかもしれない。これに対する答えが，この特殊な転移を産み出す際の患者の役割に光を投げかけるであろう。もし同じ種類の操作が繰り返しみられるならば――すなわち，もし患者が異なる文脈でも同じやり方で自分の経験を変形する傾向があるのなら――，われわれは分析経験に対する患者の習慣的な無意識的寄与について何某かを学んだことになる。われわれはこれを，患者が外的現実を特徴的な（性格的な）やり方で心的現実へと転換する無意識的「偏り」とみなしてよいのであろう。われわれが性格とかパーソナリティと呼んでいるものは，そうした「偏り」の総体に過ぎないのかもしれない。（私は「偏り」という用語が否定的な意味合いを持っているということは理解している。しかし私はそれを中立的なものとして使いたいと思う。というのも辞書上の定義では「気質や態度における傾向」とあるからである。）

　実際のセッションでは，私が彼の自宅に関する論法に議論を吹っかけてしまって，（分析で見過ごされてきた隠れた損傷を彼のパーソナリティが抱えているという不安について）ただ解釈だけをするということができなかったという事実のために，状況は複雑化している。実際，議論を吹っかけたことは，現実に分析が無能であることの兆候であった。議論することで，私は患者に投影同一化した私自身の空想を行動化していた。すなわち，私は，彼の計画が非論理的であるという私の理解を，彼のこころに押し込もうと，あるいは注入しようとしていた。つまり私は，ただ単に私の観察したところを患者に伝えて，受け入れるか否かは彼に委ねた上で，彼が何をしているのか，そしてなぜそうするのかを理解しようとするというよりも，彼のこころを支配しようとしていた。

　このことは，夢の中で患者が行った私の性格描写が，少なくとも**完全**に妄想

的なわけではないということを意味している。私の分析的な無能さを，私が自分の主張を論じようとしたことで顕わになったものとして，彼は現実の中に投影していた。この事実を考えると，分析セッションは私の非分析的な営みによって実に絶望的なまでに汚されてしまっているといわねばならず，そこに転移を嗅ぎ取ろうとする試みは一切諦めなければならないのであろうか？　私はそうは思わない。その夢はセッションのもっぱら一側面のみ（解釈でないもの――論理的な議論――を私が用いたこと）に焦点を当てており，それを同性愛的なレイプの試みとして描いていたが，その一方で，その後に続いた解釈のことは無視している。私が論理的に説得を試みたことは夢に対する私の寄与であったが，それを暴力的で屈辱的な行為へと誇張し，私がセッションで行った唯一のこととして選び取ったのは，夢を形成する上での患者の寄与であった。それらは，セッションの経験から転移へという無意識の変形を表象していた。言い換えれば，患者の夢は前回のセッションという現実に対する**単なる**反応であるというのは，正しくないのである。私が自分の主張を論じたことは，実際の出来事として作用したが，その出来事を「採用」して変形を施したのは，私が彼の能力を羨望しているという彼の以前から存在した空想なのである。この採用がなければ，それはほとんど衝撃をもたらさなかったであろう。そして，われわれは変形の詳細から転移の概略を嗅ぎ分けることができる。この症例が示しているのは，分析経験に対する分析家の寄与と患者の寄与とを分けることや，いわば，不完全ではあるかもしれないが，分析家の解釈に対する患者の変形を分離することや，その変形から転移についてのある種の結論を引き出し始めることがいかにすれば可能であるのかということである。

　わたしが記してきた転移の評価のためのアプローチは，なぜ私が非分析的な営みに携わったのかという問題に答えていない。すなわち，私の逆転移の問題に触れていない。もちろん，こうして無視したからといって，逆転移を理解しても転移についての重要な情報源にはならないなどと私が考えているというつもりはない。私がセッションでの逆転移の側面を取り上げてこなかったのは，それらが分析を進めていくために必須のものであるとしても，私が探索しようとしているのは，なぜ私がそうしたと患者が**考えた**のかということであって，私がなぜそうしたのかということではないからである。この種の情報は，逆転移から分かるかもしれない転移に関する情報と取って代わるものでも，対立するものでもなく，ただ単に独立した情報である。したがって，それは逆転移の

分析からえられる印象を確認し増幅するのに役立つであろうし，逆転移の分析に特有の不確かさに対するチェックとして役立つであろう。

逆転移の分析はしばしば，患者の転移において分析家に割り振られた役回りがどのようなものであるのかを解読するのに有用である。患者によって内在化される間に分析家が被る変形について研究することで，同じ事柄についての異なる情報がえられる。両者が，投影同一化によってもたらされた外的現実と内的現実との現在進行形の混同が異なる姿で顕れたものに過ぎないとしても驚くには当らない。

私が記してきたセッションの状況と，理想的なそれとを対比してみよう。理想的な状況では，患者も分析家も解釈を解釈として受け取ることができる。解釈とは，患者のこころの状態についての単なる一観察に過ぎず，価値判断とは無縁のもので，正しいかもしれないし間違っているかもしれず，受け入れるか否かは患者次第というものである。分析が進展している1つの指標は，解釈に対してこの種の関係をもてているような動きがどれだけみられるかということである。これは，患者の側からそうであるだけでなく，分析家の側からみた分析の進展についても本当なのである。この理想から，患者と分析家とがどの程度逸脱しているかが，解消されていない転移と逆転移それぞれの指標となる。

解釈とのこの理想的な関係に近付いているということでさえ，相当な達成である。私は以前，分析家が解釈に対してこの種の関係を達成しようと思うなら，苦闘することなしには胸に抱くことのできないこころの状態や，自分の中にあり苦闘を強いられるある種の力のことを記した（第3章および第4章）。解釈に対する患者の関係にも，同様の苦闘が含まれる。

6.4 転移の分析

解釈と患者との関係，そして特に患者による解釈の変形と私が呼んできているものを研究することで転移に分け入るなら，面接室の中で，いままさに起こっており，それがいまだ生き生きとしたものであるうちに吟味できることを直接経験することで，われわれはさらなる解釈（および精神分析理論）を手にすることになるであろう。患者の過去の対象関係についてわれわれが行う再構成——そして分析外での現在の関係についての解釈でさえも——が，力を有し，患者と分析家との双方を納得させることができるのは，この種の精密な転移分

析を通じてのみなのである。

　分析の基礎をドナルド・メルツァー（Meltzer 1967）が「面接室の現象学」と呼んだものの観察に置くことを徹底すると，分析はしっかりとした経験主義的な基盤の上に据えられることになる。特に現前の分析関係の分析を通して，いったん患者が分析経験に対する自らの習慣的な無意識の寄与について真の洞察をえたならば，過去と現在とにおける外部の関係を形成する上での自分の役割を（他者の役割とは異なるものとして）評価し，これらの関係における他者の役割をも（自分のものとは異なるものとして）評価することができるようになる。こうして，分析は患者の現実生活に統合されるようになる。

　ではここで，私が記している転移に対するアプローチを，他の幾つかのアプローチと比較してみよう。これらのアプローチは3つの種類に分類することが可能かもしれない。第1は，分析家が患者の過去に関するコミュニケーションを用いることで転移に対する洞察をえるというものである。この1つの例は，転移が過去の外的な現実の結果であるとか忠実な写しであるという見解——私の意見ではそれは還元主義者のものであるが——である。私には，この見解は，フロイトが神経症を実際の過去の出来事の抑圧された記憶によって引き起こされるものとみなしたときと同じ過ちを犯しているように思われる。というのも，患者からの現在進行形の寄与を考慮していないからである。そのせいで，患者や分析家は，人生や神経症における患者側の役割について現在の関係から経験的に学びうるものを手にすることができなくなる。

　私のアプローチでは，過去の対象との関係についての患者からのコミュニケーションは，極めて暫定的な状態で受け取られる。この理由は，患者が過去の出来事について経験したままを説明していることは間違いないとしても，患者の過去の経験は，現在の転移そのものと同様に，投影同一化による歪曲を免れえないということにある。それゆえ，過去が転移の起源についての洞察をえるための役に立つということはありえない。というのも，過去の関係と現在の転移とは，単に同じものが2つの異なる顕れ方をしたものに過ぎないからである。

　この点については，メラニー・クラインの論文「転移の起源」（1952b, p. 53）の中で「転移の起源は，（人生の）最早期の段階において対象関係を決定するものと同じ過程にある，と私は考えている」と述べられている。彼女は「つまるところ，乳児のこころの中では，あらゆる外的経験には空想が織り込まれており，一方で，あらゆる空想には現実の経験の要素が含まれている。そして転

移状況をその深層まで分析することによってのみ，われわれはその現実的側面と空想的側面との両面において過去を発見することができる」(p. 54) と付け加えている。

　転移に対して一般的に用いられる第2のアプローチは，分析家についての患者の主体的経験を，分析家が実際にどのようであるかという単なる信頼しうる指標として受け取るというものである。患者の無意識的空想からの寄与はおそらく軽微なものであり，分析のより後半になるまで注意を向ける必要がないという訳である。これもまた，現在の経験に対する患者自身の寄与という，心的現実に関するフロイトの発見の本質を無視している。

　多くの分析家が採用してきた第3のアプローチは，「間主体性」(Stlorow, Brandchaft and Atwood 1987) や「分析的第三者」(Ogden 1994) という観念と関連している。上述の2つとは異なり，この観念は，患者の主体的経験に，一方では分析家の言葉や態度，そしてもう一方では患者によるそれらの変形と私が呼んできたものという2つの源があるという事実を認めている。しかしそれは，患者の心的現実の中に存在するものである分析の経験を，患者と分析家との**間**に位置付けている。そうした形式では，それぞれの寄与が解消されるはずがない。これは，転移とは分析しうるものであるということを否認するための手段のように思われる。結局のところ，分析とは，構成要素への分解を意味しているのである。

6.5　蒼古的超自我の分析

　転移にアプローチするこれら3つの方法はすべて，分析家との現在の関係に対する患者の個人的な寄与について，そして言わずもがなではあるが，他の対象関係に対する患者の寄与について洞察することから患者を守る効果がある。それらは，分析的関係という患者の経験を，両親の過去の行動や現在の分析家の行動の影響のせいにしたり，患者と分析家との間の空間という，ことが起きても責任が誰にあるのかも明らかでないような場所に位置付けたりすることによって，患者が責任を感じなくてもよいようにしてしまう。

　私が本章で記しているアプローチには反対の効果がある。つまり，私のアプローチによれば，患者は，自分が経験する世界，すなわち過去と現在とを形作ったり，それゆえに対象との関係を調整したりする際の自分の役割（というより

も，患者の無意識的な願望や空想の役割）と触れ合うことになる。

多くの患者にとって，過去や分析家や間主体的空間という間隙に自らの責任を逸らすことは急務である。それは彼らが責任を感じるならば悩まされる感覚——自分は非難に値する存在であるという感覚——に対する防衛である。この非難の感覚は，彼らの蒼古的超自我から生まれている。それはしばしば，脆いとか，構造的な欠陥があると考えられて，通常の分析には耐ええないとされる患者においてもっとも強烈である。私の考えでは，脆さとか構造的な欠陥などとみえるものはしばしば，極端に懲罰的な蒼古的超自我の結果である。もしわれわれが患者を最大限援助しようとするならば，責任を自分から逸らそうという患者の欲求と共謀してはならず，彼らを手助けして何ゆえに責任がそれほど耐え難いものになっているのかを理解できるようにしなければならない，と私には思われる。

私は，さまざまな理論的方向性をもつ同僚たちとこれらの問題を論じ合った経験から，転移をどのように概念化するかは，治療的目標を何にするのかということにかかっているのではないかと思うようになった。われわれは治療目標を定め，それからその目標に合う転移理論を構成するなり採用するなりしているのかもしれない。もし目標が蒼古的超自我の猛攻撃から患者を保護するということであるなら，その猛攻撃が患者本人というよりも患者の対象へと向きを転じるようなやり方で転移を解釈することができる転移理論を採用するであろう。しかしながら，蒼古的超自我は分析可能であると考えるのなら，蒼古的超自我を公然と分析的関係に持ち込むようなやり方で転移を解釈できるような理論を（私がしてきたように）採用することになるであろう。

このアプローチの難しさは，その結果，転移において分析家が患者の蒼古的超自我になる——すなわち，妄想的転移が生じる——ということにある。しかし，もしそれが分析されうるならば，患者にとっては対象との関係のうちもっとも妄想的な側面を解消し，結果としてそれらの関係を深めて豊かなものにするための大きな手助けとなるであろう。しかしながら，そうした転移が分析されうると思わないなら，それを恐れ，なんとしてでも避けようとすることになるであろう（3.3 を見よ）。

患者を蒼古的超自我から保護することには，それなりの利点がある。それは筋の通った治療的アプローチであり，その正当性は，より徹底した分析が利用できない症例の苦しみを和らげることからも示される。しかし，そうしたアプ

ローチには，真の危険がある。治療的な観点からは，患者が対象に投影しているパーソナリティの側面に対してより責任をもてるように手助けすることに失敗するなら，患者の対象や対象関係は代償を支払うことになるであろう。そして科学的な観点からは，そうしたアプローチをこころについての科学的調査であると——すなわち精神分析であると——（自らや他者に対して）誤った伝え方をしてしまうなら，このアプローチを正当化するような転移の理論を仕立て上げることになるであろうし，それによって精神分析の科学的統合性を危険に晒すことになるであろう。このアプローチを賢く使うためには，これらの危険性に自覚的であらねばならない。

　患者の中で蒼古的超自我が覚醒すると，困難で痛みを伴う分析的問題となる危険性があるが，転移を形成しようという患者の欲求に対して，他に例をみないほどの洞察の機会が与えられることにもなる。投影同一化を通して自分のパーソナリティの望ましくない側面を取り除き，対象のパーソナリティの側面を導入しようと患者が頻繁に欲求するのは，自分が何者であるのかを認識することが痛みを伴うものであるからというだけではなく，それが文字通り耐え難いものであるからでもある。それを耐え難いものにしているものは，自分が自分であるという理由で攻撃してくる蒼古的超自我の傾向なのである。この問題を分析することで，患者の心理的力動を根本的に再配列する可能性や，神経症の症状が永続的に緩和される可能性がもたらされる。

　これが意味するのは，目の前の分析的関係に集中することは，経験主義的観点から——患者の無意識についての信頼できる情報を獲得するという観点から——最適なアプローチであるだけではなく，投影同一化の使用を強いては，たくさんの転移を推進し維持する患者の中の力——蒼古的超自我——を分析する最善の機会をも供しているということである。それゆえに，このような症例において蒼古的超自我を分析すると，転移を本当に分析的に解消する最良の機会がえられるのである。

第7章　精神病理と原始的精神状態*

7.1　原始的精神状態

　私が本章で述べられればと考えている問題とは，大人の心理的な病気を「原始的精神状態」への退行や固着とみなすことが可能かどうかというものである。私が「原始的精神状態」という用語でいわんとしているのは，正常な心理的発達の早期段階についてである。

　正常な心理的発達の早期段階の性質についての詳細はいまだ多くが未知のままであるが，心理的発達に関してすでに知られていることから，ほとんど避けがたいこととして，これらの早期段階についてのいくつかの結論が導き出される。「精神現象の二原則に関する定式」(1911) の中で，フロイトは，幻覚的満足の状態からなる精神生活の原始的な型を仮定した。そのあり様は卵のようであり，その中では万能的空想（すなわち願望充足的幻覚）が現実との接触に取って代わり，現実そのものは無視される。この型の精神生活は，快感原則に支配されている。しかしフロイトその人も指摘したし，いずれにしろ明らかであるように，飢えが満たされたところを幻覚するからといって現実に飢えが満たされることはない。やがて現実は（生物的欲求という形で）おもむろにその姿を現し，乳幼児に対して，現実の食物源と接触し，それとの関係の中で現実的に行動することを求めてくる。精神生活が**完全**に幻覚的願望充足の線に沿って構造化された有機体は，そのように現実を完全に無視していれば現実との致命的な衝突に至ることは避けられないというただそれだけの理由で，現実に生きながらえることができない。それゆえ，われわれは**信念として**，もっとも原始的な精神状態においてでさえも何らかの現実感は存在しているのであり，完全に現実感を欠いた発達段階など人生のいかなる時点でも存在し得ないと結論しな

＊本章は国際精神分析誌 International Journal of Psycho-Analysis 80, 539-51 (1998) に掲載された論文に若干の加筆修正を施したものである。

ければならない。(フロイト派の表現で, これが意味しているのは, フロイトによる精神機能の二原則のうちの2つ目, つまり現実原則は, 出生直後から快感原則と共に存在していなければならないということである。)

クライン (1952a) とビック (Bick 1964) の先駆的論文は, 小さな乳幼児でさえも現実の対象と接触したり, 現実的なやり方でそれらとコミュニケートしたりする見事な能力があるということを示唆する観察を供することで, この結論を経験的に支持しており, バウアー (Bower 1977) や, スターン (Stern 1985), トレヴァーセンとロゴセッティ (Trevarthen and Logotheti 1989), トレヴァーセン (1993) といったより最近の業績もこれを支持している。乳幼児と母親との間での情動調律が正常な発達にとっての重要な条件であるというエムディの発想 (Emde 1988a, 1988b) が含蓄するのは, 母親だけが乳幼児のこころの状態を評価する能力をもっているのではなく, 乳幼児もまた母親のこころの状態を評価する能力をもっているということである (さもなければ, 母親が幾ら調律してみても乳幼児には何の影響ももたらさないであろう)。

この全てが意味しているのは, 現実への方向づけ, すなわち何が内的現実で何がそうではないのかに関する何らかの気づきが, あらゆる正常な原始的精神状態にとって不可欠であるということである。これは, 自己と混同されない対象や, 対象と混同されない自己との何らかの接触が生まれたときから存在していなければならないということをいっているに過ぎない。自己と対象との間が混同されないこの種の接触のおかげで, 人は自己と対象との双方を経験することができ, それゆえに自分の経験から学ぶことができる。第8章で私が論じるのは, 自己と対象とを区別する能力がほんのわずかでも芽生えて, 邪魔するものが何もないのであれば, 乳幼児や小児は経験から学ぶ**相当な**能力をあっという間に発達させるということである。子どもというものは, 小児でさえ, 生まれながらの優れた経験主義者である。このことはいつでも明らかというわけではないかもしれないが, それは単に, 子どもや乳幼児が学んでいることが, われわれ大人にとってはあまりにもよく分かっていることなので, それらを学ぶ必要があったということを忘れてしまっているからに過ぎない。しかし, もしわれわれがそれらを知らなくて, これから学ぶのであれば非常に苦労するであろう。(この点は, コンピューターを動かそうと思ったことのある人には馴染み深いことであろう。問題は, コンピューターがまったくもって何も知らないということであり——コンピューターには常識というものが備わっていない

――結果的にあらゆることを明示的に伝えなければならない。そうした経験を実際にしてみれば，もっとも単純な課題ですらどれほど複雑なものであるかということ，すなわち，自分がしていることをどれほど当然のことと思っているのかということや，どれほど多くの知識が知らないうちに身についているものであるのかということや，こころをもたない機械に教えることができるためには事前に分かっていなければならないはずのやり方に関してでさえ多くのことを分かっていないということに気づくのである。）子どもたちは，生きていく上での単純な課題に関してでさえ，途方もない複雑さの中を，一歩一歩手探りで進んでいく術を学ばなければならない。ここで決定的なこととは，乳幼児や子どもがどれだけ知っているかとか，どれほど知らないかということではなく，経験から学ぶ**能力**なのである。経験から学ぶ能力というものは，その子が学習曲線のどこに位置しているかということで測られるものではなく，出発点とは関係なしに，その子が学習曲線に沿ってどれだけの速度で移動するのかで測られる。さて，正常な乳幼児が人生の最初の2年間でどれだけ多くのことを学ぶのかを考慮すると，その間の現実との接触は，人生の他のあらゆる段階での現実との接触と較べても遜色のないものである。（ちなみに，経験から学ぶ能力は，子どもにおいてそうであるのと同様に，大人においても現実との接触に関する本当の尺度であると理解できるかもしれない。）

　われわれが，正常な乳幼児のことを正常であると考えるのは，無上の喜びと制御できない不安や恐怖との間での揺れ動きがどんなに急速であろうとも，そして，それが魔術的思考（すなわち，大人の場合，妄想とみなされるであろうもの）であることを示す証拠がどれほどはっきりしていようとも，時間がそれらを修正するであろうということをまさしく信じているからである。これらのこころの状態が時間と共に修正されない子どもは，少しずつ，しかし確実に異常とみなされるようになるであろう。それは大人であっても同じことである。正常な子どもは，一時的に妄想や幻覚に晒されるかもしれないが，特別な心理的治療の助けがなくとも，それらから抜け出すことができる。これは病気の子どもや病気の大人には当てはまらない。これが正常と病気との大きな違いの一つである。

　これが意味しているのは，病気の大人とは病気の子どもの大人バージョンではあるかもしれないが，正常な子どもが単に成人したバージョンではないということである。フロイトは「ある5歳男児の恐怖症分析」（1909）や「ある幼

児期神経症の病歴より」(1918) の中で，大人の精神病理とは，おそらくは，そうこうしているうちに正常さが出現したことで一時的に水面下に潜むようになった乳幼児神経症が単に拡張したものに過ぎないと考えた。フロイトは，病気の大人が**正常な**原始的精神状態に退行していると示唆していたのではない。精神状態が**異常な**子どもの大人バージョンであると示唆していたのである。大人の病気は，正常な原始的精神状態への退行や固着ではなく，**異常な原始的精神状態からの前進がみられない**ということなのである。

7.2 異常な精神状態と経験から学ぶことの失敗

　原始的精神状態が成人期まで持続するのは，ウィルフレッド・ビオン (1962) がいっている経験から学ぶことの失敗によるものである。早期の正常な精神発達にとって不可欠なものである乳幼児の妄想（無意識の魔術的思考）を経験によって修正する能力の失敗によるのである。これらの妄想は，前性器的（口唇的，肛門的，そして男根的）な心理的力の産物であるとみなされており，分割や投影，取り入れといった万能的な無意識的空想としてこころの中にその姿を顕すであろう (Klein 1932; Isaacs 1952)。そうした空想は，とりわけ，自己と対象とを理想化されたよい部分と悪い部分とに分割し，自己の部分を対象に投影し，対象の部分を自己に取り入れるといったことから構成されている。空想は，協調して，主体的経験を産み出す。そこでは，対象と自己とは先ず理想化されたよい部分と悪い部分とに分割され，次いでよい部分は理想化されたよい自己／対象に再結合され，悪い部分は理想化された悪い自己／対象に再結合される。よい自己／対象は同一化され，悪い自己／対象は脱同一化，すなわち排出される。クラインは，これらの空想が支配的なこころの状態を妄想分裂ポジションと呼び，これらの空想がもたらす対象関係を部分対象関係と呼んだ。

　妄想分裂ポジションでは，外部の観察者にとっては自己であるものと対象であるものとが，どちらも部分に分割され，どの部分がどちらに属しているかということを完全に無視してお互いに再結合される。自己と対象との「よい」部分は自己に属しているとみなされ，自己と対象との「悪い」部分は対象に属しているとみなされる。われわれが妄想分裂ポジションにおける「よい対象」について話していることは間違いないが，慎重に吟味してみれば，そうした対象

が，自己に所属していると，すなわち，ほとんど手足も同然に自己の一部分であると強く感じられているということが分かる。このこころの状態（万能的な投影と取り入れ）をもたらす心理的働きは，自己愛的同一化と総称しうるであろう。

　自己愛的同一化の状態には，自己をありのまま（すなわち全体自己として）知覚する能力がない。また，対象をありのまま（すなわち全体対象として）知覚する能力や，「誰か別の人の身になって考えてみる」能力もない。これが意味しているのは，他者のこころと触れ合ったり，さらには誰か他の人がいわゆる自分自身のこころをもっていることに気づいたりする能力は，これらの状態ではひどく制限されているということである。自己愛的同一化を産み出す万能的空想は，自分が必要な対象を有しているとか，自分は必要な対象であるという妄想や，自分には満たされないニーズや精神的痛みなどないという妄想と見分けがつかない。それゆえ，こころにおけるそれらの役割とは，フロイトが「精神機能の二原則に関する定式」の中で仮定した願望充足の幻覚のそれに他ならないのである。

　ロジャー・マネー－カイル（Money-Kyrle 1968）は，フロイトの「二原則」の臨床的有用性に関する貴重な洞察に，精神病理は無意識的妄想の存在により生じるという示唆を供した。無意識的妄想とは，固着され，通常の経験によって修正されることのない観念である。そうではあるが，精神分析という並々ならぬ経験を通してならば，無意識的妄想といえども現実からの影響を受けるようになるかもしれない。私の考えでは，精神分析の主たる治療作用の1つは，自己愛的同一化の基礎を成す無意識的妄想に現実が力を及ぼしうるようにするというまさにこのことにある。それによって，自己と対象とを識別し，空想と外的現実とを識別することができるよう患者を手助けするのである。これにより患者は，内的現実（自己）や外的現実（対象）とはっきりとした接触をもてるようになる。つまり，その2つが混同されず，そこからその両者について学べるような経験をもてるようになるのである。この脱－混同を経ずしては，患者は空想とも外的現実についての知覚**それ自体**とも接触することができず，妄想を構成する2つが混同した混合物としか接触できない。

7.3　無意識的妄想と無意識的空想

　この時点で，万能的な無意識的空想——無意識的妄想——と通常の無意識的空想とが，お互いに別物であるだけでなく，こころの中で完全に正反対の役割を演じているということを強調しておくことは有益であるかもしれない。無意識的妄想が経験から学ぶ能力を侵食するのに対して，無意識的空想は経験から学ぶことにとって本質的な構成要素である。というのも，われわれが現実について学ぶ際の主要な方法の1つが，空想という形で現実についての仮説を提起した上で，知覚に照らして検討するというものであるからである（第8章）。万能的な無意識的空想（無意識的妄想）はまさにこの点で通常の空想と異なっている。すなわち，無意識的妄想は知覚に照らして検討されたり，反証されたりするということがありえないのである。精神病理は，無意識的妄想——これは知覚と関連付けられるような仮説としては用いることができない——がこころの中で優勢であることと関連している。仮説として経験されうる空想や思考とは違って，妄想は具象的に真であると感じられるのであり，観念というよりもはや教義のようなものである。

　マネー-カイルは，ひとたび現実が分析をとおして無意識的妄想に影響を及ぼせば，無意識的妄想は通常の無意識的空想になると考えていた。もしこれが起これば，無意識的妄想は，経験から学ぶことを妨げるものとして作用することを止め，代わりにそれを育むために用いられるかもしれない。これが，人が分析に望む結果である。

　しかし，分析と無意識的妄想との出会いがもたらしうる結果はそれだけに留まらない。妄想がそれらを侵食するような経験と出会うと，妄想がその経験によって修正される代わりに，経験に対して選択的な注意を向けたり，（ビオンが現実的な投影同一化と呼んだものを経由して）現実が妄想と調和するよう現実を操作したりといった策略を通して，あるいは，解釈に関する患者の主体的経験が妄想を支持しているとみえるよう分析家の解釈に患者が声なき再解釈を施すことを通して，経験が妄想システムに折り込まれるかもしれない。この最後の策略は，ビオンが幻覚症における変形（1965, p.144）とか，展望の逆転（1963, pp. 50-63）と呼んだものに分類される。

7.4　臨床描写

　私は，第4章で提示した臨床例を拡大することで，これらの機制のいくつかを例証することができる。

　この事例の分析家は，経験を積んだ精神療法家であり，スーパービジョンの下，最初の分析症例の治療に当っていた。患者は40代の実業家で，耐え難い劣等感に関連した慢性抑うつのため分析にやってきていた。しばらく分析を続けると，彼の情緒生活が羨望とそれに対する防衛とに支配されているということが明らかになった。彼は世界を食うか食われるかの戦場とみなしていて，搾取されたり打ち負かされたりしないように常に警戒を張り巡らせていなければならなかった。彼は他の男性のセックスの腕前を羨望していたが，女性が彼に性的な関心を抱いているということを感じると怖くなるのであった。というのも，彼は性的な関係を，女性が自らの満足をえるためには彼の精魂を吸い尽くし，抜け殻として置き去りにするしかないという略奪の一型とみなしていたからである。これらの不安は，あらゆる関係も最後にはそれに関わる人々の間での相互破壊的羨望の前に屈するであろうという彼の無意識的確信と関連していた。

　同時に彼は，自分が他者を扱う様にひどい罪悪感を抱いては苦しんでいた。彼は，自分が従業員（特に女性の従業員）から搾取しているのではないかと常に気を病んでいた。そのため彼は，罪悪感を避けようとして，従業員を公平に扱うことに全力を注いでいたが，それも無益な試みであった。セッションにおいて彼は，死に物狂いで「よい」患者であろうと努めていたが，上手く行かないと感じることがいつものことであった。現実には，彼の連想にはしばしば，わざとらしい，不自然な性質が含まれていた。彼は，自分がまったく真の自発性をもてないときでも自由に連想するという分析的「要求」に必死で応じようとしているかのようであった。この自発性の欠如は，ひどいプレッシャーの下で彼が感じていることに関連しているということが判明した。なぜなら，分析家が彼の連想を羨望の眼差しで判断しており，いつも彼の連想を物足りないと思っていると患者は感じていたからである。

　妻と性交渉しているとき，彼はときどき，自分のペニスが妻の中に入っているのか，妻のペニスが自分の中に入っているのか混乱を感じていた——彼は二

人のうちどちらの側にも羨望を引き起こしかねない性的差異を消し去っていた。彼女のペニスが自分の中に入っているという観念が自分にとって不快ではないということで、彼は自分が同性愛なのではないかと非常に心配になった。彼は分析家のペニスを吸うという空想を抱いた。その空想は、威嚇的で羨望に満ちた分析家をマゾキスティックに宥めることと、分析家の能力に対する自分自身の羨望を減じるためにその能力を魔術的に所有する方法とを共に表象しているように思われた。

彼は、しばしばニンジンを使っての肛門自慰に取り憑かれていた。これらの自慰活動に関する意識的連想は少なかったにも関わらず、彼がそのことに大変な罪悪感と迫害感とを抱いていることが徐々に明らかになった。その素材を再検討すると、それが彼の一般的な食物摂取法——乳幼児期の母親の乳房か、大人になってからの分析家の解釈か——の表象であることが示唆されているようであった。彼はそれらを糞便まみれにし、同時にそれらを誤用すること——自分にとって必要な対象に対する勝利の脱価値化、羨望に満ちた脱価値化——で興奮もしていた。

私が詳しく描こうと思っているセッションは、とある月曜日に起こった。患者は入室すると「ブラッドショウ・ウィークエンド」として知られる一般向けの心理学イベントに出席してきたばかりであり、そこから彼は分析家との「4年半」では得られなかった自分の行動についての多くの貴重な洞察を手にすることができた、と分析家に述べた。彼は、一連の正当な洞察であると思われたものをリストアップし始めた。しかしながら、そのいずれも、分析家が過去に何度も彼に伝えてきたものであった。患者はこれを認めず、それがすべて「ブラッドショウ・ウィークエンド」に由来するかのように話した。

大変ないらだちと脅威を感じながらも、分析家は、相当の努力を払うことで、自分を見失わず、分別を備えているようにみせ、患者がその週末から利益を得たということを受け入れることができた。患者は、すぐにでも分析をやめたいという彼の望みを話し続け、これが数年間にわたり「私にとって母と父とのよう」であった分析家を傷つけないことを希望しているといった。それから彼は、家を出たいという望みを告げたときの母親の反応——「崖があるわよ。もしあなたがそれを飛び越したいなら、行っておしまい。」——について話した。患者は、彼がMDの学位（分析家は医師ではない）をちょうど手にしたばかりであるように感じると話し続け、分析家が、得意気な父親の心持ちで、彼を祝

い，彼の健康を祈ってくれることを希望した。

　その患者が分析家に残した気持ちは，彼の仕事振りはブラッドショウ組織のそれに較べてかなり惨めで遅々たるものであるというものであった。その組織の成功と効果とに羨望を抱いているのを彼は自覚していた。分析家が一瞬考えたのは，この逆転移を用いて，患者が自分に直面した際の無力感について，分析家の能力に対する患者の羨望について，そしてそれらに対する防衛として患者がそのどちらをも分析家に投影していることについての解釈の基礎とすることであったが，（患者が羨望で苦労していることや，患者にそれを防衛する傾向があることや，「ブラッドショウ」での洞察が全て以前の分析に現れていたものであるという事実に関して彼が知っていることと整合性があるにも関わらず）彼はこの考えを却下した。というのも，それでは患者の目に映る分析家は，他人の楽しみの邪魔をし，患者がよい週末を経験したことを羨望のまなざしで否定する人物ということになるであろうと彼が感じたからである。これが展望の逆転の一例である。患者は，分析家の解釈を，羨望に満ちているのは分析家であって自分ではないということの確証として解釈するであろう。この症例では，分析家が自分自身の仕事に関して同様の逆転を起こしていたために状況が複雑化した。そのせいで分析家は患者の非難が何となく正しいのではないかと感じていた。同時に，彼が漠然と感じていたことは，その問題に関して口を噤んでいるということが，患者のいったことに潜在的に同意して自らを何とはなしに売り渡していることになるということであった。

　このセッションで患者は，自慰空想を実演していた。患者は「ブラッドショウ・ウィークエンド」について語ることで，自分が全ての新しい洞察の所有者であると感じて興奮した。それは自慰の際，自分がいまや母親の乳房と分析家のペニスとを所有していると感じているのと同じようなことであった。同時に彼は，実際の分析家を糞便まみれにし，のろまで動きの遅い，羨望に満ちた小さな少年にした。この実演は，現実的投影同一化の媒介物であり，これによって患者は自分の微小感を分析家に投影し，同時に分析家の能力や洞察能力と同一化していた。

　展望の逆転，現実的投影同一化，そして幻覚症における変形といったものは，神経症的防衛というよりも精神病的である。（現実的投影同一化は，妄想の強化のためというより，コミュニケーションのためにも用いられている。この場合，現実的投影同一化は非防衛的な目的で，パーソナリティの非精神病的部分

により用いられている。）それらが精神病的機制として用いられると，分析家にとって難しい技術的問題がもたらされる。分析家はそれらに長いこと気づかないかもしれないし，臨床例でのように，なんとかそれらに気づくとしても，患者に対して説明するのは難しいと思うかもしれない。分析家にとっての問題は，単に知的なものであるだけでなく，そのうえ情緒的なものでもある。これらの働きは，無意識的妄想が正確な解釈を通して現実という枠に適切に収まるときに患者が経験する相当な痛みや不安，そして微小感といったものに対する防衛である。分析家は，自分が患者にとって痛ましい知らせの運び手となることには気乗りがしない——その気持ちは分からないではないが，実は近視眼的［な判断—訳注］である——ため，そうした明らかな痛みを引き起こす解釈をすることに抵抗するかもしれない。この抵抗は，最終的に，誤謬の理論という形で制度化されることになる。この誤謬の理論は，見かけ上の分析的洞察を創り出す。一方，そのおかげで分析家は，痛みを伴う気づき——自分が騙されており，妄想に覆われた領域の中で，以前の経験から学ぶことができないでいたという気づき——に患者の注意を惹き付けるのを避けることができる。精神病理とは，異常な原始的精神状態から抜け出ることの失敗というよりも，正常な原始的精神状態への退行や固着によるものであるという観念は，**患者の内側にある**何かが自分や対象との接触を積極的に妨げ，それゆえ患者の心理的発達を損なってきたという事実を否認している。

7.5 理論的誤謬

　大人の精神病理と正常な原始的精神状態との関係——あるいは関係の欠如——についてここまで提示してきた証拠が示唆しているのは，病気の大人は，早期の，あるいは原始的なこころの状態に退行したり固着したりしているがゆえに病気なのであるという観念や，彼らは単に，正常な乳幼児や子どもの心理的状況に「はまり込んでいる」に過ぎないという観念が，正常な原始性と子どもの病理とを混同していることに基づいているということである。精神分析家は，しばらく前からこの混同に気づいていた。たとえば，コフートは，「大人の依存のうちしがみつきという反応は，たとえそれらが子ども時代の状況への退行であるとしても，正常発達の口唇期ではなく，子ども時代の精神病理にその原因がある」（Kohut 1959, p.475）と書いた。しかし，この誤謬が広く認識

されているにも関わらず，それでもなお，それは精神分析の理論構造のうちかなりの（あるいは，少なくともそれに準じるだけの）部分であり続けている。偽りであることが知られている観念，あるいは少なくとも充分綿密に吟味すれば分かるはずの偽り性が持続しているということは，それが防衛的な目的を果たしているということを示唆している。

　理論を防衛的に用いることは，前例がないことではないということは明らかである。われわれに思い出せるのは，フロイトが『性欲論三篇』の第一論文で，われわれが倒錯と呼んでいるものは，実際には何らかの理由で固着や退行として成人期まで持続した，正常な子どもの性的活動であると提示したことである。通常，乳幼児（フロイトは前性器的という意味でいっている）の性的活動は，性器性によって大人の性に統合されるし，あるいはもっといえば従属させられ，その痕跡は前戯として存続することとなる。フロイトにいわせれば，大人の倒錯とは，単に正常な乳幼児の性欲——「原始的」性欲といってもよい——が，大人の生活において異常なほど強烈，あるいは支配的な形で露出したものに過ぎない。

　倒錯をこのようにみることの一効果，そしておそらく（誰もが知っているように）フロイトの意図の１つでもあるものは，防衛的なものである。すなわち，そうでもしなければ押されてしまうであろう社会的な烙印から倒錯を解放するのである。結局のところ，もっとも尊敬される文化的偉業のいくつかに関与した人物が，たとえば同性愛者であるとしたら，同性愛はどの程度，堕落し病理的なものとされるのであろうか，とフロイトは論じた。私が思うに，フロイトは，倒錯をこうした観点から論じることで，善意からとはいえ多大な損害——何十年にもわたる損害——を精神分析に与えた。私はこのことでフロイト叩きをするつもりはない。倒錯についてのこの観点は，乳幼児性欲や，抑圧，神経症の無意識的性的根源についての諸理論から得られたものであり，これら諸理論はどれも，破壊衝動の発見に先立って，精神病理を説明するためフロイトが手にしていたものであった。

　しかしメルツァー（1972）やストラー（Stoller 1994 [1986]），そしてその他の人々が指摘してきたように，持続性の正常な「原始的」乳幼児性欲を表象する性欲形態は大人でも確かに存在するのだが，それらを倒錯とは呼ぶべきではなく，むしろ多型と呼ぶべきである。メルツァーもストラーもそれに続けて，これらの多型に加えて，われわれが**真の倒錯**と呼ぶようなものが存在するといっ

ている。真の倒錯はある意味性的なものであるが，多型とは違い，それらの本質は性的なものでなく，破壊的なものである。つまり，それらは性欲を乗っ取り，根本的に破壊的な結末へと至る営みなのである。そこで破壊されるものとは，現実の対象との関係，中でも現実の性的関係である。

この業績のおかげで，われわれは最早，（『性欲論三篇』でのフロイトのように）同性同士や，大人と子ども，人と動物，人と生命のない対象といったものの間でのセックスや，性器的性交渉に結び付かない性欲を倒錯と呼ぶという，行動学的または表面的な定義に縛られる必要がなくなる。われわれは倒錯を精神分析的な方法で，すなわち，その背後にある無意識の力と空想という観点から純粋に定義することができる。つまり，その営みが無意識において性的であるのか，それとも破壊的であるのかということである。この業績によってわれわれは，性的倒錯が行動の問題ではなく，ある種の無意識的対象関係の問題であるということが分かるようになった。同性同士での性的営みは，倒錯であるかもしれないしそうではないかもしれない（すなわち，それは倒錯かもしれないし多型かもしれない）。そして同じことが，異性間での性的営みについても当てはまるのである。

メルツァーが示したのは，『性欲論三篇』における倒錯についてのフロイトの理論は，本当のところ多型についての理論であり，真の倒錯の本質的特徴，すなわち対象関係の無意識的破壊というものを置き去りにしているということであった。この結果フロイトは，倒錯（破壊的対象関係）と無害な多型（原始的対象関係）とを明確に識別することができなかった。

精神病理が正常な原始的精神状態や正常な早期の精神状態への退行や固着であるという観念は，フロイトが倒錯に関して犯したのと同種の善意に基づく誤謬であると私は思う。病気の大人は正常な乳幼児や小児のこころの状態へと退行していると考えることで，われわれは，フロイトが倒錯と正常な多型とを混同してしまったのと同様に，こころの破壊的な状態と正常なそれ（つまり，発達能力を備えた状態）とを混同してしまう。

（興味深いことに，フロイトは，ご存知のとおり，きわめて早期から――おそらくは1890年代の半ばから――「神経症は倒錯の陰画である」と信じていた。それは，神経症症状は（フロイトの見解では正常な乳幼児の性衝動である）無意識的倒錯に対するあからさまな防衛と，無意識的倒錯の密やかな表出とを同時に表象するという意味であった。破壊衝動を考慮に入れてフロイトが彼の神

経症理論を修正したとき，彼はこのことが彼の倒錯理論にもたらすはずの含蓄を理解し損ねた。メルツァーによる倒錯理論の改訂版では，衝動に倒錯をもたらすのは，その乳幼児的な性的性質ではなく，その根本的な破壊的（（すなわち，反 - 性的））性質であると考えられており，神経症と倒錯との関係についての元々の定式化が修復されている。）

　グラバー（Glover 1931）は，とても似て**みえる**が実はまったく異なる実体が，彼が「不正確な解釈」と呼ぶものの基礎として用いられる様を，見事に，そして極めて全般的に説明してきた。不正確な解釈とは，分析の一部であるようにみえながら，分析に対する抵抗としての役を果たす解釈のことである。フロイトが倒錯と多型とを混同したのは，グラバーの「不正確な解釈」の一例である。フロイトがその２つを混同したのは，倒錯が現実対象とのつながりを破壊することを通じて作用するということを考慮していなかったからである。

　現在の精神病理が正常な「原始的精神状態」への退行や固着であるという発想は，不正確な解釈のもう１つの例である。それは，病理は単に乳幼児の状態の延長に過ぎないという観念を支持するため，精神病理的状態には正常な乳幼児の精神状態にも見受けられる分割や，理想化，具象性，そして空想的不安や誇大性といったものがしばしば含まれるという事実にしがみついているのである。この説明は，これらの類似性を搾取する一方で，病理的状態が原始的状態とは異なるという事実を覆い隠している。というのも，時間さえ与えられれば正常な原始的精神状態を通常の大人のそれへと変化させる自発的な発達能力が，病理的状態には欠けているからである。精神病理に関するこの見解の不正確さを再保証することは，われわれが扱っているものが，原始的な発達の力ではなく，現在の破壊的な力であるということが患者にも自分にも明らかになることを恐れていることを表している。これらの力が破壊するものこそが，精神保健や発達が依拠している能力――適切な対象関係，すなわち，人が自己や対象とあるがままに接触することができ，次には自己や対象について経験から学ぶことができるような対象関係をもつ能力――なのである。ちなみに，対象とのつながりの破壊は，必ずしも破壊本能の存在を証明するものではない（もちろん，破壊本能の存在を除外するものでもない）。われわれは，もし望むなら，破壊本能を思考の全能（フロイトの快感原則）を支持する単なる偏りのせいにすることができる。

7.6 精神分析的再構成

　現在の病理的精神状態を正常な原始的精神状態と同等に扱うことができないとすると，過去の精神状態を再構成することはいまだに可能なのであろうか？
　そして，もしそうであるとして，これは分析的に有用なのであろうか？　これを考える前に，私が仮想の臨床例を用いて明確にしておきたいことは，私にとって再構成が何を意味しているのかということである。分析において患者は，徐々にではあるがしかし確実に，自分の人生における唯一の真の問題は分析家であるということを確信するようになってくる。患者に耳を傾けていると，分析家の側の何らかの過失に端を発していない問題はないということがますます明らかになってくる。患者の確信は非常に伝染しやすいので，分析家本人もそれを信じ始め，その結果，患者が分析的に死につつあり，分析が患者を殺しつつあるのではないかということを恐れるようになる。分析家はもちろんこの観念と戦うが，いままで感じてきた罪悪感と欲求不満と憤慨の混合物のために，「この患者が**何だ**っていうんだ」と考えていらだっている自分に気づき始める。冷静に振り返ってみて，分析家が感じるのは，患者が大規模な投影同一化を用いて，患者の唯一の問題は分析家であるという感覚を分析家に引き起こしているということである（私はこの例を丸ごとビオン　[1967a, p. 104]　から頂戴してきた）。
　これらの観察から，分析家は患者の乳幼児期の精神状態について次のような筋書きを構成するかもしれない。すなわち，患者の母親は行きがかり上，仕方なく乳幼児期の彼を世話したが，子どもとの間で真のラポールを築くことはなかった。彼女は子どもが泣く理由や意味を読み取ることができなかった。子どもが泣いていたのは，自分が死につつあるということを恐れていたからであり，それにより子どもが死につつあるという恐れが**母親**の中に誘発されたようであった。この恐れを経験する代わりに，彼女はそれを押しやり，「この子が**何だ**っていうんだ」という態度を取った。結果として，その子どもは「コンテイナー」が無反応であったため（あるいは別のいい方をするなら，母親が共感に失敗したため）正常な投影同一化の使用が否認され，大規模なやり方で投影同一化を用いる大人へと成長した。それはあたかも，彼が人生早期に剥奪されたものを補償するためのようであり，これこそが彼が分析でしていることなのである。

分析家は自分が観察している転移の原因が早期の乳幼児期にあると考えることができた。というのも，分析家こそが自分の**唯一の**問題であると患者が感じていたからである。自分の問題の全てが**単一の**対象と関係しているようなこころの状態に患者があるとしたら，分析で再現されている原始的状態とは，幼い乳幼児が母親との間で抱くこころの状態であろうと分析家は推論することができた。母親が幼いわが子を理解できないことに罪悪感を抱きいらだっていたという観念は，あらゆる努力が結局は患者を手助けするどころか患者に害をなす状況しか産み出していないようであるという事実に対する分析家の罪悪感といらだちとに基づいていると思われる。

　これは原始的精神状態に一貫して認められる構成であり，「コンテイナーが無反応であったり非共感的であったりすること」とか「正常な投影同一化の使用が否認されること」と呼ばれている。分析家はそのような筋書きを構成し，それに基づいた解釈をすることもあろう。しかし分析家は，そうしなければいけないというものでもない。彼は次のような想定を基にもう1つの筋書きを構成することもできる。それは，分析家が自分に害をなしており，自分の人生にとってよくないことの全てであるという患者の感覚は，患者が分析家の**よい仕事**に対して無意識的な羨望による攻撃を放っているせいであるというものである。すると分析家の罪悪感といらだちとは，彼が患者の羨望に満ちた投影に圧倒されていたせいということになり，それにより分析家は（自分に対してでさえ）投影を解釈するのではなく，「受け入れている buying」のである。これにより得られる筋書きとは，患者の母親がコンテイナーとして不充分であるということが問題なのではなく，母親のコンテイン能力が充分であっても乳幼児期の患者の羨望がそれを超えているということが問題なのであるということになろう。これが，同じ臨床観察を基にした，患者の乳幼児期の精神状態に関する第2の構成であり，もっともらしさという点でも引けを取らないものである。

　こうしてわれわれにあるジレンマが提示される。われわれは患者に，乳幼児期の母親との関係について何を伝えるべきであろうか？　われわれはどちらの再構成を解釈すべきであろうか？　私が示唆するつもりの答えは，どちらでもない。利用しうる臨床データからは，母親と乳幼児期の患者とについて2つの筋書きのどちらかに決めることはできない。科学的な観点からは，それらのどちらにも可能性があることを認めなければならないし，その問題にこころを開き続けていなければならない。しかしより重要なことは，どちらの再構成も**分**

析的な目的にはいっさい役立たないということである。反対に,「あなたはいま私のことをこんな風に感じていらっしゃいます。なぜなら,あなたが幼くらしたとき,云々」といった形の解釈をすることは,面接室で観察可能な現象を説明するために,過去の仮説に基づく現実という観点ばかりを持ち出して(ごまかして)いるからである。これは分析的に無用なだけでなく,無用よりさらに悪いことである。

それが無用よりさらに悪いという理由は,過去の経験についての憶測に基づく推測上の「説明」により妨害することで,いま現在の転移関係についての理解をより深いものにする可能性を締め出してしまうからである。分析においては,患者の過去についての知識を集めたり,患者の過去を再構成しようとしたりしたところで,転移理解に到達することなどないのである。反対に,われわれは,転移の観点から過去を理解するのである。分析的な「過去」とは,転移に基づいた再構成なのである(第6章)。(われわれが直接の知識を有している)いま現在の転移を,(われわれが直接の知識を有していない)仮説に基づく過去に還元できるからといって,何ら特別な治療的効力はない。実際,そのような還元が,いま現在の転移が過去の(仮説に基づく)再構成によって**引き起こされている**という意味に受け取られるとすれば,反治療的効果を有することになる。それは,いま現在の,生きた転移を説明するために,死んだ,憶測の過去という観点を持ち出してごまかしているのである。

しかしながら,これは,分析には過去の再構成の占める位置などないということを意味している訳ではない。過去の「原始的精神状態」へのつながりを作る正しい時機とは,事態がいまのようになったのは何故なのかという疑問——いま現在の病理の原因を歴史的なものへ帰そうという魅力——が,火急の問題ではなくなったときなのである。いま現在(転移という意味)が充分に理解されると,つまり,患者が分析作業を通して,それまで否認されたり分割排除して分析家に投影されたりしてきたパーソナリティの諸側面を統合できるようになると,過去は必然的に明らかとなる。というのも,そのときまでに患者は**過去**に投影することをも止めているからである。しかし,過去に何が起こったのか,すなわち,「自分がこうなってしまったきっかけは何なのか」を知りたいという火急の欲求もまた,そのときまでには大いに減少している。この理由は,これらの答えを知りたいという**切望**は(自分史への関心とは異なって),過去に投影したいという欲求の顕れであるからである。歴史的再構成は,過去にお

いて誰が誰であったのかを整理しなければならない。そしてそれは、解釈がいま現在において誰が誰であるのかを整理するのと同じ方法でなされるべきである。これがその真の価値である。しかし、後者が起こってからでなければ、前者が可能にはならない。過去に「何が起こったのか」を切望することは、分析関係で何が起こっているのか——誰が何をしているのか——を知りたいという欲求の置き換えであることがしばしばある。後者が満たされると、前者も同様に満たされる傾向がある。分析を通してこの欲求が減少すると、過去は歴史的関心事ではあるものの、それなしでは生きていけないというほどの強い関心を向けるといった類の歴史ではないという感覚が残る。患者は過去への囚われから解放されている。ひとたび何が起こっているのかを認識できるようになると、「何が起こったのか」を知りたいという情熱は消え去っていく傾向がある。（似たような指摘がギル［Gill 1990］によってなされている。）

7.7 要約と結論

要約すれば私の議論は次のようになる。

1. 正常な原始的精神状態には、大人では妄想や幻覚に分類されるような万能的空想が含まれる。しかし、それらには充分な現実感も含まれており、そのおかげで、乳児の万能的な無意識的空想（無意識的妄想）は、経験から学ぶことを通して正常な無意識的空想へと自発的に発達していくことができる。
2. 精神分析治療を必要とする種類の精神病理は、無意識の万能的空想（妄想）と関係している。それは正常な原始的精神状態への退行によるものではない。というのも、正常な原始的精神状態では、そうした妄想やそれに伴う制止、症状、不安といったものが、経験から学ぶことを通して、徐々に、そして自発的に克服されるからである。
3. 精神病理に関連する無意識的妄想は、経験から学ぶことの効果——それは通常、無意識的妄想を無意識的空想へと変換するものである——から、幻覚症における変形、展望の逆転、現実的投影同一化といった精神病的防衛によって隔絶されているため、非常に持続性がある。同時に、これらは、学ぶことを不可能にして、現実が妄想に異議を申し立てるのではなく、妄

想を是認するようなやり方で経験を歪曲する。
4. 精神病理は正常な原始的精神状態への退行や固着によるものであるという理論は，精神病理に関連した精神状態は正常な原始的精神状態ではないということや，それらが経験から学ぶことを破壊するのに充分なだけの力を含んでおり，その結果，患者の精神状態が正常な流れで発展するのを妨げるという点で正常な原始的精神状態とは異なっているということに気づくことへの防衛として作用する。

　患者の現在の無意識的妄想を仮説に基づく正常な原始的精神状態の顕れであると説明することでごまかさないで，その代わりに，患者が展望の逆転や，幻覚症における変形，そして現実的投影同一化を用いていることについて充分正確な解釈を用いることができれば，分析家は，患者の発達の失敗という観点から，妄想がどれほどの犠牲を患者に強いてきたのかということに直面せざるを得ないという極端に痛みを伴う立場に患者を立たせることになる。これに気づくことは痛みを伴うので，患者は精神病的機制の使用を倍化させ，分析家の現実感――患者との接触――を侵食するかもしれない。それはあたかも，不正確で婉曲的な解釈の使用を分析家が止めることは，分析家がその営みについて正気になっており，以前の状態を回復するためには何かしなければならないといま感じているということを意味しているということに，患者のパーソナリティの精神病的側面が気づいているかのようである。
　この臨床状況により，分析家の自分自身の現実感との関係は厳しい試練に晒されることになる。そしてそのことは，患者に深刻で非常に現実的な危険を提示する。なぜなら，患者が自らの無意識的妄想から解放されるために分析家の手助けを利用しようとしているなら，分析家の現実感こそがまさに患者が頼りにせざるを得ないものであるからである。分析家は，患者の精神病的側面による侵食の試みに直面しても自分自身の正気を維持することができるのなら，分析を前進させることができる。
　しかし，患者のパーソナリティが自らの妄想に直面する痛みから逃れることによって，経験から学ぶために分析を用いる自らの能力を破壊するさまを，分析家がはっきりと特定することができなければ，分析を通して患者を手助けしようという彼の努力は，大幅に妨げられるであろう。患者には正気の側面もまた存在し，分析家と同盟を結び，自分自身や分析家の正気を侵食しようとする

力に立ち向かっているということを分析家がこころに留めておくことができれば，患者の中のこれらの力と4つに組み合う分析家にとって一助となるかもしれない。パーソナリティの精神病的側面は，精神的痛みはいかなる犠牲を払ってでも——たとえ自分の正気（自己や対象との明瞭な接触）を犠牲にしてでさえも——回避されねばならないという原則に支配されているかのように行動する。フロイトの快感原則は，実際のあらゆる乳幼児の精神状態と正確に対応をなすものではないかもしれないが，パーソナリティの精神病的部分の稼動様式と非常に近い記述なのである。

　正気の側面と精神病的側面との間での患者のこの葛藤は，非常に激しい苦悩と苦しみの源である。われわれはそれらを最大限尊重すべきであり，解釈に際しては，この上なく臨機応変であることが求められる。しかし，臨機応変であることとは回避することではない。効果的な解釈が惹起する痛みや葛藤を避けようとして，原始的精神状態に関する一見もっともらしいが実はあやふやで「不正確」な解釈を供することにすれば，われわれは患者の苦しみを救っていることにはならず，苦しんでいる患者を置き去りにしているに過ぎなくなる。

第8章 遊び，創造性そして実験*

8.1 はじめに

　私がこの章で探索したい話題は，一方は遊ぶこと，創造すること，実験することの能力，そしてもう一方は人の対象関係の性質，この2つの関連についてである。フロイトの「詩人と空想すること」(1908) をはじめとして，創造性の主題については広範な精神分析の文献があるが，ここではこうした文献の包括的な見直しは試みない。私はある1つの徴候を考えてみることによってこの主題に迫ってみたいと思う。その徴候とは，遊べないことである。65年前のメラニー・クラインの論文「自我の発達における象徴形成の重要性」(Klein 1930) の中の精神病患者において，この徴候は初めて記述された。そしてこれはまた，精神病患者への精神分析治療の最初のケース報告であったと思われる。この事例の患者はディックという名前の4歳の少年で，語彙力と知的到達はおよそ15から18カ月の子ども [のレベル―訳注] であった。人生のまさにはじめから，彼は滅多に不安を示さなかっただけでなく，感情が大幅に欠如していた。環境への興味や接触を彼はほとんどもっておらず，そして遊ぶことができなかった。今日であれば，クラインが行った臨床的記述からは，ディックはカナーの自閉症 (Kanner 1944) に罹患していると診断されたと思われる。
　彼の最初の訪問がクラインに残した印象は，彼女が神経症の子どもたちに観察してきた行動とディックの行動がまったく異なっているということだった。クラインは彼が無目的に行ったり来たりする様子や，まるで彼女が1つの家具ででもあるかのようにその周りを走り回る様子を記述した。彼は部屋の中のどんな対象にも興味を示さなかったし，彼の目と顔の表現は固まって，はるか遠くの方を見ており，関心が欠けていた。

---

　*本章は国際精神分析誌 International Journal of Psycho-Analysis 77 (5), 859-69 (1996) にて初めて発表された。

クラインによるディックの分析は，遊べないことが象徴的に考えることができないことにつながっており，それが次には，ディックが形成した対象との関係のタイプにつながっているらしいということを示した。私が詳細に探索したいと思っているのが，この領域である。私がこれから描き出そうとしている結論を先取りして述べると以下のようになるだろう。ディックは対象とあるタイプの関係を形成したために象徴的に考えることができなかった。ディックは象徴的に考えることができなかったために遊ぶことができなかった。そして，ディックは遊ぶことができなかったために自分と自分の世界について経験から学ぶことができなかった。

遊べないことは，すべての年代の人々にとって大きな障害となる。なぜなら，遊べないことによって彼らの現実との接触が妨げられてしまうからである。こうした記述は最初，意外に思われるかもしれない。というのも，遊びはたいてい現実よりも空想と関係づけられるからである。しかし，空想とは当然，内的現実の重要な部分である。そしてわれわれは長い間，遊ぶことが内的現実との接触を確立する方法であり，内的現実を表現する方法であると理解してきた。これはわれわれが子どもの治療と児童分析の一部として遊びの観察を用いることができる根拠である。私が提案したいと思っている主張は，遊びが**外的**現実との接触を確立するためにも必要不可欠な手段なのだ，ということである。より正確には，遊ぶことが内的現実と外的現実との関係を探索する重要な手段だということである。

8.2　遊ぶことと実験

私がこのことによって何を言おうとしているのかを説明したいと思う。精神病状態の人々の最も顕著で明白な特徴は，外的現実との関係が障害されていることである。したがって精神病者の**内的**現実あるいは心的現実の重要な特徴の1つは，外的現実と接触する能力を妨げる何かがそこに存在するということになるはずである。

また，精神病者の心的現実には**自ら**と接触する能力を妨げる何かも明らかに存在する。それはちょうど，精神病状態の人々がよく知られているように，洞察に欠けていると言われるようなものである。私はこれら2つの障害が，実際は根底に潜む1つの過程の2つの異なった顕れにすぎないと思う。

第8章 遊び，創造性そして実験　113

　私の主張は，**人は外的現実を内的現実へとある特別な方法でつなぐこと** linking **によって外的現実の一部との接触を確立し，内的現実を外的現実へと同じ方法でつなぐことによって内的現実の一部との接触を確立している，そしてこのつながりは基本的に遊びに満ちている**，ということである。
　子どもは遊ぶときに，空想を実験的に繰り広げることで外的世界について学んでいる。理論物理学者であるリチャード・ファインマンの伝記の中で，ジェイムズ・グリック（Gleick 1992, p.19）は遊ぶことのこの側面をとらえている。彼は以下のように書いた。

　　子どもたちは生まれつきの科学者である。わけのわからない身の周りの狭い世界の中を子どもたちは探査し，歩き回り，出来ることをしてみたり，出来ないことをしてみたりして実験する。子どもたちと科学者たちは世界観を共にしている。**私がこれをしたら，何が起きるだろう？**　これは遊んでいる子どもの座右の銘であり，（中略）科学者（中略）が繰り返す文句でもある。すべての子どもは観察者であり，分析者であり，分類学者である。（中略）彼らは理論を作り上げては，それが合わないとなるとすぐにその理論を捨て去る。珍しいものと奇妙なもの。これらはすべての子どもたちと科学者たちの領域である。

　世界を実験的に探査することには，日常的なものとより形式的で科学的な種類のものとの両方があるが，その起源は乳幼児と子どもたちの遊びの中にある（科学者たちはしばしば自らの仕事について，考えや新たな道具で「遊んでいる」と述べる）。
　メラニー・クライン（1921）は，どのように世界が成り立っているのか，その謎を解こうとする衝動を根本的なものと考えた。そのため彼女はその衝動に本能の地位を与えた。「知る本能 instinct to know」である。クライン派では，本能とは常に本能的衝迫を満たす何かを行うという無意識的空想を生み出すとされる。私は，「知る本能」と言ったときに最初にクラインの念頭にあったのは，乳幼児は母親の体内に何があるのかを見るために，母親の体内に入る空想をもつということであったと思う。しかし後に彼女は，乳幼児の空想がそれよりももっと（現在の流行の言葉で言うと）相互作用的であるということに気づくようになった。乳幼児はベーコン哲学信奉者のように彼らの対象を受身的に観察しているだけではないし，1つの規則が立ち現われてくるまで，ただ待って，観察したもののリストを作っているだけでもない。彼らは積極的に対象を

探査し，何が起こるか，つまり対象がどうするのか見ようとする（この主張は，乳幼児と長い期間接した人や親密に接した人であれば誰しもが賛同するだろうと思われる）。このことが乳幼児を無意識の実験主義者にする。乳幼児が対象を探索しようとする中で用いる試験的な探査とは，ビオン（1967a）が「現実的」投影同一化と呼び，スピリウス（Spillius 1988, p.83）が「喚起性投影同一化 evocatory projective identification」と呼んだものである。それは言語的行為や非言語的行為を通して対象にある特定のこころの状態を引き起こす能力である。

8.3 精神分析における実験的な遊び

このように見てみると，正常な子どもの遊びとは，元は原初的な対象の内側を探索していたことの現代版となる（その原初的な対象とは，母親の体や母親のこころ，またはその両方であるかもしれず，またその両方は同じものとして経験されているかもしれない）。乳幼児期の精神生活に関するすべての精神分析理論と同様に，これもまた分析セッションにおいて分析家が経験したことに基づく再構成である。この経験とは何であろうか？　分析の中で患者は分析家のこころで遊んでおり，分析家のこころの中に「現実的投影同一化」を用いて逆転移反応を引き起こす。このようにして患者は分析家についてかなりのことを学ぶことができる。つまり「もしも私が彼にこれをしたら，何が起こるだろうか？」ということである。人は投影を積極的に繰り広げることで，外的現実の中でわれわれが他者のこころと呼んでいる部分との接触を築く。投影されるもの，それはあるこころの状態であり，そのこころの状態が投影されるのは他者のこころである。われわれが対象のこころに，こうしたこころの状態を引き起こすのには多くの理由がある。そこには，愛情の衝動やサディスティックな衝動が含まれるだろうし，また対象の中に引き起こそうとしているこころの状態が自分たちには耐えられないという事実や，それゆえそのこころの状態を排泄する必要があるという事実も含まれるだろう。そして，もし対象の中に何とかそのこころの状態を引き起こすことができたなら，われわれは自分自身のこころからそのこころの状態を魔術的に取り除くだろうと感じる。しかしわれわれが対象のこころの中に投影する多くの理由の1つには，対象のこころについて**知る**ために投影するというものがある。私にはこういった探査こそが対象

第 8 章　遊び，創造性そして実験　115

の内部について，その内側がどのようなものであるかについて何か知るための唯一の方法であるように思われる。これはつまり，われわれが対象に対して，どのような形であれ本当に関心をもつということである。人のこころとは，それが何かにどのように反応するかが分かるまではわれわれには謎のままである。

　これは遊ぶことの1つの側面である。2つ目の側面は，子どもが遊ぶとき，彼らは世界がどのようなものであるかを知るために世界をテストしているだけではなく，自分の内的空想世界を外在化してもいるという事実と関係している。「表象している」ではなく，あえて「外在化している」と私が言うのは，遊びが無意識的空想の表象以上のものだからである。「自分が言おうと思っていることを聞く機会なしに，私はどうやって自分が考えていることを知ればいいんだ？」というE・M・フォースターの問いの精神に従えば，それは内側のものを外側へと取り出す1つの方法であり，それによってこそわれわれは内側のものが何であるかを知ることができる。

　同じように，分析中の患者は自分の内的世界の側面を分析家の中へと投影し，そうすることによって分析家の中に投影した自分の内的現実の諸側面の性質を探る。患者が投げかける質問とは，「もしも私が彼にこれをしたら，何が起こるだろうか？」である。しかしより正確に言うならばそれは，「もし私が彼に私が感じていることを感じさせるなら，彼は何をするだろうか？」となる。彼は感情を爆発させるだろうか（つまり，私が投影しているものは爆発的なものだろうか）？　彼はそれを楽しいものと感じるだろうか，それとも迷惑なものと感じるだろうか，それとも理解できないものと感じるだろうか（つまり，私が投影しているものは，楽しいものだろうか，それとも迷惑なものだろうか，それとも理解できないものだろうか）？　患者の投影による探査に対する分析家の反応は，まさにその探査について，つまり彼自身の投影，**彼の**内的世界の断片について患者に教えることとなる。

　この種の投影によるテストは，われわれがテストをして，それによって自分の内的現実と外的現実について同時に学ぶことを可能にする。つまり，われわれは対象の中に自分の内なる状態を投影（し，対象がどのように反応するか観察）することによって対象のこころについて学び，対象のこころを自分自身のこころの状態を測る道具として用い（て，対象がどのように反応するか観察す）ることによって自分自身のこころの状態について学ぶ。たしかにこれは，統制された実験にとっては完璧な設定とは言えない。というのも，われわれは2つ

の未知の要素を同時に扱っているからである。しかし，多くの異なった対象を相手に何度も繰り返していれば，われわれはこの方法によって自分自身や対象について実に多くのことを学ぶことができる。いうまでもなく，ここで重要となるのは多くの異なった対象を経験することであり，それによって，自分についての情報を得るためにたった1つの特異的な対象に頼らなくても済むようにすることである。これは子どもが原初的な対象の世界を超えて自分の対象世界を広げる動機づけの1つだろう。

しかし，このいずれもが適切に働くためには，内的現実と外的現実が自分のこころの中で分かれていなくてはならない。もしその2つがあまりにも混同されているなら，そのどちらも，もう一方を評価するために用いることができないし，お互いに作用し合うこともできない。そして，このことは，内的現実と外的現実，そのどちらに対しても接触を確立することが，つまり学ぶことが非常に困難となることを意味している。こここそが，精神病患者の躓くところである。精神病患者は対象との間で築く関係性のタイプゆえに，内的現実と外的現実が非常に混同されている。そのため，そのどちらも他方について学ぶために用いることができず，それゆえに，そのどちらに対しても接触が失われてしまう。象徴的に考えることは破綻し，精神病患者は実験的な方法で世界と遊ぶことができなくなる（ここでの「精神病」という用語は，非精神病患者の人格の精神病部分にも同じように当てはまるものとして使用されている）。これは精神病患者が自らの投影を，あくまで限定された重要性しか持たない実験としてではなく，対象の大規模で破局的な変容として経験するからである。そして，こうした状態においては自己と対象が混同されているために，対象の破局的な変容は自己の大規模で破局的な変容と識別できないように感じられる。

私は，外傷が外傷的となる主な理由の1つに，外傷的な状況においては内的現実と外的現実の間の識別が崩壊している，ということがあると思う。外傷は，外傷を与える対象の中へと投影された無意識的空想と非常にぴったりと一致している。それはまるで，外的現実に対する自分の空想の投影が，対象を乗っ取ってしまったかのようであり，そのため投影されたものと対象との間の違いが消失してしまう。このことが自分自身のこころの中で，内的現実と外的現実の間のひどい混同を作り出す。こうなると，投影はもはや遊びに満ちたものでも実験的なものでもなくなり，命にかかわるほどに深刻なもののようになる。結果として，万能感への信念が強化され，現実に対する手綱がさらに弱められるこ

とになる。単純に外傷の質だけで，それが病因となるのではないし，または空想の内容だけで病因となるのでもない。病因となるのは，その2つの一致の密接さである。非常に密接な適合が，外的現実と内的現実の間の混同を強める。このことが感情の領域において，その後の経験や実験から学ぶ能力を減少させてしまい（つまり，人は暴走実験 runaway experiment へと変じてしまったものを繰り返すことを恐れるようになる），そして，これこそが真の病因となる。

　これまで，まるでドミノの列のように因果的に連続して起こる出来事を扱っているかのように私は書いてきた。つまり，自己と対象の間の混同が象徴的思考の破綻へとつながり，そのために，人は遊ぶことができず，そのために，人は自分と世界について学ぶために実験を用いることができない，といったように。このように書く方がより易しいので，そう述べてきたが，しかし実際には因果関係的な連鎖は存在しない。これらすべては単に同じ事柄の異なった側面であり，世界に対する自己の自律性の喪失として，そして自己に対する外的世界の自律性の喪失として記述することができるだろう。

8.4　精神病状態における実験的な惨事

　精神病状態にある人は，内なる現実と外なる現実のひどい混同が絶えず生じるような方法で対象への投影を行うが，このことが彼の経験すべてを外傷的なものとしてしまう傾向がある。このような人にとって，対象への投影は試験的な探査ではなく，対象を投影されたものに変えてしまうように感じられるものであり，対象を圧倒し，対象のすべての穴に侵入するものとなる。対象がその投影に反応を示す可能性は存在しない。なぜなら，投影が対象を過度に支配してしまうように感じられ，対象は投影されたものから文字どおり識別できなくなるからである。

　このことによって投影を用いた探査をとおして対象について学ぶ可能性は消し去られてしまう。さらに，対象が反応を示すことができるとしても（つまり，投影が対象を完全に乗っ取ってしまうほどに万能的なものではないと患者が感じたとしても），その反応が今度は**自分の**こころを圧倒し，侵入し，破壊するものと患者は感じてしまう。この感覚が，分析家によって乗っ取られることや，こころをコントロールされることに対して精神病患者がもつ恐怖の根源である。

言うまでもないが，分析家が彼のこころに侵入し破壊しようとしていると確信している患者は，自分の内的現実を学ぶ助けとして分析家を用いることができない。

精神病状態の人が投影を用いることによるこうした破局的な効果は，7歳の女の子の分析において実際に示された。彼女は離婚した自分の父親が女友達といるところを目撃したとき，精神病状態に陥った。そしてすぐさま，まさに彼らがしようとしていることを自分は知っていると確信した。このことで私が言おうとしているのは以下のようなことである。つまり，彼女は自分が認識していたことを，父親とその女友達が一緒に行っているかもしれないこととしてただ空想したのではない。彼女は疑う余地のないほど絶対的に確信した，つまり妄想したのである。時が経つにつれて彼女は，彼らの間の性的な関係について，はっきりとした身体的な詳細さでもって空想し始めた。彼女の話し方には何かがあると私は気づいたが，それは彼女が，実際にセックスしているカップルを観察しつつその部屋にいることを意味するものだった。結果として，彼女の空想は，幻覚に似てしまうほど強力にカップルの中に投影されていた。つまり，彼女は彼女の空想という内なる現実と，対象という外的現実とを相当程度に混同していた。実際，本当にこうした中に巻き込まれたとき，彼女は考える代わりに幻覚を起こしていた，と思われる。

ここにおいて，父親の性的活動についての彼女の疑いや信念は，外的現実（私が知る限りでは，それは，ほんの少しの補強証拠を示すだけだったが）を完膚なきまでに圧倒していたために，その2つはお互い，ごちゃ混ぜとなっていた。そこにはもはや，現実と対峙し続けることのできるこころの状態も，探査としての投影によって分け入っていくことのできる現実もなく，ただ幻覚があるだけであり，その中で2つはお互いにごちゃ混ぜとなっていってしまった（ロナルド・ブリトン［Britton 1994］はこのタイプの混同について研究した。無意識的空想の中の彼が「信念」と呼ぶものは，葛藤をもたらす知覚の力を消し去ることができる）。

この時期には，父親を見ることもまた，彼女を狂気へと駆り立てるようになっていった。外的現実（父親の存在）は，彼女のこころを圧倒し，彼女の内的世界，つまり彼女自身のこころを持たせないようにしているかのように彼女には感じられた。彼女には，逆に父親がある種の幻覚になってしまったと感じられた。すなわち，彼女は父親のもつ幻覚のようなものに自分がなってしまったと

感じ，また父親があまりに徹底的に彼女の心に侵入しコントロールしているので，その独立した存在が脅かされていると彼女は感じた。

　私が彼女に対して，彼女が父親の（仮定の）情事について話すその話し方は，まるで実際にその情事を目の前で見ているかのようであると解釈すると，彼女は自分の思考がいかに妄想に近いものであったか，だんだんと理解するようになった。そして彼女の迫害感は減少していった。二人が一緒にいるところを目にしたことには深い意味があるという確信も弱まり，そのあり得る意味合いに対しての反応も，迫害的なものではなくなっていった。彼女は自分と対象を，そして内的現実と外的現実を分離した別個のものとして再び見ることができた。

8.5　実験と性愛

　私は，その患者の妄想が性的なカップルに関するものだったという事実は単なる偶然ではなかったと思う。考えることの障害は，この臨床例で見られたような具象的な形をとり，しばしば性愛についての妄想と結びつく。現実検討は，自分の**内的な**性的両親の状態と，彼らとの関係性に関連している。その人のもつ内的な性的両親の状態とは，その性愛が快感を持ち，創造的で，非破壊的であるような内的両親カップルをその人がどの程度受け入れることができるか，ということだが，まさにその状態が，私が述べているような現実との遊びに満ちた実験的な関係を確立する能力に重要な役割を果たしている（McDougall [1995], Chasseguet-Smirgel [1984], そして Britton [1989] も参照のこと）。

　私がここで言おうとしているのは，正常に現実とのつながりをもつ自我（つまり，現実を**観察する**ことができ，自分の願望を現実に従わせることができ，経験から学ぶことができる自我）は，快感を持ちながら創造的に，父親と性的につながっている母親と同じだということである。そのような自我は，自分が現実によって貫かれることを許容することができるし，貫通によって恥をかかされたように感じるよりも，むしろそれから成長し育つことができる。

　同時に，自然を用いて実験できる，つまり質問と投影でそれを探査することができるためには，破壊的な侵略を犯していると感じることなく，積極的に自分の対象を貫き通すことが必要である。すなわち人は，その活動が破壊的な貫通ではなく，有益な貫通であるような内的な性的父親をもつことができなければならない。

それゆえ，受容的に観察できる能力と，積極的な探求や実験ができる能力という2つの能力は，性交のことを，相互に恩恵をもたらす二人の人物の活動として思い描くことのできる第3の能力に等しい（この点はクライン［1931］による初期の論文の主題であった）。それゆえ，経験から学ぶ能力は人の内的結合両親の状態に関係しており，その状態とはつまり，人が彼らの性交についてもっている無意識的空想を意味している。

相互に恩恵をもたらす性交というこの像において不可欠なのは，両親がその過程においてお互いからの**相互の自律性**を保っているという感覚である。それはつまり，どちらの両親も，相手の同一性を乗っ取ったり，侵略したり，融合したり，飲み込んだり，あるいはその他の方法で破壊したりしているなどとは感じないということである。これは，われわれが対象のこころを破壊することなしに探査することができるという感覚や，われわれが破壊されることなしに対象の投影を受け入れることができるという感覚に等しい。

同時に，子どもは両親の性的な関係を自分の願望とは独立した1つの現実として認めなければならない。エディプス・コンプレックスを解決することによって得られる1つの利益とは，子どものこころの中に両親の性愛を1つの自律した現実として確立することである。そしてこのことが，子どもの万能感を健全な形で減少させる。人は世界の中での，自分の現実の立場と，自分の望む立場との違いを認識する。もしエディプス・コンプレックスが適切に解決されないならば，万能的な信念が非常に強い力をもったまま残り，自我は現実を用いて実験することができなくなるだろう。なぜなら，自我は自分の空想は安全に遊ぶにはあまりに強力であるように感じるからである。このことは，幾分，驚くべき結論を導く。つまり，**もし両親の性的な自律性が受け入れられないならば，最終的に破壊されるのは，遊びに満ち，実験的に現実につながる自分自身の自我の自律性なのである。**

こうした観点から見てみるならば，正常な遊びや正常な性生活，そして正常な知的機能というのはすべて，遊びに満ちた形や実験的な形で投影を行ったり取り入れを行ったりして対象とつながる能力を必要とする。それゆえわれわれは，そのどれか1つの障害は，他の2つの障害と関連しているだろうと予測することになる。

8.6 象徴形成と創造性

　遊びと科学的な実験は双方ともに，象徴を形成する能力に依存している。象徴を形成するためには，人は象徴そのものと，象徴されるものとの識別を保たなくてはならない。空想は，その空想が投影される対象を乗っ取ったり支配したりしないと感じられねばならないし，外的世界は内的空想世界を支配したり乗っ取ったりしないと感じられねばならない。それぞれが，自分自身の領域をもっているのであり，遊びや科学的な実験が可能となるためには，お互いの領域が尊重されなくてはならない。言い換えれば，遊ぶことと科学的な実験が心理学的に可能となるためには，内的世界と外的世界はお互いに自律的でなければならない。

　こうした考えは，芸術的な創造性における内的現実と外的現実の関係にも当てはまる。ハンナ・スィーガルは「妄想と芸術的創造性」（Segal 1974）についての論文の中でこの1つの側面を示している。その論文で彼女はウィリアム・ゴールディングの小説『尖塔 The Spire』を用いて，創造性の性質について吟味している。この論文は魅力的な論文であり，ここで私が要約しようと思うことも難しいが，しかし私は象徴的思考の問題に直接関係がある一部分に言及したいと思う。小説の舞台は中世，その主人公であるジョスリンは大聖堂の首席司祭であり，大聖堂に巨大な尖塔を加えることを夢見ている。彼は，尖塔が神の栄光を印すことになるだろうと主張するが，その物語からは，彼が望んでいるのが彼自身の栄光を印すことなのは明らかである（彼は尖塔の4つの側面すべてに自分自身の像を刻むことを計画し，完成すると中央からそり立つ巨大な尖塔をもつ建物を，男性の体になぞらえる）。

　ジョスリンは棟梁であるロジャー・メイスンの助けなしには尖塔を建てることができないが，彼は協力を断る。彼にはその建物が立っていられるとは思えないからである。つまり，大聖堂の基礎は尖塔を支えるにはあまりにも弱いのである。掘削によって棟梁が正しいと分かるが，これもジョスリンの突き進む決意をただ強くするだけだった。

　ジョスリンとロジャー・メイスンの対比は，誇大的で妄想的な自己愛と分別のある現実主義との対比である。しかしそれはまた，不毛と創造性の対比でもある。ジョスリンは尖塔が彼の対象，つまり神への愛の表現であると主張する

が，彼が自分を神と同一化させていることや，尖塔が本当は自分の理想化されたイメージへの愛の表現であることは明らかである。しかし，彼には現実のものは何1つ構築することができない。それは彼が自分の自己愛的な妄想を維持するために自分の現実知覚を犠牲にしているからである。大聖堂と同様，彼の妄想体系は現実における基礎を欠いている。ロジャー・メイスンは自分にできることに関して現実の制約を受けた見方をしており，そのためより地味ではあるものの，ジョスリンと違い，彼には現実的なものを創造することができる。

スィーガルがここで主張している点は，芸術家は彼の表現手段の自律性，つまりその実際の潜在力や限界を認め尊重しなければならず，もしそれができないならば，彼の作品が彼の内なる世界の真の創造的な表現とはなり得ないということである。「彼の表現手段の自律性」とは，もし芸術家が現実世界において芸術的な表現を成し遂げようと思うならば，芸術家の空想は彼らの素材がもつそれ自身の特性に従わなくてはならないという事実のことである。もし芸術家が，彼がしたいと望むことと彼の技能や素材が彼に許容することとの違いをこころの片隅に保持することができなければ，彼の作品が現実のものとなることはないだろう。なぜなら，彼の作品には現実における基礎が欠けているからである。

これは創造の過程の1つの側面である。スィーガルは，「美学への精神分析的接近」（Segal 1952）についての論文の中で，そのもう1つの側面を取り上げている。その中でスィーガルは，若い少女との分析について記述している。

　　［彼女―訳注］は絵画の秀れた才能をもっていた。母親との激しい競争心によって，彼女は十代の前半に絵画をあきらめていた。しばらくの分析の後，彼女は再び描き始め，装飾美術家として働いた。彼女は，彼女がたまに「本当の絵」と呼ぶものよりも，むしろ装飾的な手細工品を作った。それは，自分の作品が正確できちんとしていて感じの良いものではあるけれども，感動を湧き起こしたり，芸術的に意義をもつものとはなっていないことを彼女が知っていたからだった。彼女にはこのことがいくらか心配の種となっていたが，彼女はそれをいつも躁的に否認していた。父親への無意識的でサディスティックな攻撃や，切り刻まれ破壊された父親の内在化，そしてその結果生じた抑うつについて私が解釈しようとしていたときに，彼女は次の夢を語った。彼女はある店の中で1つの絵を見ていた。その絵には，薄暗い森の中で，たった一人でわびしく横たわる，一人の傷ついた男性が描かれていた。彼女は感情で胸がいっぱい

となり，この絵に圧倒されてしまった。つまり彼女はその絵が人生の真髄を表していると感じ，もし自分がそのように描けさえすれば，本当に偉大な画家になるだろうにと思った。

　やがて，その夢の意味が明らかとなった。それは，もし彼女が父親を傷つけ破壊したことへの抑うつを認めることさえできれば，彼女はそれを彼女の絵の中に表現することができるようになるだろうし，そして本当の芸術を創り上げるだろう，ということだった。(中略) 彼女の夢は，私がこれまで指摘したことも解釈したこともまったくないことを表していた。つまり，抑うつを持続的に否認することが，彼女の絵に与える影響についてである。

(1952, p.191)

　芸術家の仕事が（単なる「きれいさ」とは対照的な）本当の美的価値をもつためには，芸術家は自分の内なる世界の自律性もまた，尊重しなくてはならない。もし芸術家が表現しようとしているものが自分にいまある心的現実の一部でないならば，それが重要性や価値をもつことはない。このことは，芸術家が次のことを認めていなければならないことを意味する。それは，外的世界と同じように，自分の無意識もまた自分の願望からは独立しているということ，そして，子どもが両親の性的な創造性をコントロールできないのと同じで，無意識は自分でコントロールできない自律的な創造性の源であるということ，である。この症例の場合，患者が自分の内なる世界という自律的な現実を認めることを拒んでいたため，彼女の創造性は窒息させられていた。ゴールディングの小説での創造的な棟梁は彼の素材のもつ現実性，つまり外的世界に制約を受けていたが，スィーガルの患者は，彼女が実質的な何かを達成するためには，つまり「本当に素晴らしい画家になるためには」自分の内なる世界という現実の制約を受けなくてはならなかった。つまり彼女は，自分の内なる世界という現実に忠実であらねばならなかった。

　創造的表現とは，外的現実と心的現実という2つのものの自律性を，同時に尊重することによってもたらされる。創造的な融合が起こるためには，外的現実と心的現実はそれぞれ，自分の万能的な願望からは独立したものとして認められなくてはならない。つまり人はそれらに「従わ」なくてはならない。芸術家は，何にも還元できない自分の心的現実と，何にも還元できない物質的現実の性質との間に，どうにかして交点を見出さなくてはならない。

　このようにして見てみると，芸術的な創造を，科学的な創造性や，あるいは

自由な遊びから純然と識別することは、ほとんどできなくなる。真の芸術的な創造と、創造的な科学理論はともに、その探求者のコントロールを超えた現実に対して忠実に従うことに自らの妥当性を負っている。

8.7 結論

遊ぶこととは、いくつかの内的現実、つまり自分自身のこころの状態を用いて、外的現実、つまり対象のこころを実験的に探査することである。あるこころの状態を対象のこころの中へと投影するときに何が起こるのかを観察することによって、われわれは対象のこころと自分自身の投影について何がしかを学ぶ。

しかし、これがわれわれの内的世界と外的世界について学ぶ手段となるためには、それら2つが分けられた状態でなくてはならない。対象のこころに影響を及ぼすことのできる自分の思考の力と感じられるものには限界が必ず存在するし、対象のこころが自分自身のこころに及ぼす影響の力にも、必ず同様の限界が存在する。精神病患者（ディックを含む）はこの領域で躓いてしまう。彼らは遊ぶことも実験することもできない。なぜなら彼らの実験は「実験的な」規模では行われずに、世界の変容をもたらす全面的な規模のものになってしまうと彼らには感じられるからである。つまり、彼らの実験は外的現実や特に対象のこころへの限られた効果に止まらずに、「暴走実験」となってしまうのである。

内的現実と外的現実を分けておけないということ（すなわち、それら相互の自律性を認識しないということ）は、自分の投影と外的対象のこころの状態を等しいものとみなしていることを意味する。つまり、投影が万能的な方法で実際に対象のこころを変容させたと感じる。同じように外的対象のこころの状態は、自分たちのこころの状態を侵略し、コントロールし、そして変容させることができると感じる。

実験的な方法で投影する能力や、自分が対象のこころをコントロールするには如何に弱い力しかもっていないかに気づく能力、そして自分の力が弱いからといって対象のこころは自分のこころを支配したりしないだろうと感じて、これらのことを受け入れる能力は、良い性交の像をもつことのできる能力ともまた関連している。惨事のリスクを冒しているという感覚や、外的対象を乗っ取っ

てしまうという感覚を抱かずに外的対象への投影を行うことは，傷つけることなく母親を貫き通すことのできる性的な父親のようなものである。自分の空想が惨事の犠牲となってしまうと感じずに現実の裁定を受け入れることは，破壊されるとは感じずに父親が自分を貫くことを許すことのできる性的な母親のようなものである。裏返せばそれは，原光景における父親の役割を惨事を引き起こすものとして捉えていたり，母親の役割を屈辱的な敗北を受け入れることとして捉えているならば，人は自分の投影も同じように惨事を引き起こすものとしてしか捉えられないし，現実に従うことも屈辱的な敗北を受け入れることとしてしか捉えられないということである。

　創造的な芸術家もまた，自分の空想を外的世界の中で成功裡に現実のものとするためには，彼の表現手段のもつ現実性を認識できなければならない。しかし，その創造がなにがしかの現実的な価値をもつためには，芸術家は自分の内的世界の現実性についても認識できなければならない。このようにして見てみると，芸術的な創造と科学的な探査をその本質において識別することはできなくなる。芸術的な創造と科学的な探査はともに，外的現実と内的現実がお互いからの自律性をもつことを認識し，そしてそれらへ向けられた自らの願望からも自律していることを認識する能力に依拠している。また両方ともに，何が外的な現実であり，何が内的な現実であるかについて（すなわち，美学的に，あるいは科学的に何が有意義であるかについて），幾分「断固とした」姿勢を必要とする。外的現実と内的現実それぞれが相互に自律していることに気づくことによって，自分の空想が外的現実に過大な影響を及ぼしてしまうのではないかとは感じずに，外的現実で「遊ぶ」ための空間や隙間が作り出される（それによって，われわれは創造的，あるいは実験的な遊びを制止されなくなる）。同時に，この隙間は空想が外的現実に過大な衝撃を与える危険から守ってくれるため，われわれはさらに自由に想像することができる。（創造的な科学者は，創造的な芸術家と同様に，自由な想像力を持たねばならない。物理学者のマイケル・ファラデーは「真実であることよりも素晴らしいものは何もない」と言い，遺伝学者J・B・S・ホールデンは「世界はわれわれが想像する以上に不思議などころか，想像**できる**以上に不思議なのだ」と言った。）

　この章で私は，内なる世界と外なる世界の遊びに満ちた探索にもとづく現実検討の側面について述べてきた。精神病者の空想は，対象との接触を確立するためには用いることができない。なぜなら，彼らがもつ対象との関係性の特性

ゆえに，彼らは，**われわれ皆が遊びの中で学ぶ実験的な方法**で対象の中へと投影することができなくなっているからである。通常は実験的な仮説としての役割を果たす投影が妄想的確信へと代わってしまい，対象との接触をとおして経験から学ぶ機会となるべきものが，対象によって狂気へと駆り立てられる脅威へと代わってしまう。

　クラインの論文の主題である自我の発達における象徴形成の重要性へ戻ろう。象徴形成が自我の発達において重要である理由の1つは，人々が自分の空想を単なる象徴として経験することができないとき，すなわち彼らのこころの中にあるものと彼らのこころの外側にあるものとの相互的な自律性を認識することができないとき，彼らは通常の方法では投影できず，それゆえ，遊ぶことや実験を通して内なる世界と外なる世界について学ぶことができないということである。

第9章 内的対象

9.1 無意識的概念

　幼い子どもたちの精神分析では，こころの無意識的概念についての具象的描写が，非常に明確，明瞭，そして具体的に認められるが，そのことによって私は「内的対象 internal objects」あるいは「内なる対象 inner objects」，そして「よい」対象，「悪い」対象といった用語を使用するようになった。私が「自我に組み込まれた対象」といった古典的な定義よりもこの用語を好む理由は，「内なる対象」という用語の方がより明確だからである。つまり「内なる対象」という用語の方が，子どもの無意識が感じているもの，さらに言えば大人の無意識の深層において感じられているものを正確に表現しているからである。このような深層においては，「内なる対象」はこころの一部であるとは感じられない。つまり，われわれが理解してきた超自我のように人のこころの内側にある両親の声として存在するものという意味では，こころの一部であるとは感じられないのである。超自我とは，無意識のより高い層で見出される概念である。しかし，この深層においては，それは物理的な存在として，あるいはむしろ，多数の存在として感じられる。つまりそれは，友好的なものから敵対的なものまで，あらゆる活動をしながら，人の肉体の内側，特にお腹の内側に住み着いているものであり，あらゆる生理的過程や感覚が，過去においても現在においても，関わってくる概念なのである。

(D16, Melanie Klein Trust Papers, Wellcome Library,
Hinshelwood [1997], pp.894-5 より引用)

　この覚え書きでクラインが示しているように，彼女は，古典的な超自我よりも無意識の「より深い」位置に存在する心理学的実体を表すものとして「内的対象」という用語を作り出した。より正確に言うならば，クラインが記述した内的対象という形式は，古典的な超自我に比べ，より具象的で精神病的な現象なのである。つまり，それはこころの中にあるとは感じられず，肉体の中に存

在すると感じられるものである。現代の専門用語で言うならば，それは「メンタライズ」されていないということである。クラインが無意識の「より深い層」と呼んだもの，それは無意識的空想によってほぼ支配されている層である（私は無意識的空想という用語をアイザックス（Isaacs 1952）が用いた言葉の意味で使用している。それは，こころと身体の境界に存在するもの，つまり身体的な過程に最も直接的に接している本能の精神的な表現である）。こころのこの領域においては，空想は肉体的な過程と識別することができない。「メンタライズされていない」現象とは，精神的事象として経験されない精神的事象である。客観的に見れば，それらは空想であり，そしてすべての空想と同じように精神的なものである。しかし主観的に見るならば，それらは具象的な物理的事象なのである。無意識のこの深いレベルにおいて，こころが自らを物理的実体として概念化するということの意味は，その内容が批判的思考を受け入れることができるとは感じられず，その代わりに，変更不能な事実として経験されるということである（無意識のこのレベルが，フロイトの言う幻覚的満足の場である）。加えて，無意識のこのレベルにおいて受け取られる外的世界の知覚には，そのレベルに存在するこうした具象的で本能負荷の高い空想が浸透する傾向があるため，知覚は空想と識別することができないように感じられる。

　このような空想のように感じられない空想が浸透した知覚は，その知覚に空想が含まれていることや，その知覚が外的世界の誤った表象かもしれないといった，ちょっとしたほんのわずかな感覚もないままに経験される（フロイトにおけるシステムとしての無意識に否定は存在しない。そしてそれは，認識における謙虚さの欠如で知られている）。そこにあるのは，先に引用した一節の中でクラインが述べた内的対象である。このような浸透され具象化された知覚は，主体にとっては疑いようのない事実と映り，人がどのように内なる世界と外なる世界の双方を経験するかを決定づける，非常に重要なものとなる。これは神経症の形成においては心的現実の方が物質的な現実よりも重要であるというフロイト（1925，p.34）の見解に対応する。

　内的対象（ここでも私は，先に引用した一節でクラインが使用したのと同様にその用語を使っている）は，外的対象との同一化によって生じる。しかし，この同一化というのは単純な過程ではない。対象も自己もともに，同一化の過程で「よい」部分と「悪い」部分へと分割される。それに続いて，自己の「よい」部分と対象の「よい」部分が再結合されて，取り入れられる（つまり，自

己の部分として経験される)。そしてその一方で，自己の「悪い」部分と対象の「悪い」部分も同じように再結合されて，投影される（つまり，対象として経験される)。そのため，妄想分裂ポジションにおいて「同一化」されるものは，自己の部分と対象の部分が混同された混合体なのである（第7章も参照)。

妄想分裂ポジションにおける同一化は（投影と同じように)，部分的には，自分はただ自分自身なのであり，他の誰でもないという事実に関連する多くの不安に対するひとつの防衛である。投影が，自分自身の耐え難い側面を対象のものとすることによって，自分が誰であるかという耐え難い感覚から自分を防衛しているのと同じように，同一化は，対象の持つ必要不可欠な側面を自分のものとすることによって，自分は誰かではないという耐え難い感覚から自分を防衛しているのである。

同一化というわれわれの概念は，体内化と取り入れという考えから生まれたものである。フロイトは『性欲論三篇』(1905)の中で体内化を紹介し，フェレンツィは『取り入れと転移』(1909)の中で取り入れを紹介した。フロイトとフェレンツィはそれらの空想の性的な基盤を強調したが，ここでの議論にとって重要なのは，それらの空想が本能と密接に関係していることであり，それらの空想が無意識のより深い層で作用しているという事実である。そこではフロイト (1985, p.264) が述べたように，「現実についての徴候がない」のである。このことが，それらの空想を万能的なものにする。つまり，取り入れと体内化は単なる空想であるとは感じられず，その代わりに，自分が誰であり何であるのか，対象が誰であり何であるのか，そして，対象は自分に何ができるのか，自分は対象に何ができるのかといったことに関する，ひとつの具象的な現実を表現していると感じられるのである。妄想分裂ポジションにおいて同一化を形成する，取り入れ，分割，体内化，投影といった空想は，無批判に信じられている。つまり，それがもしかしたら単なる信念であったり，または単なる空想かもしれないという疑いをまったく持たずに信じられているのである。

精神分析の治療効果は，万能的あるいは具象的な空想を，普通の（すなわち非具象的，非万能的な）願望や空想に転換させることができれば，その空想の持つこころへの衝撃ははるかに小さくなるという観察を部分的な根拠としている。この転換は簡単な仕事ではない。なぜなら，問題の空想は，刺激的で本能負荷の高い願望をいくらか満足させるし，重大な不安をいくらか和らげもするからである。それはつまり，そうした願望や不安に対して現実が提供すること

のできなかった援助が，空想が生みだす興奮の充満や，不安からの解放によって埋め合わせられるということを意味している。

　私の見方では，先に引用した一節でクラインが言及した内的対象は，そういった万能的空想の具象的な産物である。クラインは子どもの患者が対象と同一化するときに，無意識的空想の中では，その対象を自分の肉体の中へと体内化していることを見出した。クラインが「こころの内側の両親の声」と呼び，「無意識のより高い層」と関連づけたものは，こうした具象的な内的対象とはまったく異なっている。これらの声は人の内側に具象的に存在する両親としては経験されず，両親についての空想として経験される。つまりそれは，両親の声が内側にあるという信念ではなく，いわば具象的な現実とは異なるものとして認められた信念である。

　この型の同一化で感じられるのは，自分の同一性がある具象的変化を蒙ったというものではなく，自分のこころに存在すると感じられる対象と関係を持っているというものである。この型の同一化は，自分が対象ではないという知識が常にともなっていることによって識別される。

　これら二型の異なる内的経験は，2つの異なる同一化から生じるが，2つの異なる無意識水準で作動しているものである。自分の内側に具象的に対象を保有しているという無意識的な信念を特徴とするこころの状態は，妄想分裂ポジションでの同一化に対応している。対象との非具象的な関係と関連したこころの状態とは，人が物理的にも精神的にも対象とは異なるという知識をともなっており，それは抑うつポジションでの同一化に対応している。この論文の残りの部分で，私はこれら2つの異なった型の同一化について論じ，そして，そうした同一化から生じる異なった型の内的経験について論じようと思う。クラインの警告にも関わらず，どちらの型の経験も，内的対象と呼ばれるようになってしまっている。混乱を避けるために，私はそれらを，妄想分裂内的対象と抑うつ内的対象と呼ぼうと思う。

　これら2つの型の同一化と，そこから生じる2つの型の内的対象は，ひとつのスペクトラムのうちの両端を成している。われわれが臨床で出会う同一化と内的対象は，このスペクトラムのどこかに位置しており，この2つの型が様々な割合で組み合わさってできている。私は妄想分裂型の内的対象を論じることから始め，その次に，抑うつ内的対象に関する問題を取り上げようと思う。

9.2 妄想分裂内的対象

　性的活動としての同一化に関するフロイトの理論は，彼の性理論から容易に導き出される。知ってのとおり，フロイトはそれぞれの性衝動について，その源泉，目標，そして対象を記述した。性衝動の源泉とは性感帯（肉体のある特定の部分）であり，その目標は，定義上，満足をもたらすとされるある特定の接触である。その接触は性感帯と物理的な対象，つまり衝動の対象との間でもたらされる。この図式の中で体内化とは，吸うことや飲み込むことといった口唇部で生じる性衝動の単なる目標である。

　意識的空想とはいかないまでも，無意識的空想の形で性衝動は常に活動している。現実の対象において性的接触が不可能である場合，われわれは快感原則に従って，そうした満足をもたらす接触を無意識的に空想するだろう（Freud, 1911）。空想がどの程度深く無意識的であり，意識的な気づきから分割排除されているかに応じて，自慰空想や無意識的な妄想的信念が持つ生々しさと主観的な現実性とが決定される。性的活動としての同一化に関する古典的なフロイト派の理論では，現在では同一化の過程の部分として認められている多くの細部を正当に取り扱っていないし，特に抑うつポジションにおける同一化に関する細部を扱っていない。しかし妄想分裂ポジションにおける同一化の型に関しては，古典的なフロイト派の理論はとても良く記述しているように思われる。同一化に関するフロイトの性理論は，妄想分裂的同一化に関する理論なのである。

　内的対象に関するクラインの理論は，同一化に関するフロイトの性理論の論理的拡大である。つまり，もしわれわれが自分の対象を飲み込むことができると信じるならば，その後，われわれは対象が自分の内側に存在していると信じるに違いない。クラインの患者たちは，そのとき，対象（または対象の部分）が自分の肉体の内側に存在していると感じたのであり，それは外的対象の世界に類似した具象的な内的対象の世界なのである。しかし類似しているといっても，それはおおよそのものにすぎない。つまりひとつには，自己と対象の分割と，この種の同一化において生じる自己の部分と対象の部分との再結合による混同のために，内的対象世界と外的対象世界はまったく異なっているのである。

　外的対象世界と内的対象世界との間の不一致に関して，その最も初期の定式化の1つが，『早期分析の心理学的原則』（Klein, 1926）に見られる。その中

でメラニー・クラインは，彼女の幼い患者であるリタが，両親との関係において悩まされている過酷で原始的なエディプス不安が，彼女の外的な両親ではなく，空想された取り入れ物と結びついていることを示した。つまり，ベッドの中で攻撃されるというリタの恐怖について，クラインはそれが「現実の（つまり，外的な）母親からではなく，取り入れられた母親から」生じていると考えた。同じように，母親の赤ん坊を盗むというリタのエディプス願望を妨げるものは，彼女の外的な父親ではなく，「取り入れられた父親」なのである。

リタの不安は，彼女の外的な両親との関係からではなく，内的対象との関係から生じていたが，そういった万能的な空想によって，彼女は彼女版の両親を自分の内側に具象的に保持していると感じるようになった。それらの存在は彼女の内側にあるために，彼女のすべての思考と願望に秘密裏に関与しており，また同じ理由で，彼女はそれらに対して完全に無防備なのであった。言い換えるならばそれは，リタが自分の両親を飲み込んだり，かみ砕いたり，自分の肉体の一部とすることができると信じたならば，両親はリタの内側というその場所から，彼女を飲み込み，かみ砕き，彼らの一部とすることができると信じざるを得ないということである。

クラインは，リタが持っていた蒼古的超自我のような内的対象は，2種類の万能的な空想から生じる同一化によって形成されると結論づけた。2種類の万能的な空想のうち，その1つは，外的対象をその実際とは異なるものとして主体に感じさせるもの（対象の中への具象的投影）であり，もう1つは，外的対象が自分の内側に存在している，つまり外的対象を対象としてではなく自分の部分として経験していると主体に感じさせるもの（対象との具象的同一化）である。対象の中への具象的投影はまた，口唇性愛（つば吐き）と肛門性愛と尿道性愛が混ぜ合わさった性的空想でもある。それは体内化の空想と同じくらい，物理的で疑いを受け付けない経験や信念を生み出す。

同一化と，同一化によって引き起こされる問題に対するこのような見方が，その後，投影同一化という彼女の概念（1946）に結晶化された。それは妄想分裂的，または自己愛的な型の同一化の1つの形であり，自己の部分と対象の部分とが混同される同一化である。超自我についてのクラインの結論は，精神構造の形成における同一化の役割に関するフロイトの成熟した見解を踏まえたものである。『文化への不満』（1930, p.130）と『続精神分析入門』（1933, p.62）の中でフロイトは，超自我が両親との複雑な同一化によって形成され，そこに

おいて子どもは実際の両親と同一化するのではなく、むしろ両親についての無意識的空想と同一化しているとし、両親についての無意識的空想は必ずしも実際の両親と同じものではないということを示した。

投影同一化によって作り上げられた超自我は、自分の内側に具象的に存在し、自分のこころを読み取り、支配することができ、激しい不安を生みだす力を持っているように感じられる。それは合理的で批判的な思考を受け付けないものとして感じられるため（なぜなら、このより深い水準においては、それは精神的なものとは感じられないからである）、人はいつの間にか、それを撃退するために、絶望的な魔術的防衛に頼っている。蒼古的超自我のこうした性質は、所有することと所有される妄想との識別を難しくする（ときには、実際に不可能にする）。われわれは同一化を通して、超自我を自分の一部として、つまり、自分の所有物として経験する。しかし、われわれは自分を超自我の所有物としても経験するのである。ヴィクトール・タウスク（Tausk 1919 [1933]）が『影響機械』という論文で記述した患者は、この後者のこころの状態のよい例である。彼女は自分が、自分の無機的な分身として作り上げられた機械の奴隷であり、自分の動作や感覚が、その機械が持つ動作や感覚によって決定されると感じていた。ポーラ・ハイマン（Heimann 1942, p.9）は、同様の臨床的な現象を、自分が悪魔に「宿られている」と感じている患者において観察した。「その悪魔たちは、……彼女の内側を歩き回って身体的な痛みや病気を引き起こし、彼女のすべての活動、特に絵を描くことを禁じ、彼女がしたくないことをするよう強いるのであった」。

原始的な超自我は、恐怖感や迫害感を生み出すのと同じくらい簡単に、強烈な幸福感や多幸感を生み出すことができる。原始的な超自我とその後者の結びつきは、躁病における特定の状態や、集団の指導者が成員によって原始的な超自我の性質をまとわされているような集団の中に見出すことができる（フロイト [1921a] によれば、教会はそういった集団の例である。ビオン [1961] はそういった集団の一般的な論じ方を示した）。「悪い」原始的な超自我を持つことが、過度に破壊的で万能的な力に支配されるという経験を生み出す一方で、「よい」原始的な超自我を持つことは、極端な例では、聖霊に取りつかれることや、神との大洋的合一のような経験を生み出す。精神病状態でない限り、よい蒼古的超自我や悪い蒼古的超自我に対する**意識的な**経験が、これほどまでに極端なものになることはめったにない。しかし、非精神病的な状態であっても、

蒼古的超自我を持つことに対する**無意識的な**経験は，所有することと，所有されることという観念と結びついているように思われる。

対象によって所有され，支配され，侵入される経験は，万能的な空想の一つの顕れであり，そこでは，対象と自己の境界がぼやけたり無くなってしまっている。その結果，人は自分が対象をのっとると同時に対象によってのっとられると感じる。この境界の脆弱化を引き起こすのは，投影同一化それ自体（つまり，人が対象の中に投影することや，対象と同一化するという無意識的空想）ではない。なぜなら，対象を万能的に**取り入れる**という空想もまた，同じ結果をもたらすからである。ここで重要なのは，そうした同一化が持つ自己愛的な特徴（つまり，空想の万能的な性質）であり，こうした同一化は投影や取り入れのいずれにおいても，あるいはその両者の組み合わせにおいても存在している。この種の同一化において生じる自己と対象の混同のために，その結果として生じる内的対象は真の対象ではなくなる。このことで私が言いたいのは，そういった場合の「対象」というものが，自己の断片と対象の断片が混同されたものであり，そこでは両者の識別が失われていて，すべてが一様に対象に属するとみなされている，ということである。このような内的対象との間に持つ関係とは，対象との関係ではなく，内在化された自己と対象のキメラとの関係である。

臨床的には，そうした内的対象がどれくらい自我に支配を及ぼしていると感じられるかといったことや，対象の特徴を変化させる自我の無意識的空想の力によって，われわれは自分が自我と対象との間の関係性を扱っており，そこではそのどちらも，もう一方から識別されていないということに気づくことができる。私は，この型の関係性を偽の対象関係と呼ぼうと思う（私があるスペクトルの両端の特徴を述べようとしていること，私たちが臨床的に出会う同一化と内的対象は，真の対象と偽の対象の複雑な混合として，両端の間のどこかにあるということを思い出してほしい）。

9.3 抑うつ内的対象

2つ目の主要な内的対象，つまり，非自己愛的（つまり，抑うつ的）同一化と結びついた内的対象は，メラニー・クラインの一連の論文（1935，1936a，1937，1940）の中で記述されており，そこでクラインは，20年前にフロイト

が『喪とメランコリー』(1917) の中で取り組んだ正常な喪とうつ病との関係性という問題について取り上げた。抑うつポジションに関する彼女の理論の基盤は，この喪と抑うつに関する詳細な考察によって作り上げられている。この理論の中心に存在するのは，同一化の問題である。クラインは（フロイトと同じく），愛情対象の喪失が愛情対象に対する憎しみを引き起こし，そのことが対象に対する愛と憎しみの内的な闘争となるということに気がついた。喪の痛みとはこの闘争によるものであり，愛してもいる人を憎むことの結果として人が感じる罪悪感や自責によるものである。まず最初には，憎しみが優勢となり，そのことで失われた対象に対する愛（そして，人を愛する能力全般）が一時的に消滅させられる。このことによって，喪を悲嘆する者は世界に対する興味を失うことになる。つまり，彼は世界の中の何も愛さなくなる。

　正常な喪では，悲嘆者の愛の強さが最終的には回復し，世界に対する興味が戻ってくる。これは，その人が喪失の痛みや欲求不満に直面してもなお，失われた対象に対する愛を最終的には保つことができたということを意味する。この痛みは，ずっと続く現象でもある。だんだんと弱まってはいくが，失った対象のことを考えるときには常に，その痛みが再び呼び起こされ，それが絶えることはない。それが悲嘆者にとっての人生の事実となる。われわれが，喪をやり通すということで述べていることは，はっきりとした終わりのない過程のことであり，ある一定の精神的な痛みという犠牲を払うことでのみ維持できるものである。

　対象を保つためにこの痛みに耐えるという能力それ自体も，失われた対象への憎しみが優勢になる場合には，消失してしまう危険に常に曝されている。この2番目の喪失こそが，つまり対象の喪失という痛みに耐える能力の喪失こそが，うつ病の脅威をもたらす。うつ病は，対象の喪失によって引き起こされるのではなく，愛する対象が，未だ愛しているにもかかわらず失われてしまったということ（つまり，自分の一部では**ない**ということ）を認める能力の喪失によって引き起こされる。言い換えれば，それは悼む能力 the capacity to mourn の喪失から起こるのである。

　うつ病に罹っている患者は，世界に対する興味を十分に取り戻すことができないが，それは，よい対象を愛する患者の能力が，対象への憎しみに負けてしまったことを示している。うつ病における自尊心の喪失は，一部には，現実の対象（つまり，自分自身の一部ではないと感じられる対象）を愛する能力が自

分にはないことへの無意識的な気づきによるものであり，一部には，（今では，ほとんど愛されなくなった）対象との具象的な同一化によって，対象喪失を否認しているという事実によるものである。

　正常な喪とうつ病との根本的な違いは，前者では，対象は自分ではないと認識するにもかかわらず，よい対象に対する愛が最終的には憎しみよりも優勢になるということである。クラインは，この型の喪が，正常な発達の一部であると見なした。もっと厳密に言うならば，クラインは，正常発達において普遍的な過程，離乳にその起源を持つ過程の再現が，大人の喪であると考えた。彼女は，悲嘆者（または，子ども）の憎しみに優る愛を「内在化されたよい対象を守ること」と呼んだ。この対象は成功した喪の産物である。

　この型の内在化された対象は，前節で考察した妄想分裂内的対象とは根本的に異なっている。それは，喪失に対する防衛（「私は対象を失わなかった―実際，私は対象を失うことができない，なぜなら，私は対象なのだから」）として作り上げられた偽の対象ではなく，真の対象である。失われた対象に対する自分の愛をその対象に対する自己愛的な憎しみによって破壊せずに，自己愛的な喪失を（つまり，「その対象は私の部分ではない」と）認めることができる能力によって，その内在化された対象はもたらされる。内的対象のその2つの型は，お互いに異なった過程の産物というだけでなく，多くの重要な点において互いに正反対の過程の産物である。（フロイトが，まさしく人生の終わりに(Freud, 1939, p.299)，この自己愛と同一化の問題に戻ったように思われるのは興味深い。フロイトは以下のように書いている。「子どもにおける『持つこと having』と『であること being』。子どもは同一化によって対象関係を表現することを好む。つまり『私は対象である』，と。2つのうち，『持つこと』の方が遅れて現れる。対象喪失の後では，『持つこと』は『であること』へと逆戻りする。例：乳房。『乳房は私の一部で，私は乳房である』。後になってやっと『私は乳房を持っている』，つまり『私は乳房ではない』になる……」）。

　真の対象関係では，対象の持つ（心理的，物理的）境界が留意されている（そして，自分の持つ境界も留意されている）。人は対象を愛したり憎んだりするけれども，真の対象関係では，それらの感情は，ただ対象についての自分自身の感情であるだけであり，良かれ悪しかれ，自分が感情を持つこと自体が（行為とは違って），対象に侵入して対象を変えてしまうようなことはないということが，とにもかくにも認められている。同様に人は，対象と関係を持つこ

とが自分を違う人物に変えることはないし，また対象と関係を持つことで自分が対象に侵入し圧倒することにもならないし，また対象と関係を持つことで対象が自分に侵入し圧倒することにもならない，と感じている。対象と関係を持つことで感じられるのは，単に，自分の成長の一環として生かしていく（あるいは生かさない）経験が提供されるということである。その乳房が真の対象である場合，授乳とは，ミルクを与えるだけなのである（それは，分析家のこころとの接触が，理解を与えるだけなのと，ちょうど同じである）。つまり，そうした経験の後も，乳房（または，分析家）は分離したままであるし，損なわれてもいないし，侵されてもいない。そしてそれはまた，自己においても同様である。

対象のよい面と悪い面は，より緊密なものとして経験される。つまり，それらはよりいっそう，同一の対象に属するものとして経験される。同様に，自己のよい面と悪い面はよりいっそう，単一の全体の異なった部分として認められるようになる。言い換えれば，抑うつポジションにおいては，分割の幅が狭くなっていく傾向にある。同時に，自我と対象の混同もより少ない。自我に属するものは，ますます自我に属するものとして見られるし，対象に属するものは，ますます対象に属するものとして見られるようになる。それはつまり，抑うつポジションにおける分割もまた，より現実的なものとなっていくということである。

これとは反対に，妄想分裂ポジションにおける偽の対象関係は，自己と対象との間のひどい混同と結びついており，現実感の喪失 derealization や脱人格化 depersonalization，悪い対象に侵入されるという妄想的不安，そして自己の必要不可欠な部分が失われる感覚を伴っている。極端な例では，万能的な投影や同一化の使用が彼方まで突き進んでしまい，精神病で見られる心的現実の混乱に至る。

しかし，抑うつポジションにおけるよい内的対象（真の対象であり，同時に自分の一部でもある対象）について語るとは，どのような意味だろうか。抑うつポジションにおいてよい内的対象が存在するための基本的な条件には，真の対象への自己愛的な憎しみをやり通したということ，そして，真の対象に対する愛や，真の対象の持つよい特性が，自分の持つ憎しみより優勢になることが挙げられる。対象への憎しみを「やり通す」というとき，私はそれによって，人がその憎しみから自由になるということを意味しているわけではない。対象

への憎しみを「やり通す」とは，その反対に，憎しみに屈することなく，憎しみと共に生きるということである。抑うつポジションでのよい内的対象との情緒的結びつきは，欲求された対象を自我と等値するような願望充足的な同一化ではない。それはむしろ，一方では自我，他方では自己の一部ではないと認めるために相当にがんばらなくてはならなかった対象との間の情緒的つながりであり，苦しんで勝ち取られるものなのである。

　抑うつ的な同一化とは，自己と対象との間の境界を認め，それを維持することのできる自我の部分が持つ機能である。この型の同一化は，常に部分的なものであり，常に制限を受けている。私が思うに，この型の同一化が可能となるのは，快感を追い求めて自我の中へと対象を体内化しようとする性欲動からそれが隔てられているとき，そして自分が誰なのかということ（つまり，自分はただ自分でしかなく，他の誰でもないという事実）から逃れようとする不安に彩られた圧力からそれが隔てられているときのみである。この遮断は，特定の対象によってもたらされる。その対象の原型とは，エディプス的父親であり，それが原型的な対象であるエディプス的母親への侵入（支配）を禁じている。この型の同一化は，エディプス的父親の禁止によって強いられた欲求不満にもかかわらず，そのエディプス的父親が許容されているこころの状態のとき，優勢になることができる。エディプス的父親を許容することによって，人はエディプス三角の中での自分の位置を認めることができ，そのことで，自らの万能感と，対象を所有しているという感覚を手放すことができ，そしてそれを悼むことができる。この喪失は苦痛なものであるが，その苦痛をどれくらい受け入れることができるか（つまり，十分に悼むことができるか）によって，自分のこころが対象に支配されているという感覚がどれくらい和らげられるかが決まってくる。

　エディプス的父親を許容することは，誰が誰であるかという感覚を強化し，それは正気の重要な要素となる。この父親への許容はいつでも失われる可能性があり，実際，自己愛的な力が活動する至るところで，常に失われる危険にある。つまり，欲求された対象が外側にあると認められるとすぐに（すなわち，対象が自己と対象の境界を強化するエディプス的父親の庇護の下にあると経験されるとすぐに），パーソナリティの自己愛的な側面が対象を憎み攻撃しようとする（対象がよいものであり，しかし自分の一部ではないという単にそれだけの理由で，それは自己愛的な傷つきを生み出す）。真の対象関係を持つ能力

にまつわる、この避けられない葛藤は、現実的な対象関係において避けることのできない申し訳なさや罪悪感や悲嘆を説明している。対象に対する自分の憎しみに直面する中で、よい対象への愛を保つことは、それらの苦痛な感情に耐える能力にかかっている。

もしそういった感情に耐えられるならば、その結果として、真の自尊心と内的な安全感が発達する。（躁病とは対照的に）真の自尊心は、対象に対する自己愛的な憎しみと破壊的な羨望に直面しつつも、よい対象への愛を保つための闘争に成功することで生じると思われる。そのとき、人は、自分がよい対象や愛する対象に**値する存在である**と感じることができる。それゆえ、内なる安全感は単に愛されることによってもたらされるわけではない。人がその対象を愛するためには、そしてその愛情を保つためには、よい外的対象の存在（たとえば、乳幼児を愛する母親、ひいては、乳幼児からの愛に値する母親）が必要なのは明らかである。しかし、それでは十分ではない。続けて人は、自分の破壊的自己愛との内的な闘争を経験しなければならない。よい対象は、それが自己のよい部分ではなく、真の対象であるという理由で、破壊的自己愛から攻撃される。そしてまた、真のよい対象を愛する自己の部分も、それが破壊的自己愛の持つ理念に対する反逆者であると見なされるため、攻撃される。

9.4 臨床例

うつ病に苦しんでいるある患者の分析のビネットによって、この抑うつ的な闘争の時期に、対象と自己がともに攻撃に晒される様を説明する。ある月曜日のセッションで、彼女は最初から迫害感を感じていた。それは、彼女の娘の学校で手のかかる募金キャンペーンがあり、彼女はその計画を手伝うよう頼まれていたが、彼女にはほかにも多くの学校活動があり、それに応じられなかったからである。この依頼は、彼女に自らの限界をつきつけたが、それは、彼女にとって常に困難を引き起こす問題であった。なぜならその限界は、有能でありたい、自分のことは自分でできるようになりたい、そして自立していたいといった奥深い欲求との葛藤を生じさせたからである。同時に彼女は、分析の展望に絶望を感じ始めた。これは過去、何度もみられたことだったが、その絶望は、彼女がこれまで自分ではどうすることもできなかった場面において、分析が彼女の役に立つかもしれないという考えに対する無意識的な憎しみと関連してい

るようだった。その考えは，自分のことは自分でできるようになりたいという同様の欲求との間で，葛藤を生じさせるものだったのである。そして，このような考えに対する無意識的な憎しみは，次には，分析に対する無意識的な攻撃へと至り，「もし私が自分のことをどうすることもできないなら，あなたも私のことをどうすることもできない」ということになっていった。この日のセッションによって，彼女はこれらのことを理解し，分析の状況は彼女が考えていたほど希望のないものではないということを感じるようになった。そしてそれは，彼女に明らかな意識的安心を与えた。

　彼女は次の日のセッションの始めに夢を報告した。**彼女は宇宙人が所有する要塞のようなものの中にいた。彼女は宇宙人の捕虜で，灰黒色の金属や「ハイテク型」のプラスチックの壁に囲まれ途方にくれていた。彼女は逃走を試みた。2人の宇宙人から武器をひったくり，宇宙人を殺した。そして逃げて，走り出し，まもなく自分が空を飛んでいるのがわかって喜び，ほっとする。彼女は武器のうちのひとつは自分には必要ないと思い，それを投げ落とす。その武器が地面に当たった場所ですさまじい火柱が上がるのを見て，彼女は火柱で死んだ人々に対して申し訳なさを感じる**（この夢を語る彼女もそうであったが，この申し訳なさはこころからのもののようには聞こえなかった）。

　夢についての彼女の連想は，特徴的なほどに，非常に少なかった。夢について「何か考え」があるかという質問に対して，彼女は「いいえ」と答え，それに続けて，手短に，幾分苛立った調子で「それが何を意味しているのか分かりません」と言った。長い沈黙の後，彼女は，昨日，子どもたちが遊んでいる間に，「ピアノをガンガン鳴らしていた」と言った。彼女が弾くのを止めると，子どもたちはピアノを続けてくれるようせがんだ。というのも，子どもたちは海賊ごっこをしていて，それを背景音楽として使っていたからである。

　私はこの夢が，月曜日のセッションに対する彼女の無意識的な経験を表しており，彼女が意識的に感じていた安心とはまったく異なっていること，そして，この夢はそうした安心感に対する無意識的な反応であることを伝えた。宇宙人とは，彼女が依存している分析家，彼女の一部分が愛している分析家を表していた。前日のセッションで彼女が経験した安心は，私が彼女とは異なった（つまり，宇宙人のような）形で物事を見ることができるということを彼女に気づかせた。彼女は意識的にはこのことをよいことであると経験したが（さらに，私のことをよい対象として，欲求された対象として経験したが），無意識的に

は恐るべき脅威であると感じたのである。自分自身の能力を超えるものである分析（これは，灰黒色の金属やプラスチックでできたハイテクな壁という高度な技術によって表されている）に対する**依存**は，彼女の一部分には，宇宙人の勢力によって**捕虜**にされることとして経験されている。（これは，パーソナリティの自己愛的な部分が優勢な中で，彼女が対象を自分ではないと経験したときに生じることであるように思われる。つまり，その対象が彼女の部分ではない場合，彼女は対象の部分になってしまうのである。）しかし，私のことを背景へと据え置くことができれば，つまり，彼女が自分のやりたいようにやっている（つまり，自分自身の空想で自らを治している）横で，私はただ解釈を「ガンガンしゃべりまくっている」だけなのだと思うことができれば，この脅威は取り除かれる。それは，そのような場合，彼女は私の解釈を彼女の自己の一部として，そしてまた，彼女がすでに知っている背景の一種として体内化した（海賊のように奪った）と感じることができるからである。そのとき彼女は分析に対するどのような愛も感じる必要がなくなる。

　もしこの患者が自分を私と等値できるならば，彼女は，ある意味では心地良く感じると思う。しかし，そのとき，より深いレベルでは彼女は絶望しているのである。なぜなら，そこでは，彼女がすでに「知っている」以上のものを分析は提供することができなくなっているからである。また一方で，（前のセッションで彼女が感じたように）もし私が，提供しうる新しい何かを持っていると感じるならば，彼女はより希望を感じるかもしれないが，同時に分析に捕らわれてしまった（もっと厳密に言うならば，分析に対する自らの愛に捕らわれてしまった）と感じるのである。すると，捕らわれたと感じる彼女の部分は逃げ出さなければならなくなるが，このことは，分析家（2人の宇宙人）と助けを必要としている自分の部分（爆発の中で破壊された低級な人々）の両方を攻撃することを意味している。

　もう一度沈黙した後，彼女はこの解釈について「たぶん，そのとおりです」と言って応えた。彼女の言葉以上に印象的だったのは，その声が落ち着いていて内省的に聞こえたことであり，またセッションの始めにあったような，黙り込んだ敵意に含まれていた鋭さや，絶望感がなくなったことであった。

　私の解釈によって，彼女は，自分と対象がお互いの一部であるという彼女の空想を，ただ空想として経験することができた。以前は，こころに関する彼女の概念は，その空想によって支配されていた。そして彼女は，エディプス的

父親の保護のもとで，対象（すなわち，真の対象）としての私と関係を持つことができたのである。

彼女は，自分が助けてもらえるという感覚を保つことができている多くの場面で，ひどい頭痛に襲われていた。この夢によって彼女の頭痛の原因についての，つまり，自分を攻撃する具象的で万能的な空想に支配された内的状況についての理解がもたらされた。彼女は自分が助けてもらえるということを自分で認めることができると，自分がまるで低級であるかのように感じ，内的に，自分に火炎爆弾を落とすのである。その空想の具象性は，それらが身体的な症状を引き起こすという事実によっても示されている。

この夢に見られたような真の対象（そして真の自己）への攻撃に直面する中では，分割や対象との具象的同一化は，よい対象と**ある**種のよい関係性を保つために必要な戦術であるかもしれない。しかし，こうした同一化では，結局のところ，精神的な安定の基盤を形成することはできない。真の精神的な安定は，よい対象との同一性の喪失を悼むことを通してのみ生じる。それによって，人はよい対象との間に非具象的な関係性（つまり，対象を自分のこころの一部として具象的に同一化するのではなく，対象を自分とつながりを持ったものとして経験できるような関係性）を持つことができるのである。抑うつポジションにおいて失われ，悼む必要があるものとは，自分が欲求された対象とともかく同じであるという錯覚である。この喪失は脱錯覚に関するウィニコットの考え（1953, p.240）と対応している。

9.5 概 括

この点について，私の論点を要約してみる。妄想分裂ポジションにおける同一化は，物理的感覚の中で，対象を自分の肉体へと具象的に体内化するという万能的な無意識的空想によって生み出される。そして，それは自己と対象との混同を引き起こす。自分の内側に対象を組み込むことで，われわれはその対象を所有していると感じるが，その見返りとして，対象が自分を所有しているとも感じる。つまり，対象がわれわれの内側に情動や感覚を意図的に作り出すことによって，われわれを支配できる，と感じるのである。さらに，そうした対象は，われわれの願望に関係なく，あるこころの状態を引き起こすことができると経験されるため，われわれはそうしたこころの状態に抵抗できないと感じ

る。内的対象に関する最後の2つの特徴は，対象を体内化するという無意識的空想が，対象（特にそのこころ）に侵入し，支配するという無意識的願望と結びついていることを意味している。この対象への侵入と支配は，1946年にメラニー・クラインが描写した具象的な型の投影同一化としてよく知られているものである。

　しかし，抑うつポジションにおいては，状況はまったく異なっている。対象を所有しているという妄想を生み出す自己愛的で誇大的な空想の代わりに，われわれは対象との**つながり**（非自己愛的な同一化）を見いだす。このこころの状態において，人は真の対象，すなわち，自己の一部として経験されているのでもなく，自己に属しているものでもない対象との関係を持つことができる。不安の焦点は，欲求された対象を所有し支配するか（あるいは対象によって所有され支配されるか）から，対象を愛する自己の側面と対象を憎む自己の側面との葛藤へ，そして最終的には，対象との関係性と自己愛との葛藤へと移行していく。

9.6　内的世界とエディプス・コンプレックス

　妄想分裂ポジションと抑うつポジションでみられる内的対象の型の対比が臨床的に際立つ点の1つは，エディプス・コンプレックスの解決における早期段階と後期段階の違いに存在する。

　フロイトは，子どものエディプスのジレンマは超自我の形成によって解決されると考えた。フロイトは，超自我が両親との同一化を通して形成され，この同一化は性器的な形から前性器的（口唇的）な形への子どものリビドーの退行を表しており，潜伏期の先触れとなる出来事であると考えた。この意味するところを辿っていくと，関係する同一化の型によって，まったく異なった2つのシナリオが含まれていることに気づく。もしその同一化が自己愛的であるなら，そこで生み出される超自我とは，妄想分裂内的対象（蒼古的超自我）の範疇へと分類されるものである。この場合，子どもは投影と取り入れに関する万能的空想へと退却することによって，両親との性器的な性的関係への自らの願望を断念する。そして，それは同時に，自分は自分版の両親を持っており，それは実際に自己の具象的な一部として自分の内側に住み着いていると感じるようなこころの状態を引き起こす。

こうした場合においては，エディプス・コンプレックスの解決や超自我の確立は，（フロイトが考えたように）単に両親との性器的な性的関係から口唇的な性的関係への退行にのみ起因するものではなく，両親との自己愛的で万能的な関係への退行にも，同じようにその起因が求められるだろう。この関係は，対象との口唇的な関係とは異なるものである。乳幼児が外的対象としての乳房に対して，それを外的対象と認めつつ，前性器的で口唇的な関係を持ち得る可能性があることを思い起こしてほしい。それは先に述べた例において，授乳の後も，乳房も自己も分離したままであるし，損なわれてもいないし，侵されてもいない状態で，乳幼児がミルクと理解だけを取り込むために乳房を吸うのと同じものである。同じように，大人は，外的対象から，それを外的対象として認めつつ，新しい知識を取り入れるだろう。これらは両方とも，対象との非自己愛的な関係においてみられる，口唇リビドーの顕れである。

そのため，万能的空想への退却によってエディプス・コンプレックスを解決するということは，対象とのリビドー関係における早期の前性器的なものへの退行とは異なる。それは，自己とは分離した対象との**つながり**（真の対象関係）を**棄てて**，自分の部分として経験される対象との関係性，つまり自己と対象の自己愛的等値（偽の対象関係）を選んだということである。

自己を両親と**等値させること**は，「私は対象である」という言葉に要約されるような手段によって，両親との**つながり**に本来備わっているはずの苦痛に満ちた万能感の喪失を回避する。これは，父親と母親との間のエディプス的な関係性が持つ問題に対する偽の解決を意味している。それは，両親との自己愛的同一化を通して達成されるが，そのとき，両親は内的な偽の対象（蒼古的超自我）に変えられているのである。

このエディプス・コンプレックスの解決における早期のものは，自己愛的同一化に基づくものであるが，潜伏期の先触れである。潜伏期において特徴的にみられる，子どもの自発性や創造性の収縮は，子どものこころが超自我によって支配されていることによって生じるものであり，その支配的な性質は，大半が，自己愛的同一化が成し遂げられるその方法から生じている。（潜伏期の子どもが，教師にとっての夢であり，分析家にとっての悪夢であると言われるのは，こうした超自我の確立によって説明できるだろう。）

潜伏期の子どもは，両親を所有し支配する空想の一部として，彼らに投影したり，彼らを取り入れたりするが，それによって子どもは，非常に強い自己愛

や両親への嫉妬や羨望がありつつも，両親との**ある**種のよい関係性を維持することができる。分離した個人としての対象に対するリビドー関係の代わりに，対象とのこうした同一化へと向かう傾向は，両親を超えて広がり，潜伏期や青年期早期に見られる集団の圧力に対する極端な脆弱性の一因となる。

　もちろん，対象関係に対する同一化の勝利は完全なものではない。そしてこうしたエディプス・コンプレックスの自己愛的な解決は，通常はあくまで暫定的なものである。真の対象関係は潜伏期の間も生き残り，青年期後期に再び花開く。それは，最初のエディプス解決をやり直すことが可能となる時期である。これは，より万能感の少ない，後期のエディプス解決の可能性を示すものである。そこでは，真の意味での性器性の最終的な達成がもたらされ，それは心理的な成熟と真の対象関係に等しい。

　青年期後期までには，子どもの羨望や嫉妬や卑小感は弱まり，以前には必要だった自己愛的同一化に代わって，真の対象としての両親との関係性を持ち得るところにまでやってくる。ここまでくると，子どもは自分と対象との間の境界や違いをより良く経験することができるようになり，そのことは，対象や自分についてよりはっきりとしたイメージを持つことができることを意味している。また同時に，子どもは対象との間に閉所恐怖的でない関係性を持つこと，内的所有物としての対象の喪失を悼むこと，そして償いの衝動を経験することができるようになる。いまや子どもは，自分の考えや感情に含まれる破壊的な要素を，自分自身のものとして認めることができるようになる。（ロナルド・ブリトン［1992,p.35］は，エディプス・コンプレックスの解決と抑うつポジションとの関係について，以下のように述べている。「私の考えでは，それら2つの状況は，片方がなくてはもう片方も解決されないという具合に，表裏一体のものとして結びついている。すなわち，われわれは，抑うつポジションをやり通すことによってエディプス・コンプレックスを解決し，エディプス・コンプレックスをやり通すことによって抑うつポジションを解決するのである」。）

　この発達によって，2番目の型のエディプス・コンプレックスの解決が可能となる。その基礎となる両親との同一化では，子どもは両親に**あこがれ**，どうにかして両親のようになりたいと**望み**，そして同時に，自分と両親が分離しているという気づきが維持されている。それはつまり，真の内的対象としての両親が保たれている関係性ということである。この種の同一化には，両親との万能的同一化の喪失を悼むことや，エディプス的な父親とその心理的な意味での

後継者という現実の受容が含まれている。これは，両親との前性器的なリビドー関係への退行ではなく，また対象としての両親との関係性を棄てるということでもない。これは，対象としての両親の地位を維持する種類の同一化である。つまり，両親は自己と混同されておらず，自己によって具象的に摂取されたり支配されているとは感じられていない。そして同時に，また同じように，この同一化での自己は，タウスクやハイマンによって記述されたような種類の対象からの支配から守られている。

早期のエディプス解決から生じた具象的な超自我は，後期のエディプス解決によってメンタライズされる。それはいまや，具象的な，ものそれ自体ではなく精神的なものとして，つまり自分のこころの一部として経験されるため，考えることができ，疑うことができ，そして評価することができるものとなる。こうした超自我はこころを所有するのではなく，こころに影響を与える。それは，その超自我が，子どもが価値を認め，見習いたいと感じるような特性を体現しているからである。そしてこれは，現実的に何が良くて何が悪いのかについて，自分自身の感覚にもとづいた価値観の発達を必然的に導く。やがて，抑うつ的な超自我は自我と溶け合い，「価値観」という言葉で内包される自我の一部になり，思考を導くものとなる。（反対に，妄想分裂的超自我は，自我を乗っ取って支配し，思考を道徳で**置き換えて**しまう。これは，ビオン［1965, p.64n］が「超自我による自我機能の簒奪」と呼んだ過程である。）抑うつポジションにおける「よい内的対象」とは，こころの中に存在する，自我の生き残りと対象関係の発達にとって必要不可欠なものという意味であるが，われわれがその「よい内的対象」について語るとき，それは抑うつ的同一化によって形成される対象について述べているのであり，その例の1つが，成熟した超自我なのである。

対象との抑うつ的同一化は，自己と対象の等値とは両立しえないものであるが，逆説的に，自我にとって対象が役立つものとなることに通じる。抑うつポジションにおけるよい内的対象は，創造的思考や理想としての役割を果たしている。それは，よりいっそう，人に強さや勇気を与える「こころの中の両親の声」のようになっていき，自我を乗っ取ったり支配したりすることはなくなっていく。

対象がよいものであり，必要とされていて，また同時に自己の一部でない故に，自己愛的な憎しみが生じるが，その中にあっても，抑うつポジションにお

けるよい内的対象に対する愛は維持されなければならない。私の考えでは，この憎しみは，クラインの「内的迫害者」と同じものである。それは，パーソナリティの中にある破壊的な力であり，よい対象を脅かし，抑うつポジションにおけるよい対象を愛する自己の健康的な部分を脅かすと感じられるものである。抑うつポジションにおいてよい対象への愛がそれに対する憎しみに優ると，われわれが健康的な自尊心と一般的に呼んでいるものが生じる。そうした自尊心において尊ばれているものとは，愛されている対象とそれを愛している自己の部分を，内的な破壊的自己愛的攻撃から守ることのできる自らの能力である。

　これまで，こうした発達や退行を，万能的同一化と非万能的同一化や，潜伏期と青年期といった観点から述べてきたが，それはあくまで分かりやすさを求めたからである。実際，私の描写はかなり図式的すぎるものである。つまり，こうした現象は人生を通じて生じている。私が青年期後期のものとした抑うつ的な対象関係は，本当のところでは，あくまでそのときに優勢になり始めるということにすぎない。その一番早い顕現は，潜伏期よりずっと前に生じており，また，先に示したように口唇期においても，一瞬のものではあるかもしれないが，みられるだろう。そして，自己愛的な偽の対象関係は最も成熟した人においても根強く残っていて，人生を通して，激しい不安があるときには，それが湧き起ってくるのである。

　主観性と客観性を得ようというわれわれの試み，つまり自分自身のこころを持ち，対象との情熱的な関係を持とうという試みには，人生を通じて何度も，小さい規模で，成功と失敗がある。患者が分析にやってくるとき，とても多くの場合，その理由は彼らの対象関係がエディプス状況の潜伏期的解決より先に進めないということである。彼らは対象と自分を等値していて，その結果，対象に非常に影響されすぎてしまい，自分自身のこころと対象との十全な関係性をほとんど持つことができていない。

　私は，万能的空想の断念が，たとえ卑小感や力不足な思いを生じさせ，そしていまや分離したよい対象に対する自らの敵意について，痛みをともなった気づきを生じさせるとしても，人は，対象を体内化しているという万能的空想を，つまり対象は自分の中に具象的に存在しているという万能的空想を断念するだろうと考えている。それは，その断念によって，人が万能的空想では得られないものを手にするからである。それはつまり，自分自身のこころであり，対象との情熱的な関係であり，正気の感覚である。

第 10 章　自分自身のこころ

10.1　はじめに

　本章で，私が探索しようと思っているのは，抑うつ的な気づきとエディプス状況との関係であり，対象が自己とは分離したものであるという気づきと対象が他の対象との間に関係を有しており，そこに自分は参加できないという気づきとの関係である。私は手始めに，妄想分裂的対象関係と抑うつ的対象関係とに関する幾つかの考え方を概説することで，抑うつ的な気づきという言葉で私が何をいわんとしているのかを明確にしたいと思う。
　ご存知のように，妄想分裂的対象関係では，分割，投影，取り入れの全てが活発になっている。対象，自己の双方ともによい部分と悪い部分とに分割され，ついでこれらの部分は新たな組み合わせで融合される。すなわち，自己の悪い部分は対象の悪い部分と融合し，一方で，自己のよい部分は対象のよい部分と融合するのである。その起源の複雑さにも関わらず，悪い対象と融合した悪い自己を「悪い対象」と呼び，よい対象と融合したよい自己を「よい対象」と呼ぶ傾向がわれわれにはある。そうするときに，われわれは，妄想分裂機制を用いているパーソナリティの部分の観点から物事を描き出している。客観的な視点に立ってみれば，よい対象や悪い対象ははっきり識別できる対象ではなく，自己と対象とが混同した混合物なのである。
　自己と対象とをよい部分と悪い部分とに分割することで，自己と対象の統合や全体性が破壊される。これに続いて，自己の部分は対象の部分と再結合される。これは，自己と対象との混同を産み出す。私が本章で焦点を当てたいと思っている妄想分裂的対象関係の側面とは，自己の部分と対象の部分との結合に起因する混同のことなのである。（自己と対象との分割を，それに引き続いて起

＊本章は国際精神分析誌 International Journal of Psycho-Analysis 78（2），265-78（1997）に掲載された論文に若干の加筆修正を施したものである。

こる自己の部分と対象の部分との混同から区別するに当たり，私は，この複雑な現象についてより易しく議論できるような図式を描いているが，これは現実にきちんと対応するものではないかもしれない。自己と対象との分割には，自己と対象との間の混同が常に伴われているようであり，2つの過程は実のところ，分割できない単一の過程の部分であるに過ぎないのかもしれない。)

妄想分裂ポジションから抑うつポジションへの移行によって，こうした自己や対象の内での混同や分割，そして自己と対象との間での混同や分割が元通りにされる。これにより，対象を1つの全体としてみるというより優れた能力が産み出される。全体対象とは，2つの意味で全体なのである。すなわち，以前には分割されていた部分がいまやよりまとまったものとして経験されるという意味でより統合されているだけでなく，自己の部分といった他のものとあまり混同されないという意味でもより統合性が増しているのである。同じことが，全体自己にもいえる。すなわち，自分の部分は全て持ち合わせているが，対象とは混同されず，自己とごちゃ混ぜになった対象の部分は含んでいないものとして経験されるのである。したがって，自己と対象とを全体——統合体——としてみる能力は，自己と対象との違い——各々の統合性——を受け入れる能力と切り離せないものなのである。

私が提案しているのは，対象からの自己の分離および自己からの対象の分離——私はこれを自己や対象の統合性と呼んでいる——を経験するのは，自分の対象が他の対象と関係を有しており，そこから自分は排除されているということに気づくことによっているということである。別のいい方をすれば，対象との抑うつ的な関係（あるいは，対象についての抑うつ的気づき）が獲得されるのは，対象を自己から分離したものとして経験することによってなのであり，自己から分離したものとして対象が経験されるのは，対象がそれ自身の（内的あるいは外的）対象と関係を持っており，そこには自分が参加していないということを経験することによってなのである。もちろん，この後者の経験は，そのもっとも広い形式においてのエディプス状況である。

抑うつポジションは，エディプス状況との間に興味深く複雑な関係をもっている。メラニー・クラインは，論文「乳幼児の行動観察について」(1952a)および「幼児の情緒生活についての二，三の理論的結論」(1952c)の中で，この関係のいくつかの側面に関して論じている。エディプス状況を経験する能力が，抑うつポジションへの到達に拠っているということは，たいていの分析家

が認めるところである（というのも，結局のところ，自己から分離したものとして対象を認識することができなければ，三者状況はもちろん，二者状況においても自分を経験することなどできやしないからである）。私が提案するのは，抑うつポジションへの到達は，少なくともそのもっとも原始的な形式においてエディプス状況を現実的に経験する能力に拠っているということで，逆方向から考えてみることである。この考え方は，抑うつポジションへ到達することでエディプス不安をやり通すこと work through が可能となり，その逆もまた真であるというブリトン（Britton 1992）の観察とも一致しているし，ブリトンが指摘したように，これら2つの過程がお互いに支え合っているだけでなく，実際は同じものであるということをも含意している。

10.1.1 転移の自己愛的側面

転移に関するいくつかの考察が，これらの観念を臨床的現実に結び付けるうえでの手助けになるようである。転移において，患者は分析家の中に（空想の中で）彼の内的対象のあれやこれやを投影する。それらは，知ってのとおり，彼の一部である。すると彼は，無意識裡に，分析家，つまり外的対象を彼が投影した自分の一部として経験する。患者のパーソナリティには，これらの投影によって，分析家を，ストレイチー（1934 [1969]）が外的空想対象と呼んだものへと実に具象的な形で変えてしまうような側面があるのである。外的空想対象は，内的対象の外的バージョンとして経験される。患者のパーソナリティのこの側面は，分析家が自分の中に投影されたものになることを求める。そのため，「これがそうなのだ」という証拠を分析家が与えようものなら，それがほぼどのようなものであっても利用する優れた能力を持っているし，それとは正反対の根拠は無視する優れた能力をも等しくもち合わせている。しかし，分析家を外的空想対象へと変えるための手段は，選択的注意を遥かに超えたものである。転移を形成する過程で，患者が分析家の中に（現実に）引き起こすのは，患者が（空想の中で）分析家に配した転移役割に対応するこころの状態なのである。転移のこの対人的側面が効果を持つのは，患者が自分の直観や知覚力を用いて，分析家の傾向や力を査定しているからである。そうした傾向や力には，分析家にとって無意識のものも含まれる。次に患者は，さまざまな――そしてしばしば実に巧妙な――やり方で振る舞い，これらの力を骨抜きにしたり操作したりすることで，彼が空想の中で分析家の中に投影しているものに一

致するこころの状態を，分析家の中で現実に産み出すのである。これは，英国では「役割現実化 role actualization」（Sandler 1976）と呼ばれ，米国では「役割応答性 role responsiveness」と呼ばれてきたものの一部である。

　患者の無意識的なこころの状態に対する分析家の受容性は，われわれが，直観とか，患者に耳を傾けるとか，患者と触れ合うなどと呼んでいる領域に位置するものであるが，それらが部分的に依拠しているのは，これらの投影から影響を受ける分析家の能力なのである。しかしこの受容性は，これらの投影されたこころの状態がもつ傾向によって複雑なものとなる。その傾向が，ビオン（1961, p.149）がそうしたこころの状態についての「現実感の麻痺」と呼んだものを，受容的であろうとする分析家の中に産み出すからである。つまり，分析家は，ただ単に自分が患者の外的空想対象である**かのよう**に感じるだけでなく，自分がその対象で**ある**と感じるようになってしまい，そのように行動し始めるのである。これが示唆しているのは，投影が，分析家のこころの中にある種のこころの状態を産み出すだけでなく，投影に関する限りでは，それと結合することで分析家の現実検討を無効化しようとする分析家の中の何かと出会ってしまうということである。分析を行う上でのこの非常によく知られた職業上の危険は，分析家の側の急激な知性の喪失として顕れる（第4章も参照）。この影響は，グループスーパービジョンにおいてもっとも顕著に見受けられる。そこでは，グループのほぼ全員が，分析家の中に投影されているものについて，当の分析家以上に明確な考えを有している。

　これが意味しているのは，患者と同じ部屋の中にいる分析家ほど患者のことを理解するのに有利な立場にある者はいない（これは明らかなことである）一方で，その分析家以上に不利な立場にある者もいないということも（おそらくはあまり明確ではなく，実に逆説的であるが）また真実である，ということである。患者の投影と同一化する分析家の傾向は，一部には，患者が投影しているものの特殊な性質によるものである。いささか蒼古的な物言いをすれば，その投影が分析家自身の無意識的コンプレックスにどの程度触れているかによるということである。しかし，この特殊な要因が説明されてからでさえ，より一般的な何かが未だに取り残されているようである。それは，分析環境を象徴するような濃密な親密さやラポールと結び付いた何かであり，患者の投影と同一化するように分析家を惑わすような何かである。この同一化への傾向は，どちらの参加者の側にも意識的な思考や努力を要求しない，自動的かつ自然発生的

なものである。分析家が患者と共同して，無意識裡に，患者が分析家の中へと投影したものとして自らを経験するとき，われわれは，妄想分裂ポジションにおける自己と対象との混同という理論的発想と一致するように思われる何かを，臨床状況に見出している。つまり，患者は自分が分析家の中に投影したものと分析家とを同一化し，分析家は自らを同じ投影に同一化するのである。

しかしながら，望ましい条件下では，分析家は，患者の投影に対する受容性は保ちつつも，第2の能力を働かせて，単なる投影への同一化には陥らないようにすることで，分析を先に進めることができる（分析を行う上で求められる努力の大部分は，患者と同一化**しない**ようにすること，および患者がわれわれに同一化しないようにすることから成っているということができるであろう。これは，精神分析と非分析的精神療法との間の主たる識別点の1つである）。この第2の能力は，患者の投影から充分に距離を取ることで，それらが投影で**あり**，自分が経験しているこころの状態は自分の外部に起因するものであるということを認識可能にするような能力である。この過程を要約すると，分析家は，患者の投影に対する受容性の一部としての逆転移病に自然発生的に陥る傾向があり，分析を進めたいのであれば分析家は，自分のその部分を治癒させねばならないということになる。「治癒」とは，病気を産み出した自然発生的な過程の逆転から成っており，分析家の側にある程度の量の心理的作業を要求するものである（患者の投影についての分析家の理解が治療的に効果をもつものになるためには，分析家は患者の投影に**完全**に同一化し，この疾患を骨身を削ってやり通さなければならないということが，何人かの著者——たとえば，オグデン［Ogden 1996］——によって述べられてきた。私はこの立場には与しない。重要なことは，分析家が患者の投影について考えることができているという事実のみであり，そのために分析家が払ってきた苦労がいかに多いか［あるいは少ないか］ということではない）。

患者の投影に対する分析家の受容性によって，患者のこころと触れ合うことが可能となる一方で，それらの投影に同一化**しない**という分析家の能力によって，分析家のこころと患者のこころとの間に障壁が作られる。患者はこの障壁——あるいは境界——を，分析家の中にある，自分の投影では貫通できない何かとして経験する。分析家は，患者の無意識の空想を解釈することで，患者の投影に対する受容性と投影に同一化しない能力との双方を身をもって示してみせる。これは，患者の無意識のコミュニケーションを，分析家が満たすべき欲

求（もちろん，自己を知ろうとする欲求は除いてであるが）を指し示すものとしてというよりも，知識の対象として扱うということである。言い換えれば，分析家は，自分が患者の外的空想対象として演じる破目になる役割に敏感であらねばならず，同時に，役割**非**応答的であらねばならない。そのような解釈の効果により（もしそれが的中すれば），患者は次のようなことに気づくことになる。すなわち，分析家は患者が無意識に彼に担わせている外的空想対象ではないということ，分析家が患者の投影に同一化していないということ，それゆえ，少なくとも分析家のこころのある部分は患者が分析家に同一化してきた投影システムの外部にあるということに気づくのである。解釈が成功すると，患者は，自分と分析家とが分離しているということに気づく。これによってもたらされるのが，抑うつ的不安に該当する一連の複雑な情緒，すなわち，恐怖感，迫害感，喪失感，孤独感，罪悪感，自責感，そして喪の感情といったものである。

しかし，転移解釈は的中せず，こうした効果を有さないことがしばしばある。これには多数の理由があると思われるが，われわれの議論にとってとりわけ興味深いものが1つあって，それは，患者がしばしば，解釈をしたばかりの分析家と即座に同一化することで，分析家との妄想分裂型の関係へと退避しようとするという事実に基づいている。この同一化によって，患者は，分析家が行ったばかりの解釈を「知って」おり，「分析家がいわんとするところを理解している」分析家になる。それは，自分についての偽りの洞察の一種であり，心理的発達を導き損ねるものである。というのも，患者は解釈を理解してはいるが，現実には，自分についてのものとして，生きた真の有り様で経験していないからである。この種の同一化の極端な例が，解釈を自分についての洞察を得るために用いる代わりに，分析家の一バージョンになり，友人や親類についての偽りの洞察を発展させ（自分の中で洞察に至るべき事柄を現実に彼らに投影し），しばしば皆の厄介者となっているような患者である。

患者が分析家を外的空想対象にしようが，同一化を通して自らが分析家になろうが，分析家との関係は同じである。つまりそれは，われわれが単なる同一志向 like-mindedness と呼んでいる型の同一化である。患者のこころと分析家のこころとがともかく同じであるというのは空想であり，その空想は自らを強化するために患者の投影に対する分析家の受容性を利用する。この空想が効力を有しているときには，ある特徴的な情緒的色調を帯びるので，それをいまか

ら記述してみたい。つまり，相互同一化という感覚や，お互いを知り，理解し，愛し合っている二人の間の関係という感覚があるのである（実際，患者はしばしば，この同一志向に伴って生じる情緒状態を，「理解されている」とか，より強調して「ようやく理解された」と記述する）。安堵の感覚や分析家とラポールが取れているという感覚がある。患者が，ずっと知ってはおり，自分ではっきり示したいと思ってきたけれど，そのときまで適切な言葉をみつけられなかったことについて，分析家がはっきり示すことができていると感じるかもしれない。この情緒状態から失われているものは，そこに存在しているものとまさに同じくらい注目に値する。つまり，解釈に対する不安や，罪悪感，抑うつ，抵抗といったものが存在しないのである。このような型のラポールには，しばしば，「われわれ対彼ら」という微妙な性質がある。「われわれ」とはお互いに理解しあっている患者と分析家とのことであり，「彼ら」とはそうではない人々のことである。理解し理解されているという感覚は，「全てを知れば，全てが許される」という精神にみられる，肯定的な道徳的色調と関連している。完全に理解されるということは，全てを許されるということである。分析家と患者とは「われわれ」という「よい」カップルを作り上げるのであるが，その二人組が患者について相互に理解し合うことで，患者は許されてしまうのである。

しかし，理解することが明らかに精神分析の仕事である一方で，非難するために理解を用いることが精神分析の仕事でないことが明らかなように，許すためにそれを用いることが分析の仕事でないことも同様に明らかである。したがって，この「理解している」カップルは，分析的カップルではなく，何か別のものなのである。つまり，分析家を愛する患者と患者を愛する分析家との融合なのであり，妄想分裂ポジションでのよい対象（あるいは，むしろよい自己／対象）を形成するために「よい」分析家と融合した「よい」患者なのである。よい自己とよい対象との間のこの融合は，自己愛的対象関係なので，分析をこの種の関係性へと引き摺り下ろしたがる患者の側面を，われわれはパーソナリティの自己愛的側面と呼んでもいいであろう。

これらの考察が当てはまるのは，分析家が患者の自己愛的なよい対象（あるいは，自己／対象）であるような転移状況である。もちろん，分析家が患者の悪い対象であるような他の転移状況もある。これらの場合，患者は，よい自己／対象として，分析家以外の何かを有している。この役割は，配偶者や，子ども，職業，薬物，自己，あるいはその他の患者が理想化しうる実用的な何かに

よって満たされると思われ，それらによって患者は嗜癖的な関係性を形成することが可能となる。すると患者は，自分がよい対象を保有していることに，分析家が羨望でいっぱいになっていると感じる。そしてその転移は，患者が偽‐分析に従事することで，自分の「よい」内的対象を分析家から保護するために分析家を寄せ付けなくしている，と分析家がしばしば感じるような，際立って妄想的な色合いを帯びてくる。

転移の自己愛的側面が理想化されていようが妄想的であろうが，その特徴となっているのは，分析家が外的空想対象であると具象的に感じられているような妄想状態である。そして，分析家が自らをこの役割から引き離す——自分自身のこころをもつ——ことができるという証拠は，多大なる混乱を引き起こすので，通常は回避される。患者の自己愛的側面は，その妄想を維持するために，妄想的対象（騙されやすい対象でもあることが望ましい）を保有する必要があり，これは対象の内的対象世界における選択的注意と能動的な介入との組み合わせを通して成し遂げられる。これは，妄想的対象がよいものであれ悪いものであれ，また，それが分析家であれ患者の人生における誰か別の人であれ，本当であると思われる。

10.1.2　転移の非‐自己愛的側面

患者のパーソナリティの自己愛的側面と平行して，同一化や融合以外の関係を分析家と形成することのできる非自己愛的な側面が存在する。それは同一志向ではない。つまり，非自己愛的な側面とは，分析家と自分の投影とを同一化したり，自分を分析家の洞察と同一化したりしないのである。この側面があるおかげで，患者は，解釈が誰か他の人に由来するものであるとか，自分に関するものであるとかの経験ができるのである。患者の非自己愛的な側面にとって，分析家は自分とは識別された対象であり，われわれが本来の外的対象と呼ぶようなものである。（私は「本来の」という用語を，「件の人物や事物に，特異的に［他の人物や事物以上に］，あるいは排他的に［他の人物や事物にではなく］属しているもの。すなわち，それ自身の，特別で，特有で，特異的で，特徴的で，固有で，限局的で，私的で，個別的なもの。一般の反対」［オクスフォード英語辞典，第2版］という辞書的な意味で用いている。）この型の関係がもつ情緒的色調は，自己愛的同一化に関連したものとは違って，複雑なものであり，痛みを伴う要素を含んでいる（5.2を参照）が，患者の非自己愛的側面は

それを喜んで迎え入れる。というのも，何よりもまず，もし患者が同一化というシステムの中で分析家と混同されることがなければ，患者は同一性を確保し，自分自身のこころをもつことができるからである。この状態が新たに達せられるとき，すなわち，自己愛的同一化が多少なりとも抑うつ的気づきに取って代わられるとき，患者はそれを正気の感覚として経験する。患者のパーソナリティの非自己愛的部分にとってのこのこころの状態の重要性や，それのおかげで分析という骨の折れる仕事に対する患者の動機がどれほど高められるのかということは，どれだけ強調してもし過ぎることはない。患者のこの側面は，よい対象とは，2人がごちゃ混ぜになったもの，すなわち，愛し合っている患者と分析者とが自己愛的に融合したり混同されたりするものではなく，分析家**内の**2つの識別しうる能力が融合したり一緒になったりするもの——患者の投影に対する分析家の受容性と，それらから距離を置く分析家の能力との融合——であると感じる。

患者のパーソナリティの自己愛的な側面と非自己愛的な側面との間には強力な葛藤がある。おそらくそれがもっとも明らかにみられるのが，パーソナリティの非自己愛的側面にとってのよい対象——その受容性と，投影から充分な距離を置きそれを解釈する能力とを併用する分析家——は，患者と分析家との自己愛的融合を破壊し，したがって，患者の自己愛的側面の観点からは悪い対象になるという事実である。同様に，パーソナリティの自己愛的側面の観点からのよい対象——患者と分析家との自己愛的融合——は，パーソナリティの非自己愛的部分の観点からは悪い対象なのである。というのも，この融合によって，正気をもたらす分析作業が妨げられるからである。私には，この葛藤は，不可避かつ不断のものに思われる。その瞬間において，患者のパーソナリティのどちらの側面が支配的であろうと，もう一方の側面は，自分にとってよい対象であると感じているものの生き残り，したがって，自分の生き残りに対して，非常に現実的な不安を経験している。

10.1.3　転移のエディプス的側面

ここからは，分析家が，患者の投影に受容的でありながら同時にそれらと距離を置くことができるようなこころの状態について，手短に探索していきたい。ハンナ・スィーガルがアムステルダムでの国際精神分析学会総会（Segal 1993）で指摘したように，分析家は，患者の投影に対する感受性を通して患者

とつながっている。しかし同時に，分析家は，自分自身の内的対象ともつながっており，患者はそこから排除されている。われわれが，分析家と患者との間での情緒的距離や障壁と呼んでいるものは，こうした分析家の内的対象とのつながりについての言回しの1つなのである。患者は，自分の投影に対する分析家の受容性を，分析家が自分との間にもつ関係として経験し，自分の投影から分析家が距離を置くことを，分析家が他の何かとの間や他の誰かとの間にもつ関係として経験する。これは現実的な知覚である。すなわち，分析家はたしかにこれら二種類の関係性を──1つは患者との間に，もう1つは自分の内的対象との間に──もっているのであり，患者の無意識的な転移を（それに対して単に受容的になったり同一化したりするのではなく）分析できるためには，分析家は双方を同時に保持できなければならない。

　私が示唆するのは，患者の投影に対する内的障壁を維持するよう分析家を手助けする内的対象とは，経験主義的調査の特殊型としての精神分析それ自体であるということである。精神分析がこのように機能するのは，それが分析家の内的対象である場合だけであり，それが分析家にとっての内的対象となるのは，分析家がそれを愛する場合だけである。この精神分析への愛は，分析家自身の分析を通じて獲得され強化されるものであり，それが存在するということは，「分析を受ける」とか「精神分析家としての同一性をもっている」と呼ばれる捉え所のない状態に対する1つのよい基準であるように思われる。（私はここで「愛」という用語を，精神分析との関係を意味するものとして用いている。それは，肯定的ではあるが，分析を理想化したり，分析との同一化に至ったりするような関係ではない。そのようなものは精神分析との自己愛的な関係であろうし，もちろん，現実の患者との接触を妨げるものとなるであろう。）内的対象としての精神分析は，単に分析を受けることで獲得されるものではなく，分析がもたらす型の知識に対する活発な情熱をもつ場合にのみ手にすることのできるものなのであるということは強調しておきたい。

　私はここで「情熱」という言葉を用いた。というのも，私は，分析設定において患者の投影に同一化するように──患者のこころの状態を知識の対象として取り扱う代わりに，自己愛的ごちゃ混ぜという親密さや力の感覚を楽しむように──分析家に作動してくる，強力でこころを麻痺させるような引力に対抗することのできる何かについて記述しようとしているからである。

　分析家を外的空想対象に変えるに際して，患者は分析家との妄想的関係に入

り込む。患者が分析家を（空想の中であろうと現実にであろうと）自己愛的対象として利用できる程度にまで、患者は、自分が（空想の中で、または現実に）分析家の中に投影してきたものに関する分析家の現実検討を無力化しなければならない。これは、分析家が内的対象としての精神分析との間にもっているつながりを蝕むことを意味しているが、この内的対象としての精神分析は、知識や現実検討に対する分析家の情熱を表象しているのである。分析家は転移を解釈することができるであろう。それはすなわち、患者の投影に直面してもこの型の内的対象としての分析とのつながりを保持することができる程度にまでは、患者のこころの中の分析関係を抑うつ的なそれへと回復させることができるということである。

　この状況には、明らかなエディプス的特徴がある。ビオン（1967b, pp.35-6）は、患者との間で分析家としてもった経験を表す際に、母親、乳幼児、および父親についての明示的なエディプス的隠喩を用いた。彼は「母親が乳幼児を愛するとき、彼女は何をもってそうしているのであろうか？　コミュニケーションの身体的手段を脇に置けば、私の印象では彼女の愛はもの想いによって表出されるのである」と書いた。「もの想い」によって、ビオンは、乳幼児のこころの状態に受容的なこころの状態を意味しているようである。彼は続けて「授乳中の母親がもの想いに耽ることが出来ない場合や、もの想いが可能であるとしても、それが子どもやその子の父親への愛と関係のないものである場合、その事実は、たとえ乳幼児には理解できないものであるとしても、その乳幼児に伝わってしまうであろう」と書いた。母親の適切なもの想いのためには、父親に対する母親の愛が必要であるというビオンの包括に、最初は、戸惑ってしまう。乳幼児には本当に、母親がその子を愛するだけでなく、その子の父親を愛するということが必要なのであろうか？　母親のもの想いについてのビオンの観念に関する多くの議論の中で、この観念が全くといってよいほど見過ごされているのは驚くべきことである。しかし私は、それがこの過程全体の本質的構成要素であると信じている。ビオンの隠喩を分析状況における現実に翻訳するなら、分析家は、患者の投影に受容的であり、かつ愛する内的対象を有しているようなこころの状態にあらねばならない。そして、その内的対象への愛は、分析家と投影との間に割って入るものでなければならないのである。

　これが示唆しているのは、もし分析家が、患者を手助けして、分析家との妄想分裂的、自己愛的な融合から、本来の対象としての分析家との現実的で抑う

つ的な接触へと移行させようとするならば，分析家は自分の内的対象——自分自身のこころ——と情熱的な関係をもたなければならず，そこから患者を排除しなければならないということである。分析家とのこの抑うつ的な接触は，患者が自分の外的対象とは分離した**自分**（すなわち，自分自身の内的対象）との本来の接触を確立すること——**自分**自身のこころをもつこと——を手助けする。別の言い方をすれば，分析家の課題の一つは，患者と同一化しない（というよりもむしろ，患者と限定的，限局的な方法で同一化する）ということなのである。分析家がこれを行うことができるのは，自分自身のこころ——自分の内的対象との，患者を排除した関係——をもつことによってである。分析家にこれができれば，自分と同一化しないよう患者を手助けする立場にいることになる。そして，これによって患者は，自らと同一化することや，分析家に同一化する代わりに自分自身の内的対象と関係をもつことができるようになる。次の臨床描写が，この過程の詳細を多少なりとも明確化する上で役に立つであろう。

10.2 臨床描写

この描写を取ってきた分析の患者は，若い女性で，分析の時点では，古代史の学位を目指して努力していた。彼女の主要な症状の1つは，自己表出の制止であった。この症状は，彼女の考え方が，それを聴いた人のものと調和しないのではないか，するとその差異のゆえに聴いた人から攻撃されるのではないか，という恐怖と結び付いていた。この制止のせいで，ときどき彼女は，自分が本当のところ何を考えているのか当惑してしまうのであった。

彼女は，月曜日のセッションを開始すると，週末は自分の分野のセミナーに参加していたと話し出した。それは「問題なかった」と彼女は述べた。しかし，彼女はそのセミナーの間，不快で「ボーっとした」こころの状態に入り込んでおり，そこから抜け出せないでいることに気づいた。彼女がそれについて述べることができたのは，彼女の教授の内の一人が皆に気を使いすぎていると感じたということ，このせいで「自分がおかしくなってしまった」ということ，そしてそのすぐ後にボーっとしたこころの状態に襲われたように思われるということだけであった。このボーっとしたこころの状態は，以前の分析作業でも馴染み深いものであった。それが通常意味していたのは，彼女が自分の内的世界——自分の思考や情緒——との接触を失ってしまったということであった。し

かし，この一般的査定以上の何かが浮かび上がってくるということはなかった。

　しかしながら，その次のセッションで，彼女はある夢を報告した。その夢の中で，**いままさに愛する男性と性交しようとしていたそのとき，彼女は，部屋に子どもが一人いることに気づいた。1歳半か2歳位の子どものようであったが，彼女には確信がもてなかった。恋人が彼女を貫こうとしたまさにそのとき，彼女は，彼とその子どもとを部屋の中にいっしょにいさせておくわけにはいかないということに気づいた。**この時点で彼女は目を醒ましたが，再び眠りに落ちると同じ夢をみた。今度は，**彼女はその子どもから顔を背け，その子を無視しようとしたが，同じことがまた起こった。つまり，子どもの存在がこころに障ってしまい，愛の行為を続けることができなかった。**

　その週の3回目のセッションで，彼女は，前の晩にまた，週末のセミナーの間に陥ったようなボーっとした感じになったことに気づいたと述べた。これが生じたのは，ある歴史家——アテネ民主制についての見解を自分と共有していると彼女が意識的には信じている歴史家——のことを，とある友人に話しているときであった。彼女は退屈に感じ始め，このせいで自分から遊離したボーっとした感じになった。彼女は，これは奇妙なことであると述べた。というのも，彼女はこの著者が論じている考え方に常に関心をもってきたからである。それ以来，彼女は，自分から遊離していると感じていた。その著者の仕事に対する彼女の関心は，彼の考え方が古代アテネにおける民主制と奴隷制との逆説的な共存についての彼女自身の幾つかの考え方を自然に導き出すと感じていたことに基づいていた。民主制の内に存在する貴族システムが奴隷で成り立っているという問題は，彼女にとって重要であった。というのも，そこには米国の人種差別問題に対する実践的含蓄があると感じていたからである。実際，最近，彼女は，著者の考え方と自分のそれとの調和を示すために，いつの日か両者を1つに纏め上げたようなものを書こうと考えていた。しかし，多少の議論（とかなりの抵抗）の後に浮かび上がってきたのは，たとえその著者がいっていることから彼女にとって非常に重要な考え方が得られるように思われるときでも，彼がとても骨を折りながらそれらの考え方について口に**しない**ようにしているということ——現実には，彼がそれらに強く反対しているということ——を，彼女が否認しているということであった。彼女はこれに非常に驚いたが，それが真実であるに違いないということを理解した。そして少し考え込んだ後に，彼女は，自分と著者との間に葛藤が生じる可能性を回避するために自分と彼

第10章　自分自身のこころ

の間にある幾つかの重要な差異を取り除こうとしていたのであって，それはなぜかといえば，彼女が彼の話の大部分を賞賛していたからであると述べた。すると彼女は，これこそが，週末の間ずっと，自分が教授に関して悩んでいたことであると気づいた。彼は，セミナーの参加者皆が１つの幸せな大家族であることを望んでいたが，それは気違いじみた方法によるものであった。彼は，皆に調和をもたらすことや，皆がお互いの見解を心地よく感じられるようにすることに，責任を感じているようであった。週末の状況と夢とのつながりが，いまや明らかとなった。すなわち，その夢の中で，彼女の性交が阻まれたのは，それによって子どもとの間に調和を失した関係が引き起こされるであろうという恐怖によってであった。彼女は，自分の愛する人に真の情熱を感じることができなかった。というのもそれは，嫉妬や羨望のない完全に調和的な方法で，性的なカップルと取り残された子どもとを１つに纏め上げるような１つの大家族を創り出すという要求の妨げとなるやもしれないからであった。同様に，彼女は，彼女が賞賛する歴史家との偽の調和を創り出すために，自分の内的対象——彼女が愛する考え方や価値——への情熱を弱めてしまっていた。

いまにして思えば，教授がセミナーで行ったことを彼女は自分の夢の中で行っており，教授がそうであると彼女が感じたのと同じように，彼女も調和を維持するという欲求に突き動かされていたということが分かるであろう。この調和への欲求は，分析の他のところでも，より微妙な形で姿を現していた。この患者は，しばしば，実に探知し難いやり方で，私の解釈と同一化する。解釈に同意しているかのようにみえる一方で，彼女はその意味を僅かに捻じ曲げ，それによって，解釈と自分がすでに意識していたものとの識別を困難にしようとする。同時に，彼女は解釈の幾つかの部分に自らを順応させるべく——自分を解釈に合わせるべく——努力しているようである。その結果は筋の通ったものに思われるが，あくまで表面上のものである。その他の場合には，彼女は解釈の枝葉末節に焦点を当て，それに難癖をつけようとするため，しばしば，主要な点——彼女が意識的に考えていることとは実際のところ異なっている点——が失われてしまう。これらの策略は，われわれの間に偽の同一志向を創り出す。私が語っていることを彼女が知っており，それに同意しているという感じがある。ある意味これは真実であるが，真実ではない点もあり，私が述べていることの中には彼女の知らないこともあるのにそれが失われてしまっており，私にはそれを正しく指摘することができない，という感じが私には残る。その結果

として，私には，彼女との本来の接触を確立できなかったし，もはや自分とも接触していなかったという感じが残る。もちろん，この症状こそが，彼女を悩ませているものであり，彼女がボーっとした感じとして描くものなのである。この時点で，私は患者の症状を治していなかっただけでなく，自らがその症状を身に付け始めていたのであった。私は，同一志向の，自己愛的なよい対象という転移役割に屈してしまっていた。

　私は，われわれを同一志向に陥れようと望む彼女のパーソナリティの側面によって，このこころの状態に引きずり込まれてしまっており，それによって，分析的「家族」の中に不調和を引き起こすような差異や識別を否認することができたのである。もちろん，これは私の問題であって，彼女の問題ではなかった。すなわち，引きずり込まれてしまったのは私の問題なのであった。しかし，彼女の問題は私の問題と関係していた。すなわち，私を引きずり込もうとするのは彼女の傾向であって，それは彼女にとって問題なのであった。というのも，それは彼女のこころに深刻な影響を及ぼしたからである。私に彼女と同じように考えさせようという彼女の試みは，1つの行動化 acting-in であり，彼女があの著者に対してこころの中で行っていたことに相当するものである。彼との場合に，彼女は，彼の仕事や態度のうち，自分のものとの不可避的葛藤を産み出すような側面を否認していた。言い換えると，彼女は（精神的に），彼が自分の内的対象——彼にとって重要な考え方や態度——の内のいくつかと接触することを台無しにしていた。というのも，それらは彼女にとって重要な考え方や態度とは相容れないものであったからである。しかし，同じようにいえることは，彼女の均質化の試みは，**自分**の仕事や態度の内，彼のものとの葛藤を明らかにするような側面を否認するものであったということである。この視座からみると，彼女は，**自分**の内的対象との接触を台無しにしていたということになる。彼女は，自分が考えていたことを知っていたわけでも，その著者が自分に同意するという妄想を抱いていたからその著者の考え方が自分のものと一致すると感じていたわけでもなかった。彼女は，ただ単に，この領域において明白に考えるということができなかったのである。つまり，彼女は，二人の内の**どちらか**が考えたことについてはっきりとした認識を持つことができなかったのである。

　その著者との同一志向を目指す——彼との同一化を目指す——彼女の試みのためには，**両者**が各々の内的対象との間に有する情熱的なつながりを壊すこと

が必要になる。もちろん，彼女はこころの中でこれを行っている。しかし，彼女が著者に対して自分のこころの中でそうしている分には，彼の現実のこころの状態に一切影響がないのに対して，こころの中で自分に対してそうすることは深刻な影響を及ぼす。それによって，彼女は，自分の内的対象と本来の接触を確立することが妨げられるのである。自分の内的対象との本来の接触ということで私が意味しているのは，明確で情熱的な接触のことである。これは夢の中では，性的貫通でもって表象されたものである。しかし，自分が情熱を向ける考え方や価値を含む自分の内的対象とのこの種の接触はまた，排除的でもある。**彼らの**内的対象——彼らが大切にする考え方や価値——が彼女のものとは異なっている場合，この種の接触によって，彼女と彼女の外的対象との間に障壁が設けられる。

　自分の考え方を私のものと均質化することで，二人の考え方は実際のところお互いの延長でしかないと感じられるかもしれないと望んでいるにも関わらず，この患者はまた，私が充分な明瞭さと確信とを備えた解釈を行うことで，それは彼女がすでに知っていることではないということを明らかにできていると感じるとき，大きな感謝も示している。私が思うに，私の確信は，彼女の無意識の投影やコミュニケーションの影響を受けつつも，私が自分の無意識と充分に明確な接触を確立できるということから生じている。これは，彼女との同一志向的接触と正確に同じものでは**ない**。そして，これが決定的な点なのである。私が彼女と本来の分析的接触ができるのは，自分のある側面との接触——精神分析に対する私の無意識的傾倒——のおかげなのである。彼女が私を引きずり込んだ混同は，彼女の抵抗の一部なのであるが，それによって，私が彼女と本来の分析的接触を行う上で必要な自分の内的対象との堅固な接触が遮断される。彼女は（常に意識的というわけではないが），私が彼女を分析する能力が，私が自分の中の何かに接触していることに依拠しており，この接触から彼女は排除されているということに気づいている。

　私がその分析の中で記述しようとしている状況をよく表象していると思われるのは，分析家を両親**カップル**として描いてみることである。そこでは，母親は乳幼児（患者）の投影を受けるが，父親との関係ももっており，その父親のおかげで受容的な母親が投影に乗っ取られないで済むのである。つまり，赤ん坊は，母親と**コミュニケート**はできるが，母親の中に入り込んで，母親を自分の投影で完全に満たすことはできないのである。同じことを異なる表現でいっ

てみれば，父親を母親の内的対象として確立するのは，父親に対する母親の愛なのである。赤ん坊に対する母親の愛のおかげで，母親は赤ん坊に対して受容的でいることができ，内的対象としての父親に対する母親の愛のおかげで，母親は赤ん坊に支配されることから保護されているのである。（これは，自分自身で考えることのできる分析家を，患者はエディプス状況として経験するというブリトン［1989］やフェルドマン［Feldman 1993］の観察と矛盾しない。）

したがって，患者の夢は，彼女の分析状況の描写でもある。そこで私は，愛される内的対象として精神分析との接触を確立しようとしている。一方で彼女は，この接触を遮断することを試み，われわれを自己愛的な「よい」対象へと均質化しようとしている。分析の中で私が直面する問題は，自分自身のこころを失うことなく彼女と接触していることであるが，これは，外的対象と接触しつつも自分とも接触している——自分自身のこころをもつ——という彼女の問題と並行するものである。しかし，これは単に彼女の問題ではないし，彼女を分析しようとするときの私の問題でもなく，あらゆる対象関係における問題なのではないかと私は思う。

次の日，彼女は，いつもより気分がよいと述べてセッションを始めた。いまや彼女は，その著者に非常に腹を立てている自分に気づいた。この怒りは，彼女と著者との差異を正しく評価すること，特に彼女にとってとても重要な考え方や価値に対する彼の敵意に新たに気づくことによるもののようであった。続いて彼女はある夢を話した。その夢の中で，彼女は古い友人から１つの箱をもらった。その友人の顔はいつも「彼の年齢より若くみえた」。彼は箱の中にはサソリが入っていると警告した。しかし彼女が誤ってそれを落としてしまったとき，現実にはサソリの代わりに無害なクモが箱一杯に入っていることに気づいた。そのクモが床中を這い回る光景に「彼女はむず痒くなった」。彼女は，クモたちを隅の方へと吹き飛ばし，箱の中に集めて戻そうと試みたが，うまく行かなかった。そのとき誰かが，そのクモは危険だから焼いてしまわなければいけないと述べた。激しい爆発があり，彼女は逃げ出したが，後ろにたなびく寝巻きに火が着いて，自分が焼けてしまうのではないかということが怖くなった。彼女は，クモから，最近家族が集まったときに，二，三人の赤ん坊が床を這い回っていたことを連想した。彼女は，母親たちが赤ん坊を無視して，お喋りに興じていることに気づいて厭な気持ちがしたと述べた。

この夢の中で，童顔の友人は，彼女を狂気へと駆り立てる彼女の側面——最

初の夢において彼女が内的対象や外的対象と接触するのを遮断する子ども——を表象している。それはこの夢の中で，強力で危険なサソリとして（すなわち，強力で危険であると彼女が**感じる**サソリとして）現れている。それが実際には，無視放置された赤ん坊に関連した，無害な這うものであるということに気づくと，彼女はそれを元の場所に戻そうとする。しかし，赤ん坊は危険であるという感じの復活と明らかに結びついた爆発が起こる。その結果として起こった火災のため，彼女の寝巻きが彼女もろとも燃えてしまうという脅威が生じる。

　サソリの針は，最初の夢の中で子どもを大人の性愛に曝すこと——つまり，彼女の自己愛的な側面に，彼女と均質化することなどありえない創造的な分析カップルを提示すること——に対して，患者が感じていた（倒錯的な）罪悪感による痛みと結びついていた。前回のセッションで，この均質化が彼女が自分と接触する上でどれほど破壊的であるかということに気づいた彼女は，倒錯的な罪悪感（おそらくより正確には，正気であることについての迫害感）を克服することができ，サソリは再び単なる取り残された無害のクモ——赤ん坊——になった。しかし，そうすると，赤ん坊は，彼女が自分からますます遠ざかることに激怒するかのように，猛火でもって逆襲してくる。それは，彼女の性愛（寝巻き）に対して再び向けられる攻撃の一形態である。最初の夢から分かっているように，彼女の性愛は，彼女が自分と接触し，考え，洞察する能力と結びついている。患者の無意識という観点からは，この攻撃が現実のものでとても危険なものであるということや，彼女が自分の内的対象や外的対象と情熱的なつながりをもっと赤ん坊が彼女に対して行うであろうことに関するとても現実的な恐怖の中に彼女が生きているということを理解しておくことが重要である。自己愛的融合がもつ表面上温かな雰囲気の背後には，それに参加することを拒むものへの激しい暴力の脅威が横たわっているのである。

　サソリ／放火犯は，現実の両親の性愛に待ったをかけることができると感じている彼女の側面をも表象している，と私は感じた。私が彼女の夢のこの側面を解釈したとき，彼女は興味を示したが，こころを動かされることはなかった。これは驚くことではないのであって，それというのも，彼女は，両親の性愛関係に嫉妬を感じてきたなどとはこれまで意識したことがなかったし，嫉妬すべきものがそれほどあるなどとは意識的には決して信じたことがなかったからである。しかしながら，数週間後，彼女はもう1つの夢をみた。その夢の中で，**彼女はとある部屋から母親が姿を現すのを目にした。母親は上半身裸であり，**

一人の男が母親の剥き出しの乳房に手を当てていた。患者は「ヒステリックになってカッとすると」，母親に向かって「彼女の父親を裏切った」とわめいたり叫んだりした。夢の後半で，彼女は父親にその裏切りを告げたが，彼はそのことには妙に淡々としているようであった。連想において，父親の落ち着きぶりからは，母親が裏切り行為を犯した相手の男性とは（彼女の両親がかつてはお互いに情熱的であったということに対する彼女の否認に沿って，誰か他の人に偽装した）父親その人なのではないか，そして，彼女を非常に動揺させた裏切りとは患者その人に対する裏切りなのではないかという疑惑が生じてきた。すなわち，（全てが自分のものであると感じることができる）母親の授乳する乳房が，（全てが自分のものであるとは感じることができない）性的な乳房になっていたということである。彼女の反応の暴力性は，夢に関する全ての中でもっとも彼女の印象に残ったものであったが，それは，先の夢における爆発の炎に相当している。

　患者は，この夢の中での自分の反応に強い衝撃を受けた。彼女は，母親の性愛についてそれほど強い感情を抱いたことをいっさい思い出せなかったが，いまやそれらは疑う余地のないことであると感じていた。しかし，おそらく彼女のエディプス感情はいまや，過去に——両親の性愛への気づきを根こそぎ除去することに現実に成功していたときに——そうであったほどには暴力的で**なく**なっていた。彼女は両親との自己愛的な同一化を脱け出し，自分のエディプス的な嫉妬を経験することができたといえよう。しかし，母親が父親との間に性愛関係を有していて，そこから自分は排除されているという経験を持つことができるおかげで，彼女は脱性愛化された母親（すなわち，全てが自分のものである母親）との自己愛的同一化から脱け出すことができ，それによって，彼女の母親はいまや彼女の嫉妬の**的**になりうる本来の対象——彼女から分離した対象——となることができた，ともいえるのである。彼女がエディプス（三者）状況の**中へ**と脱け出たことは，彼女が自己愛的（偽一者）関係**から**脱け出たことと正確に合致するようである。

10.3　考　察

　ここまでの主要な点を要約しておこう。転移において，患者は無意識裡に自分が分析家に投影したものに分析家を同一化させ，ストレイチーが外的空想対

象と呼んだものを創り出す。これは自己愛的な対象関係であり，そこでは，対象が自己とは識別されるものとして経験される本来の対象関係とは異なり，対象が自己の一部と混同されている。分析セッションの親密なラポールの中で，分析家もこれらの投影に同一化する傾向がある。それによって，患者との関係性は，患者が分析家と自己愛的な対象関係をもつことを分析家が賞賛するようなものとなる。分析家が患者の投影に同一化することは，患者に対する分析家の受容性の病理の一型である。それが基にしているのは，患者を**自分**の内的対象と混同する——患者を**自分**の外的空想対象に仕立て上げる——分析家の傾向である（私はこの点について短く精緻化する）。それを激化させるのが，分析家は同一化して当然であるというこころの状態を分析家の中に産み出す患者の技能である。患者はこの技能を，内的対象に対する分析家の関係性を操作することで発揮する。

　分析家が自分を患者の投影から遠ざけておくことができる限り，分析家はそれらを解釈できる立場にいることになる。分析家がこれを行う能力は，患者の投影や無意識的操作から生き残る自分の内的対象とつながっていられるかどうかに依拠している。特に重要なのは，よい内的対象としての精神分析とのつながりである。というのも，このつながりによってこそ，患者の投影を知識の対象として取り扱うことができ，それゆえ，それらを解釈することができるのである。これらの解釈によって，患者は自分と分析家とが分離しているということに気づく。それらによって患者は，分析家を外的空想対象に仕立て上げようとする患者の試みによる制御を受けない内的対象とのつながりを分析家がもっているということにも気づく。私が論じているのは，これら2つの「気づき」が実際には同じものであるということ，すなわち，分析家が自分と分離しているということに患者が気づくということと，分析家が患者の投影の影響を受けない自分自身の内的対象との関係をもっているということに患者が気づくということは，実際には同じことを2つの異なるやり方で述べているに過ぎない，ということである。

　もし対象とのごちゃ混ぜや同一化というものが，対象が自分自身のこころをもっているということや，対象が，まさにその性質の一部として，われわれを排除するような**本来**のつながりを他の対象との間に有しているということの否認を意味するのであれば，抑うつポジションの新生には，対象の主権が確立された内的対象関係についての認識が伴われなければならない。そして，もしこ

れらの関係性への気づきにより，患者が転移の三角状況に身を置くことになるのであれば，抑うつポジションの新生とは，自分がエディプス状況に立っているということを受け入れることと同じである。この結論はブリトン（1989）と一致している。彼はある女性患者について，「他者が客観性と呼んでいる方向へ私が多少なりとも移行することを許容できなかった。われわれは単線に沿って進まねばならず，ある一点で出会わねばならなかった」と記述した。その結果として，彼女は分析家が彼女のことでじっくり考え込んでいると感じることに耐えられなかった。分析的な表現で彼女を記述することで，分析家がそれまであった状態を論証すると，彼女は攻撃的になった。後に，自分の感情を言葉で表出できるようになると，彼女は「その忌々しい考え fucking thinking をやめろ！」と要求することで攻撃性を発揮した。

患者の投影に対する分析家の受容性の病理と私が呼んできたものについての観察で結びとしたい。私が上述したのは，患者の投影への分析家の同一化は，2つの要素で決定されるということである。1つは，分析家のこころの状態，より正確にいえば，分析家の内的対象関係を操作する患者の技能であり，もう1つは，この種の操作に対して分析家のこころがどの程度までの沃野を提供するのかということである。この2つ目の要素は，**患者**の内的対象関係を操作しようという試みに分析家がどの程度まで携わっているのかに依拠しているようである。

分析家がこれを行う際に最も一般的な方法とは，患者を「治す」試みによるものである（第3章）。ここで私は，患者を治すことと患者を分析することとを識別している。つまり，治すとは，患者の内的対象関係――あるいは，お好みであれば，患者の精神構造――を，分析家が健康的とか望ましいと思う構成へと操作することに基づいている。患者を「治そう」としている分析家は，患者の蒼古的超自我の一部を演じており，患者に自分の内的対象関係の内の幾つかは「よい」ものであり，その他は「悪い」ものなので変更する必要があると感じさせてしまう。分析とは，患者の内的対象関係を描写することに厳密に基づくものであり，それらを変更しようとすることではない。

決定的な差異は，「治す」試みを控え，分析を行うことによって，分析家は患者が**自分**自身のこころをもっているということを認識しているということである。これが意味するのは，患者との妄想分裂的対象関係――そこでは，誰一人として実際には自分自身のこころなどもってはおらず，誰もが自分の対象の

こころに侵入し制御することができると感じ，お返しとして自分も同じことをされるとも感じている——から分析家が脱することに成功したということである。分析家がこの態度を身につけることができれば（そしてまた，逆転移の圧力の下では不可避的なこととしてそれを失うことがあっても，何度でもそれを取り戻すことができれば），分析家の仕事は，患者の内的対象世界に対する深い敬意——誰が患者であり誰が患者でないのか，そして誰が分析家であり誰が分析家でないのかについての深い気づき——を顕すであろう。この種の敬意は，患者の中に，対象からの自由や分離の感覚と，その当然の帰結としての自らへの責任感との双方を育む傾向がある。これら2つの感覚が一緒になって，自分自身のこころをもてるよう患者を手助けするのである。

第11章　アルファ機能について*

11.1　はじめに

　ビオンのコンテイナーの理論は，対人間での夢見のようなものとみなすことができる。患者は無意識にビオンがベータ要素と呼んだもの（定義上，それ自体では意味をなしえず，考える対象にすらなりえないもの）を分析家の無意識のこころの中へ投影する（ビオンが現実的投影同一化と呼んだものを用いている）。そして分析家は投影されたベータ要素を，ビオンがアルファ機能と呼んだものを用いて，ビオンがアルファ要素と呼んだものへと転換する。ビオンによれば，これらアルファ要素とは潜在夢思考（夢を構成するものと同質のもの）のようなものである。

　アルファ要素とは，分析家がアルファ機能を通して患者の投影を処理していくことで分析家のこころの中に新たに形成されるものであり，潜在夢内容のようなものとして働く。すると分析家は，患者が見ることのできない夢を「見る」ことができることになる。患者が見ることのできない夢を見ることによって，分析家は患者の無意識の内容を，患者の身代わりとなって意識することができることになる。これら無意識内容は，患者には意識することができない，いや無意識にすらなりえていないものである。というのも患者において，これらの内容はいまだにベータ要素の形をとっているからである。ビオンはベータ要素に関して，それがいかなる意識的意味も無意識的意味も持ち得ないものと考えていた。それはまさしく文字通り，考えることができないものである（ビオンが理解しようとしていたのは，基本的に精神病的な現象であると，こころに留めておくことは重要である。ビオンの理論化を促したのは精神病患者との臨床

---

*本章は1996年11月14日にサンパウロのブラジル精神分析協会の後援によって行われた「サンパウロのビオン：共鳴」というシンポジウムの中の，「解釈：暴きだすこと，あるいは，創造すること」というパネルで発表された論文に加筆訂正を施したものである。

経験であり，ベータ要素とは，パーソナリティの精神病部分からもたらされたものである）。そのためこの意味で分析家は，患者の投影の影響下で見た「夢」，つまり合同夢 joint dream から解釈を導き出すのである。

　この過程での患者の役割は，ベータ要素（つまり，患者が自分では夢見ることも考えることもできない精神内容）を提供することである。分析家の役割は，これらのベータ要素をアルファ要素へと転換することである。ビオンによれば，アルファ要素は夢や思考そのものではないが，思考や夢になる可能性のあるものであり，そこからすべての情緒が派生していく可能性のあるものである。この転換が済んだ時点で，分析家は患者にアルファ要素を戻す。この過程の最終的な結果は，以前には持つことができなかった情緒的経験（つまり，夢や思考）を患者が持てるようになる，ということである。ここで留意すべきは，分析家の解釈は患者に情緒的経験そのものを与えるのではなく，以前には文字通り経験不可能であったものを患者が経験できるようにするに過ぎないということである。

　そうすると分析家の機能とは，患者のベータ要素（つまり，患者にとっては考えることも経験することもできない精神内容）を受け取り，それを考え経験することができる形に転換することとなる（患者がそれを考え，経験し，夢見るかどうかは，分析家にはどうすることもできない範疇のものである。分析家は，考え，経験し，夢見たいと思っている患者の中の何ものかを当てにしている）。分析家が行う変形の本質とは何なのであろうか。

　アルファ要素とベータ要素には2つの重要な違いがある。1つは，アルファ要素が意味を運び伝えることができるのに対して，ベータ要素にはそれができないことである。2つ目は，ベータ要素はお互いにつながり合ったり，他のものとつながり合ったりできないのに対し，アルファ要素はお互いにまとまり合ったり，つながったりできるということである。

　ビオンは，ベータ要素やアルファ要素やアルファ機能の詳細な性質を故意に曖昧なままにしている。つまり，ビオンは精神病的な現象固有の精神分析理論を作り上げようとはしてこなかった。彼が試みたのは理論の概略を描くことであり，それは，固有の理論や理論群にとって一種の序論としての役割を果たすことになるものであった。私がこの章で取り組もうと思っていることのひとつは，ビオンのアルファ機能の理論によって線引きされ囲われた領域の中のいくらかを埋めていくことである。

ビオンの概略では，アルファ機能とは単に，ベータ要素（つまり，考えることができない精神内容で，お互いに接続することのできないもの）をアルファ要素（つまり，考えることができる精神内容で，お互いに接続することが**できるもの**）へと転換するとされたものに過ぎない。しかし，考えることができるということ（アルファ要素の特性）と考えることができないということ（ベータ要素の特性）でわれわれが何を意味しているのか，それらの違いは何か，そして考えることができないものが如何にして考えることができるものへと転換されるのか，こうしたことを検討してみるならば，われわれはアルファ機能の正確な性質について何がしかを学ぶことができるかもしれない。

11.2 アルファ要素

まず始めに，あるモノが「考えることができない」と言うとき，われわれは何を言おうとしているのだろうか。私が思うにそれは，たとえばわれわれが，現代兵器は核保有国間の全面戦争を考えられないものにしたと言ったり，外傷体験はあまりに恐ろしく痛ましいのでそれについて考えることができないと言ったりするときのような，「恐ろしすぎて直視できない」といったことを意味しているわけではないと思う。「考えることができない」ことをこのように見ることは，ビオンがアルファ機能の理論で理解しようとしていた問題を見誤ることになると思われる。ビオンは，ある物事について考えることができない状況を理解しようとしていたが，それは，その状況に痛ましい感情が伴うから考えることができない状況のことではない。考えること自体が不可能となってしまったために，ある物事について考えることができない，そんな状況なのである。**つまり，考えるための装置そのものが働いていないのである。これは，アルファ機能の理論は神経症的現象よりも精神病的現象に関係しているということを，分かりやすく述べた言い方である。**

ビオン自身が述べているのは，それがどのようなものであってもアルファ要素には意味があるのに対し，それがどのようなものであってもベータ要素には意味がないということであり，そして，アルファ要素は（分子を形成するために特別な方法で結合しあう原子のように）お互いに接続することができるのに対し，ベータ要素は（孤立したままであることを永遠に運命づけられた不活性ガスの原子のように）それができないということである。これは，ビオンの述

べる有意味性や思考可能性は接続と関係しているということ，つまりある観念は他の観念と接続できた場合に意味あるものとなると言っているかのようである。たしかにこれは，有意味性についての常識的な考えと一致している。つまり，われわれは，あることの意味を学ぶとき，それがどのように使用されているか，そしてそれがどのような関連（接続）で用いられているかに注目している。ブラウン管がどのようなものか知らない場合，われわれは，それがテレビやコンピューターのモニターの中にあることや，そのスイッチをつけると，そのブラウン管の表面に画像が形成されること，だからそれは一般的に受像管 picture tubes と呼ばれていることなどを観察することで，ブラウン管について学ぶことができるだろう。しかし，ブラウン管がどのようなものかを**本当に**理解したいならば，われわれは他の接続を持たねばならず，おそらくそれはわれわれを電場，電子，蛍光，原子の励起状態，量子力学など数々の理論へと導くだろう。つまりそれは，接続の無限ネットワークである。われわれは言葉の意味も同じようにして学んでいる。ある言葉の定義を辞書で調べるとき，われわれが目にするのは，辞書編集者がその言葉に接続させている別の言葉である。しかし，その言葉の意味するところをその微妙な綾まで全て知りたいと思うなら，われわれは，その言語全体を学び，その言語で書かれた文学作品を読み，日常会話を聞き，といったことを無限にやっていかなければならない。

　ある観念に意味があるかは，それが他の観念と接続されているか否かに依っているという考えは，クワイン（Quine, 1961）によってより厳密に推敲されてきている。クワインは，少なくとも経験的領域では，ある観念は，それが他の観念に接続されることによって**のみ**意味あるものとなると論じている。クワインは，ある観念の意味を完全な形で理解することは，他の観念すべてとの接続を考慮しなければ不可能であると考えている。そのため彼は，経験的意義の最小単位は，1つの概念ではなく，むしろ知識の総体であると考えていた（p. 41）。観念はそれ自体で完結した孤島ではない（John Donne [1571-1631]：「人はそれ自体で完結した孤島ではない。全ての人間は大陸の一片であり，全体の一部である」）。

　ある観念に意味があるか（つまり，考えることができる可能性があるか）は，その観念が相互に接続された観念のコミュニティの一員であるかに依っていると想定することは理にかなったことだと思われる。そうした観念は，他の観念とどのように調和しているかという観点から定義することができるし（これを

行うためのシステムの一例が，ビオンのグリッド［Bion 1963］である），その真偽も他の観念との接続を調べることによって評価することができる（物理学者のアーサー・エディントンが「新たな観察結果は，それが既存の理論と念入りに照らし合わされない限り決して認めてはならない」という気まぐれな警告をしたのは，このような意味のことである）。すると，意味がある観念あるいは理解可能な観念とは，批判的思考を受け入れることができるものということになるだろう。あるいは，言いかえるならば，それは自分が評価される可能性のある文脈に自らを置くことができるものということになるだろう。これは，アルファ要素には意味があり，他のアルファ要素と接続しているのに対して，ベータ要素には意味がなく，接続できないというビオンの考えに一致するものである。

　その証拠に，ビオンがアルファ要素はお互いに接続することができるという考えを用いたのは，彼がアルファ膜という観念を考え出したときなのだが，そのアルファ膜とはまさに，相互に接続されたアルファ要素によって構成されたネットワークのことなのである。ビオンはこのアルファ膜のようなものが，こころの意識的な部分と無意識的な部分との境界を形成しているのではないかと考えていた。私が思うに，彼がここで念頭においていたのは，意識と無意識を局所論的な意味で分けるものや，記述的な意味で分けるものだけではないだろう。彼が念頭においていたのは，フロイトがシステムとしての無意識と呼んだものとシステムとしての意識と呼んだものとを分けるものである。それらは，まったく異なった精神生活の**二形態**であり，まったく異なった規則に従って作動している。フロイト（1915, p.186）によれば，「［システムとしての無意識には］否定もなく，疑いもなく，いっさいの確実性もなく（中略）そこにあるのは，ただ内容だけである（中略）」。

　ビオンはアルファ膜を一種の接触障壁（フロイトの「科学的心理学草稿」から借用した用語）として描いた。アルファ要素はまとまって，１つの障壁を形成する。その障壁は意識と無意識を分けると同時に，その２つのある種の接触をも許容する。如何にしてこの障壁が，こうした接触を可能にするのかというと，それは無意識内容を意識的に表象しうる派生物を創り出すことによってである。こうした派生物自体は未だ無意識的なものかもしれないが，たとえば夢の（無意識的）潜在内容を夢の顕在内容の中で表象することができるように，少なくとも意識的に**表象すること**ができるものなのである。

ついでに言えば、この接触障壁とはスィーガル（Segal 1957）が示した象徴形成の能力と似たものである。象徴機能が損なわれていなければ、無意識自体は無意識に留めつつ、人は自分の無意識と意識的な象徴的接触を持つことができるだろう。ビオンが、意味のないベータ要素を意味のあるアルファ要素へと転換するこころの中の活動や能力をアルファ機能と呼んだことを思い出そう。しかし、アルファ機能とはアルファ膜が行うことそのものなのである。このことは、アルファ機能とは観念のネットワーク（つまり現に、または潜在的にお互いに接続されている観念の一群）が行うことのできるものである、ということを示唆している。

われわれはいまや、意味のある観念のネットワークという発想に行き着いた。それは、それら観念がお互いにつながっているということに、その意義がある。このネットワークは、アルファ機能と関連している。知ってのとおり、ビオンはアルファ要素やベータ要素、そしてアルファ機能といった考えを、分析過程についての彼の理論（つまり、コンテイナーとコンテインド）の一部として用いただけではない。彼はそれらを考えることについての理論の一部としても用いた。分析家のアルファ機能とは、正常な夢見が可能となるためにビオンが必要と考えた過程の対人関係版なのである。個人内の場合、考えることのできない精神内容（ベータ要素）は、夢を見る人（または考える人）のこころの中で、そのアルファ機能によって、夢見ることができて考えることができるアルファ要素へと転換されなければならない。ビオンは、患者が投影したベータ要素に対してアルファ機能を発揮する分析家は、自分が自分自身のこころの中で、夢見ることや考えることの必要条件として行っていることと同じようなことをしていると考えていた。

11.3 ベータ要素

分析家のアルファ機能の効果とは、夢を見ることや考えることには適さない患者のベータ要素を、アルファ要素、つまり夢見ることや考えることに適した素材へと転換することである。われわれは思考や夢が臨床的にどのようなものかを言うことはできる。しかし、考えることのできないものとは、臨床的に何を意味するのであろうか。私はこれに臨床的に対応するのは妄想であると思う。妄想に囚われた人は、その妄想について考えることができない。だからこそ彼

らは妄想に囚われているのである。妄想は通常の願望や空想や思考ではなく，非常に具象的な現実として経験されるものである。妄想を妄想たらしめているのは，その現実性が疑問視され，批判的思考に曝される可能性がないということである（再び，フロイト［1915, p.186］と比べてみよう。「無意識の核は，その備給の放出を求める本能表象で構成されている。つまり，それは願望充足衝動から成り立っており，（中略）この体系には否定もなく，疑いもなく，いっさいの確実性もなく，（中略）ただ内容が存在するだけである」。言い換えれば，これらの内容はそれ自体で，すべて絶対的に「真実」のものなのである。それらは，お互いに接続を持っていないし，何か他のものとも接続を持っていないし，お互いに矛盾することさえない）。

ロジャー・マネー－カイル（Money-Kyle 1968）は，分析の目的とはまさに，患者が自分の無意識的妄想から回復するのを手助けすることであると論じている。定義上，妄想は単独で存在する。それは，批判的な形で考えられることへと通じる他の観念との接続を免れている。妄想はそれ自体で完結した孤島**である**。この意味で，妄想は自己愛的とも自閉的ともいえる性格を備えている。

妄想を修正するには，通常の批判的思考以外の方法が必要となってくるのは明らかである。妄想は単なる誤った信念ではない。妄想は矛盾する証拠を目の前にしても，情緒的な力が原因でしがみ付こうとするようになってしまった誤った信念なのである。それを修正するには，その根本を分析する必要がある。しかし，妄想の無意識的な根本を分析するということは，その妄想が根本を**持っている**ということを暗に意味している。そして根本とは，他の観念との接続部であるに違いない。定義上，妄想は他の観念との接続をもたないのであるから，妄想を分析するという考えは矛盾したもののように思われるかもしれない。この見かけ上の矛盾は，妄想の絶対性や根本のなさとは，その妄想に囚われた者から見たものでしかないと気づくことで解決される。分析家から見れば，妄想とは患者の中のある動機から生じてきた信念であり，妄想の根本とはこの動機のことである。違いは何かといえば，当然であるが，分析家のこころの中では患者の妄想的観念はアルファ要素として存在しているということである。つまり，分析家はこころの中に患者の妄想についての**表象**を保持しており，そのためそれが妄想であると知ることが可能となる。一方，患者のこころの中では，妄想はベータ要素（つまり，単なる妄想）として存在している。

この点については，14歳の少女との分析から引用する，いくつかのヴィネッ

ト（Caper 1981 からの例）によって説明可能である。彼女は薬物乱用と，いつ死んでもおかしくないほどの抑うつを治療するために入院していた。最後に病院を退院した後も，彼女は通院患者として分析を計3年間続けた。

　治療の最初の6カ月間，彼女は面接に遅刻・早退し，私に叫び散らし，病院から逃げ出そうとした。そのため病院スタッフは彼女を拘束しなくてはならず，彼女を理解しようとする能力や意欲を十分に発揮することができなかった。そのほかの場合には，素直で行儀が良く，（彼女が小さい頃そうであったような）「模範的な子ども」になっていたが，その裏ではこっそりと，他の患者を誘って病院のかなり重要な規則を破り，それがうまくいくと大きな勝利感を味わっていた。しかし，こうした行いが露見すると，その勝利感はすぐに恐怖へと変わった。

　その6カ月の分析期間のあるセッションで，こうした密かに勝利を味わっている彼女のパーソナリティ部分が彼女を支配している様子が転移として見られた。それは私が，彼女の両親を表している病院スタッフや私に対する密かな勝利感と，それに続いて起こった彼らへの恐怖を関連づける解釈を行ったときだった。その解釈自体は極めて単純で直截なものであったにもかかわらず，彼女は非常に混乱し，それは彼女のいつもの明晰な思考とは対照的なものだった。その解釈を証明するものはたくさんあったので，私は，彼女がその解釈は正しいと感じていること，そしてそれが，自分に関する正確な情報源として，私に依存していることを気づかせたのだ，と示唆した。そしてその気づきが，彼女の考える能力や何が正しいのかに気づく能力を台無しにするよう，勝利感に嗜癖を持つ彼女のパーソナリティ部分を駆り立てたのだ，と。

　彼女はこの追加された解釈に対して，怒りと軽蔑でもって反応した。しかし，次の日，私がその月の後半に1週間の休みを取ることを伝えると，彼女は急速に抑うつ的となり，自分の愛するものは全て必ずいなくなってしまうと嘆いた。

　勝利感に浸った彼女のパーソナリティ部分が如何に強力に自分に影響を及ぼしていて，それが自分の考える能力を奪うほどのものであるかということを彼女は理解した。そしてその理解によって彼女は，欲しいものを待たされることが，どれほど自分に屈辱（つまり，勝利感と正反対のもの）を感じさせるかについて一連の洞察に達した。

　この時点で，彼女は自分の進みの遅さに「胸が痛む」と訴え始めた。彼女はこれを，母親のせいで欲求不満を被り，それでサッカーボールを思い切り蹴っ

て足首を壊してしまい，歩こうとしてもゆっくりにしか進めなかった記憶と結びつけた。私はこれを，欲求不満への反応として，こころの中で母親と分析家を蹴り飛ばしている彼女の部分について伝えてきているのだと解釈した。それは，母親や分析家との悪い内的関係性を生じさせ，そのことで彼女の成長への努力は遅らせられ，大事に思ってきた人々を傷つけてしまったことに対する胸の痛みを生じさせたのである，と。彼女は，まるで私が彼女に暴行を加えたのかと思うほど，急に怒り出した。

　彼女にとって解釈されるという経験は，とても具象的で危険な攻撃として経験されることが分かった。これは数カ月後，彼女がある「きちがい野郎」について話したときに明らかになった。彼女は駐車場で，その「きちがい野郎」の車にぶつけてしまったが，目に見える傷はなかった。その男は自分の車を「傷つけた」といって彼女を責め，彼女を追いかけて，本当に彼女の車をへこませた。私はこれを，胸の痛みに関して解釈したことに対する彼女の反応に関連づけた。私は以下のことを伝えた。それは，その解釈が彼女に罪悪感を感じさせたに違いないこと，その解釈は彼女にはとても損傷の大きい攻撃として経験されたこと，そして，そのことで彼女が成しえた唯一のことは，傷つけてしまったと私に思わせることで，私に攻撃し返すことであったこと，である。彼女は，聞いていて痛ましくなるぐらい悲しげで物思いに沈んだ様子で，死につつある人の治療を医者がどのように堪えているのか分からないと言って応えた。私はこれが，彼女が決して回復しないかもしれないという認識に直面しなければならなかったことも含めて，両親や私が彼女を助けるために堪えねばならなかった大変さに対する感謝の表現であると伝えた。これは彼女が他者に与えた痛みに対して接触を持ち始めていることの最初の確かな兆候であった。

　彼女は対象に対する思いやりと，それに続く「胸の痛み」や罪悪感を経験できるようになり始めたが，そのときにこの過程の本質として生じていたことは，解釈は自分に対する攻撃であるという彼女の万能的信念（つまり，彼女の妄想）が，1つの気づきに置き換わったことであると思う。その気づきとは，こうした彼女の万能的信念は，彼女の持つ1つの**観念**であるに過ぎず，しかも，それは彼女が批判的に検討することができて，間違っているかもしれないし，害を与えさえするかもしれないと見なすことのできるものである，というものである。

　妄想自体とは違って，万能的願望や妄想の表象は，他の観念との関連の中に

置くことができ，また他の観念とつながることができる。言い換えればそれは，批判的な方法で考えることができるということである。これは，ベータ要素を無意識的妄想とみなすことができるかもしれないということを示唆する。するとアルファ機能とは，絶対的で自己愛的で独自のものである妄想を，観念のネットワークの中に根付かせることを介して作用するということになる。アルファ機能は，他の信念と接続せずそれらの影響を受けない孤立した信念を，他の観念とつながることのできる観念へと転換する。アルファ機能は，ベータ要素を，ビオンがアルファ膜と呼んだ観念のネットワーク，または観念のコミュニティへとつながることができる状態にする。そしてこのネットワークの一部となることで，ベータ要素はその意味が明確になり，その意味が調べられるものとなる（そして，その妥当性も確定される）。

11.4 ベータ要素と逆転移

投影されたベータ要素は，アルファ機能の処理を受けるまで，受け手のこころの中で無意識的妄想のように作用する。これは，そこに情緒的強迫と，知性の制限が伴うということを意味している。分析家の中にベータ要素を投影する患者とは，投影同一化を用いて分析家の中に一種の誘発された無意識的妄想を創り出す患者ということである。この誘発された妄想は，分析家の逆転移の無意識的な構成要素である。つまり，患者が分析家のこころの中にベータ要素を（分析家のアルファ機能による作用を受けるのに先立って）投影した時点で，患者は分析家の中に逆転移を生じさせることになるが，逆転移が生じていることは，批判的に考える能力が分析家から失われたことに表される。これは分析家に起こる一種の知的低下であり，われわれ全員がよく知っているものである。われわれは相当な作業の果てに解釈を作り上げ，そして，いざ解釈を作り上げてみると，その解釈があまりに明白なものなので，何故初めから自分にとって明白でなかったのか理解できないという事態を目の当たりにする経験を通して，この知的低下に気づくようになる。それはまるで，今となっては疑いもない事実を見えなくしていた急性の知的低下から，われわれが回復したかのようなものである（この例として，第4章の臨床例を見よ。また第7章にはより詳しい記載がある）。この低下は，われわれがビオン流に未処理のベータ要素と呼んでいるものに，分析家が囚われている証拠である。

上記の症例で，私はある時期，年若い患者の人生に対して治療が「無用の」制限をかけ，その制限のために苦痛を与えていることに罪悪感を感じ始めていた。私は，思春期の者には負担が大きすぎるという理由で，治療を短縮するか，いっそのこと中止してしまいたい衝動に駆られた。あるときには，彼女はすでにかなりの改善を示しているという理由で，このことを合理化しそうになっていた。そうした改善は，事実その通りではあったのだが，安定した回復という問題とはまったく無関係のものであった。

　未処理のベータ要素に囚われた分析家は，患者に対し**行動に出たい**という強迫を感じる。この行動は，あるこころの状態を患者の中に生じさせることを目的としており，それは，患者が最初にベータ要素を投影したときに行っていたことと同様の活動である。それはベータ要素の再排出を意味している（ベータ要素がアルファ機能の処理を受けていない場合，これがベータ要素に対して分析家ができることの全てである）。

　この例では，彼女は，自分の行為によって自分の対象や自分のこころを傷つけたことに対して，自分自身の罪悪感を経験する代わりに，逆転移という形で私の中に罪悪感を引き起こしていたということになる。ここで生じた誘惑は，患者に対して何かをして，罪悪感を回避することであった。それは，その罪悪感が妄想的なものであると気づき，何故そうなったのかを理解できるようになるまで，その罪悪感に耐える代わりに，彼女が「陽性の」関係を築くことのできる（迎合的という意味での）「よい」対象という私のイメージを彼女のこころの中に創り出そうとすることであった。これは私が第4章で記述した臨床的問題と同様のものである。

　あるこころの状態を患者に生じさせるために分析家が用いるのが，偽解釈である。解釈は宣伝活動と正反対のものであるとビオンは述べたが，それは精神分析の解釈についての最も興味深く，かつ重要な観察のひとつであった。偽解釈は，患者が自身について何か決まった形で感じるようにさせることが特徴だが，そのやり方は，効果的な宣伝活動によって宣伝家が相手に感じさせたいと思っていることを感じさせるのと同じものである（これは非精神分析的な形態の精神療法（たとえそれが，分析的な用語で一面を覆われていても）において，最もよく見受けられるものだろう。そうした精神療法は，その治療効果をこの種の作用に依っている）。ここでわれわれは，分析家は，患者が批判的に考えることのできないと思われるこころの状態を，患者の中に生じさせようとして

いることに気づく。つまり分析家は，患者が自分の中に引き起こした逆転移と似たこころの状態を，患者の中に生じさせようとしているのである。患者が分析家の中にあるこころの状態を引き起こしているにしても，またその逆でも，このように引き起こされたこころの状態を支えている力は，宣伝活動を支えている力と同じものである。その力とはつまり，親切ないじめ，あるいは道徳的ないじめであり，そして／または誘惑である。

　これ以外に分析家に残された唯一の選択肢は，アルファ機能を用いて，引き受けたベータ要素をアルファ要素へと転換することである。分析家のアルファ機能は，こうした無意識的妄想を，表象可能な形態，つまり考えることや夢作業の過程において表象され得る形態へと転換する。あるものの表象とは（たとえそれが妄想の表象であっても），ただ単に，批判的に考えることのできる観念のことである。もし分析家が上手にアルファ機能を用いることができていれば，分析家は，自分が囚われていた誘発性の妄想について考え，知ることができるようになるだろう。これにより，分析家のこころに対する患者の投影の支配は緩められ，それに代わって，分析家のこころが患者の投影を把握することができるようになる。

　ここにおいて分析家は，本来の解釈を組み立て始めることのできる位置にいる。分析家はどのようにして自分がひとつの解釈に達していることを知るのであろうか。つまり，分析家はどのようにして逆転移が適切に変形されていることを知るのであろうか。分析家が知ることのできる方法の１つは，偽解釈が，患者に対して，こう考えるべきとか，こうあるべきなどと感じさせる宣伝活動的な効果を持っているのに対し，真の解釈にはそうした宣伝活動的な効果がないという事実と関連している。真の解釈とは，患者の持つ無意識的な心的現実についての，ありのままの，公正な記述でしかないのである。解釈は，患者が感じるべきことや，すべきことについて励ましたり暗示したりしてはならない。それは，テニスでのラインコールと同じようなものである。線審は，自分から見て，ボールが入っているように見えるか，外れているように見えるかを報告するだけでなければいけない。そこには，全知への主張はないし，それがどうある**べき**だったかという含みもない。よい解釈が患者に衝撃をもたらすのは，そこに励ましがまったく含まれていないということが，その理由の一部である。そのことは，非常に親密な事柄についてのとても特異な語りとして，解釈が存在している所以である。

自分が真の解釈に達していることを分析家が知ることができる，もう1つの方法は，解釈は，「（分析家には）明らかであるが，（患者には）気づかれていない」ものを記述しなくてはならないというビオンの見解と関連している。患者に関することについて，分析家にとってはそれが容易に見つけられるほど明らかなのに，患者にそれが気づかれないのは，なにも分析家が特別に敏感であったり，知的に鋭いからではなく，解釈が必要な領域に関して患者が特別に**鈍感**であるためである。患者が敏感さに欠けるのは，彼が自分自身の無意識的妄想に囚われていることと関係している。そのために患者は，無意識的妄想について批判的に考えることや，敏感に考えることができなくなっている。分析家の敏感さは（そこに達したときには），患者のベータ要素が分析家の中に作り出そうとする妄想から，自分を解放することで生み出される。分析家はそれをアルファ機能を用いて行い，それによって患者のベータ要素は妄想から，妄想の単なる表象へと転換される。それは，分析家が敏感に考えることのできるものである。

　患者が分析家の中に生じさせた妄想を，分析家が考え解釈できるものへと変形するということが，ビオンがコンテインメントということで言おうとしたことの意味である。コンテインメントとは，分析家が逆転移に囚われているときのこころの状態とは，まったく逆のものである。つまり，分析家が患者の投影を上手にコンテインすれば，分析家は自分自身のこころの状態について明瞭に考えることができ，そして，患者のこころの状態を変えようという焦りを感じることがなくなる。（「自分が患者に何か**しそう**になるまで，自分のこころを患者の好きにさせておくべきである。そして，行動には移さずに，代わりにその衝動を分析するのである。そしてその分析を，解釈の基礎として用いるのである」[A. A. Mason, 私信]。第3章も見よ）」

　分析家は，解釈が最終的には患者の不安を減少させることを（または，不適切なほどに不安が欠けている場合は，それを生じさせることを）**望んでいる**。しかし分析家は，患者の不安を軽く（あるいは強く）**する**ために解釈を歪めてはならない。患者の無意識的な心的現実を単に記述することから解釈を逸脱させるものが，その解釈の中に含まれているのであれば，それによって，その解釈は解釈でないものとなり，何か他のもの，たとえば，患者のこころを操作しようとするものとなってしまう。

　要約しよう。ベータ要素は，（考えることができないという意味で）意味が

ないものであると同時に，この上なく強力な観念である。このことがこの意味のなさを，かなり特異なものとしている。つまり，その意味のなさとは，でたらめな音やでたらめな身振りを並べた場合の意味のなさとは違ったものである。というのも，文字通りの無意味 non-sense とは，受け手のこころに対して何の衝撃ももたらさないのに対し，ベータ要素は，受け手に対して非常に大きな衝撃をもたらすからである。ベータ要素は一種の催眠暗示のように作用する。それはこころの中の異物のようなものであり，独特なものなので，観念のコミュニティの他の成員からの批判を受け付けないものである。それは，ベータ要素がどのコミュニティにも属していないからである。このことが，ベータ要素に絶対的な性質を，つまり懐疑的な批判に対する免疫を付与することとなる。そしてこれが，妄想を特徴づけるものとなる。ベータ要素の持つ力も意味のなさも共に，われわれがベータ要素の自己愛的特徴と呼ぶものがもたらしたもの，つまり，それらが絶対的な観念として存在し，他の観念と接続もしなければ影響されもしないという事実がもたらしたものである。ベータ要素の「意味のなさ」（つまり，批判的思考の影響を受けないこと）の源泉は，ベータ要素の持つ力の源泉でもある。

　アルファ要素には意味が**あり**，お互いにつながることが可能である。アルファ要素に意味があるのは，アルファ要素がお互いにつながっていることの結果である。しかし，アルファ要素は絶対的なものではなく，観念のコミュニティの成員であるだけなので，アルファ要素が持つこころに対する衝撃は，それ自体ではその絶対性が低下し，他のアルファ要素との接続がより関係するものとなる。他の観念と結合できる観念は，他の観念との関連の中で評価することもできる。その観念の妥当性は，他の観念の妥当性と**関連**している。アルファ機能は，こころを支配している無意識的妄想を，こころが把握することのできる無意識的観念へと転換する。疑う余地のない事実と識別することのできない万能的願望は，アルファ機能によって，単なる願望へと還元される。アルファ機能が発揮されるためには，ベータ要素がもたらす影響から，自分の機知を取り戻すための作業が必要となる。これは簡単にできることではなく，その人を，ある種の心理的危機に曝すものである。妄想を支えている情緒的な力は，当然，極めて強力なものであり（人は自分の妄想に対して，真の情緒的投資を行っているはずである。そうでなければ，妄想がそれほどの力を持つはずがない），それらに対抗すると，不安と，平衡の喪失が常について廻る。

妄想とは一種の聖域であり，そこには宗教的確信が付きまとっている。そのため，妄想を通常の批判しうる思考へと転換することを妨げる力は，道徳的圧力という形をとる。つまり，自分があたかも冒涜行為に加担したかのように感じるのである。妄想を分析している精神分析家は，患者の蒼古的超自我（道徳的圧力の源泉）からの反発だけでなく，自分自身からの反発にも曝される。

そうした状況において考えることができるためには，道徳的判断に支配された状態から脱け出し，そして，道徳的な非難を恐れずに，観念を現実的に検討することのできるこころの状態へと至ることが必要である。私は，ビオンのアルファ機能という考えの**臨床的な**意味は，この脱出のことだと考えている。第一次世界大戦時，ビオンはフランス戦線で戦車隊の司令官を務めていた。当時は，戦車の中からの視界がかなり制限されていたために，司令官は戦車の前を歩いて，身振り手振りで操縦士を誘導しなければならなかった。そのため，ビオンは敵の砲火に直接，曝されていて，そして，撃たれて倒れた場合には，自分自身の戦車によって轢かれるという相当な危険を冒していた（Bion 1982）。精神分析家は，第一次世界大戦の戦車隊司令官と同じように，患者の蒼古的超自我からの砲火の前に堂々と自らを曝し，また，撃たれた場合には，自分自身によって押しつぶされるという危険を冒している。分析家はうろたえることなく，これに向かっていかなければならない。

第 12 章　コンテイナーについての一理論*

12.1　はじめに

12.1.1　フロイト派の抑圧とクライン派の分割と投影

　ビオンのコンテイナーについての理論は，ある種のこころの状態は本質的に耐え難いものであるという観察に基づいている。それは，そうしたこころの状態が単に痛みを伴うとか，恐ろしいとか，扱いにくいといったことを意味しているのではなく，文字通り，こころの中に留め置くことができないということを意味している。この観察は新しいものではない。フロイトはこの観察を100年前にしており，留め置くことのできないこころの状態に何が起こるのかを説明するために，抑圧についての理論を定式化した。

　フロイトの理論では，耐え難いこころの状態は意識から分離されて無意識の中に抑圧されることによって処理される。そしてそこでは，耐え難いこころの状態がそれ自身の生命を持ち始める。いったん抑圧されると，思考はもはや意識を支配するルールの対象，つまり論理的思考の対象にはならない。つまり，他の思考によって否定されることや，その後の経験による修正効果を免れるのである。それにもかかわらず抑圧された思考はこころに影響を与え続ける。その影響力とはまさに，その思考が抑圧され，そのために意識的な考えや知覚の影響によって和らげられることがないという事実から生じている（Freud 1915; Gardner 1993）。

　抑圧は，抑圧がなければ考えであったはずのものを，そのあるべき場所から追い出すことによって自我に損害を与える。そして，そこに残るのはフロイトが事物表象 Dingvorstellung と呼んだものだけである。事物表象は自我に影響を与えるが，他の考えや経験とつながる能力を欠いているため，それらと照

＊本章は，1997年11月21日にリオデジャネイロのブラジル精神分析協会によって開催されたW. R. ビオン生誕100年記念シンポジウムで発表された論文を改訂したものである。

らし合わす中で，自我によって評価される（思考される）ことがない（フロイトはこのことについて，事物表象は言葉とつながることができないからであると考えた）。今日，われわれは事物表象ではなく万能的な無意識的空想について語るようになってきている。それは，空想としては経験されず，現実の実体として具象的に経験される空想のことであり，矛盾する可能性のある経験と接触することから隔絶された空想のことである。この状態が，病理的抑圧（フロイトの用語における抑圧）と正常な抑圧を識別する。つまり正常に抑圧された経験は，具象的な現実としては経験されない。正常に抑圧された経験は，他の情緒的経験や信念との接触から隔離されることはなく，象徴形成の過程を通してそれらと結びついている。

　ビオンのコンテイナーの理論は，フロイトの抑圧理論と一定の要素を共有しているが，その最も直接的な源泉は，メラニー・クラインの分割と投影の理論の中に見出される。フロイトは，耐え難い思考は無意識に追いやられると考えたが，クラインはそこで，自己の耐え難い部分は対象の中へと投影されることを強調した。この過程には自我の分割も含まれている。そして自我の分割に続いて，耐え難い考えに付着している（すなわち，その考えを大切にしている）自我の部分も同様に投影される。分割と投影の結果，考えとその考えに情緒的つながりを持っているパーソナリティ部分の両方が対象のものとされる。自分のパーソナリティの一側面を対象のものとするということがどれほど空想的なものであっても，投影を行う者は自分の投影を，意識的ではないにせよ無意識に信じ込むのである。

　クラインが対象への投影を強調したことは，フロイトが無意識への抑圧を強調したことと矛盾するものではない。自分に属するものを自分の無意識のものとする方法の1つとは，まさに，自分に属するものを自分の代わりに対象のものとすることなのである。この場合対象は，フロイトにおける抑圧された無意識と同じように受け皿として機能する。クラインの分割と投影という発想は，あるものを無意識のものへと変化させる過程における対象の役割や，または，少なくともその対象についての空想の役割に着目することによって，フロイトの病理的抑圧という発想の一側面に肉付けした。

　耐え難いパーソナリティ部分を対象の中へと分割排除し投影することは，（耐え難いパーソナリティ部分は，それでも価値ある属性を含んでいる可能性があるために）その人のパーソナリティを傷つけ貧困化し，（耐え難い対象を

作り出すがために）その人の対象関係を傷つけ貧困化させる。自己に属すものと対象に属すものとの間に混同をもたらす分割と投影は，妄想分裂的対象関係の特徴である。多くの著者，特にラテンアメリカの著者たちが，これを分裂妄想ポジション schizo-paranoid position と呼んでいるが，これは分割の優先性を認め，妄想を二次的現象と見なす用語である。この語法は出来事の実際の連鎖を，よりよく描写している。なぜなら耐え難い迫害対象は，自己の耐え難い部分を対象の中に分割排除し投影することによって創り出されるからである。

投影されるものとは耐え難いパーソナリティ部分であり，それが投影されるのは対象の中であるという見方には，もう1つの帰結がある。それは，無意識的な万能的空想の形成はもはや，フロイト派の病理的抑圧の場合のような個人的な事態ではないということである。これらの無意識的空想は患者の今日的な対象と関わるものである。そのため，そうした空想は人の対象関係に現実的な衝撃を与える。これはつまり，対象は分割と投影に必然的に巻き込まれるということを意味している。

この対象の巻き込みは複雑な事態である。厳密に言えば，分割と投影は単なる無意識的空想である。つまり，自分のパーソナリティの一側面がパーソナリティから押し出され，対象の中へと移されるという空想である。しかし，空想は非常にしばしば，投影されたこころの状態を実際に対象の中に引き起こすよう計算された行動を伴っている。あるこころの状態を対象の中に明確に，そして正確に喚起することに関してかなりの文献が増えつつあるが，その始まりはポーラ・ハイマン（Heimann, 1950）とハインリッヒ・ラッカー（Racker, 1968）の研究である。それらの研究については概観を試みることはせず，次のように述べるだけに留めようと思う。それは，分析家の中に特定のこころの状態を実際に喚起する患者の能力については，何の神秘もテレパシーも必要ないということである。もちろん，そうした喚起が実際に起こされる正確な方法を明らかにするためには，相当に入念な研究が必要となってくるだろうけれども。

ビオンはこの現象を現実的投影同一化と呼んだ。投影同一化が現実的な要素を持っているという事実，これは，パーソナリティの一側面を対象の中へと分割排除し投影することができるためには，対象の側のある程度の（たいてい無意識的な）応諾が必要であるということを意味している。現実的投影同一化とは，限局性の二人精神病なのである。これは，現実的投影同一化の「成功」が，投影する者のこころの状態だけでなく（もし投影が完全に空想的であればそう

であったかもしれないが），対象のこころの状態にも依存しているということである。このことがもたらす論理的帰結は，対象のこころの状態が主体の投影同一化の使用に影響を与えることができるということ，従って主体のこころの状態にも影響を与えることができるということである。ここが，コンテイナーについてのビオンの仕事の出発点であった。

ビオンによれば，投影する者にとって耐え難いこころの状態を「現実的に」投影することは，ある可能性を生み出す。それは，別の人のこころであれば，その耐え難いこころの状態を耐えられるかもしれないという可能性である。別の人がその耐え難いこころの状態を受け取り，より耐えられる形へと転換し（それを「解毒」し），より耐えられる形でそれが発生したパーソナリティに戻してくれる，と。この交流が，パーソナリティを分割して対象の中へと投影する過程を反転させる方法となる。つまり，分割と投影が，取り入れと統合になる。この結論は，治療的な影響力の実現性に関する明白な意味合いを持っている。これがコンテイナーの理論である。

ビオンは，耐え難いこころの状態を耐えられるものへと転換する対象の能力を，「アルファ機能」とか「コンテインメント」といった曖昧な用語で呼んだ。そして，以前には耐えがたかったこころの状態が外的対象によって修正された後で戻されたとき，そのパーソナリティは，修正されたこころの状態を取り入れるだけでなく，同時に外的コンテイナーの**機能**をも取り入れると述べた。このビオンの説明からでは，コンテイナーの機能が単に取り入れられるだけなのか，それとも，それは患者のこころの中に，原始的な形ではあってもすでに存在していたものなのか，はっきりしない。たしかに，情緒的状態に耐える能力を少しでも発達させてきた人であれば誰でも，内的コンテイナー機能が存在しているはずである。この場合，われわれがコンテインメントと呼んでいるものとは要するに，患者のこころの中にすでに備わっている過程を分析家が支えたり守ったりするだけであるということを意味する。

いずれにしても，外的対象によってコンテインされるという経験は，**自己**コンテインメントの能力を生じさせる，またはそれを強化することになる。精神分析の持つ治療作用が少なくとも部分的には分析家による患者のコンテインメントに依るものだと想定するならば，上手くいっている分析とは，以前は耐え難かったこころの状態をより耐え得るものにするだけでなく，自分自身の耐え難いこころの状態をより耐え得るものへと変える患者の能力を増加させるもの

なのである。つまり，適切なコンテインメントとは，患者が現在のこころの状態を耐えられるように手助けするだけでなく，将来のこころの状態にも，外的対象からの援助なしで耐えられるように手助けするはずのものである。

　ビオンがわれわれに示したコンテインメントという事態は，実際のところ，たったこれだけのものから成っているのである。つまり，分析家は，患者が自身から分割排除し，分析家の中へと投影したこころの状態に何かをする。分析家が何をしたとしてもその結果はこの患者に戻ってくる。この患者はいまや以前は耐えられなかったものに耐えることができる。彼はまた，同じことが将来起こった場合にも，それにより良く耐えることができる。この理論が精神分析内での思索に与えてきた影響の大きさを考えてみると，それは驚くほど大まかであり，コンテインメントが実際にどのように作用していると考えられているのか，ほとんどわれわれに語られていないということは驚くべきことである。この大まかさは，おそらく意図的なものである。なぜなら，ビオンはコンテイナーの概念を，彼が「空の思考」と呼んだものと似たものとして表現しているからである。それは精神分析の経験によって埋められなければならない考えの輪郭なのである。

12.1.2　コンテイナーの理論

　私はこの章で，コンテインメントとアルファ機能についてのビオンの考えを，精神分析の経験という光のもとに展開させてみようと思う。当然ではあるが，これらの考えに対して私が示す展開だけが，唯一あり得べきものというわけではない。私が望むのは，如何に不足があろうとも，それが意味ある議論や更なる発展を促すぐらいには，明瞭なものであってほしいということである。

　私が提案する考えとは，以下のようなものである。それは，対象は投影されたものに対して単に現実的でいることによって，自分の中に投影されたものをコンテインし解毒するのだ，ということである。自分のこころのある特定の部分に気づかなくなり無意識になる，その中での分割と投影の役割についてクライン派が述べていることを思い出してみよう。また，それが個人的な出来事ではなく，必然的にその人の対象を巻き込むものであるということ，すなわち，分割と投影は，それが純然たる空想以上のものとなる場合，少なくとも2人の人間の参加を必要としていることについてクライン派が述べていることを思い出してみよう。すると，対象が命令的に主体のこころの中に変化を引き起こす

ことができないのは明らかであるが，分割と投影というシステムの中で対象は自分の役割をある程度コントロールすることはできる，と言えるだろう。もし分析家のような対象が，分析的関係において誰が誰なのかということについて現実的な態度を持ち，そうした態度に基づいた役割を分析的関係の中で果たすことができれば，分析家は二人精神病における自分の部分を解釈へと変形することができるだろう。つまり，患者の現実的投影同一化によって分析家がその型にはめ込まれていた役割を解釈へと変形することができるのである。このことは，患者のパーソナリティの崩壊を防いだり反転させたりする可能性を示している。

対象が投影をコンテインするのは，その投影に対して単に現実的でいることによってであると言うときに私が思い描いているのは，以下のようなものである。分析家は患者の現実的投影同一化によって，患者の投影された内的対象であるかのように感じさせられる圧力のもとにある。それは逆転移の中で，ストレイチーが患者の「外的空想対象」と呼んだもののように感じるということである。そして，そうした圧力にもかかわらず，分析家が自分自身のこころの中で，自分が本当には誰であるかということを，はっきりと思い描くことができるのであれば，分析家は自分が何者であるかということと，自分が何者であるかについて患者が空想していることとの違いに，いくらか確信を抱くことができるであろう。ここにおいて最も重要なことは，投影者のこころの状態ではなく，対象のこころの状態である。つまり分析家のこころの状態こそが，自分が誰であり誰でないのかを分析家が確信することを可能にし，それによってまた，患者が無意識的に投影してくる空想について確信することを可能にするのである。

分析家が二人精神病の片棒を担ぐことで患者の投影が得たであろう後ろ盾を，分析家はこのようにして奪い取る。患者の投影システムの中で想定されている分析家の果たすべき役割と，分析家が実際に果たしている役割との間のこの不一致によって，患者は（もしその不一致を認めることができるならば），それまで（自分の万能的空想を当然のものであり，疑う余地のない厳然たる心理的事実として経験していたため）疑うことや考えることすらできなかった自分の投影について，それが実際の現実を表してはいないのではないかと想像することができるようになる。患者の観点から見ればそれは，投影していたものが，それほど具象的な現実であると感じないでいられるようになったために，その

特徴が変化したということである。

12.1.3 差し迫った投影同一化と攻撃的な投影同一化

　大まかに言って，こころの状態が分割排除され投影されるのには2つの理由がある。ある人は，耐え難いこころの状態がより耐えられるものへと変形され戻ってくることを（無意識的に）期待して，対象の中に耐え難いこころの状態を引き起こすだろう。この型の投影は差し迫った感覚に基づいており，クラインの「取り入れと投影の相互作用」（Klein, 1932）とビオンの「正常な投影同一化」に相当する。その一方で，ある人は，対象がこうした変形をもたらすことができず，ただ投影に支配されることを（無意識的に）期待して，対象の中に耐え難いこころの状態を引き起こすだろう。この型の投影は攻撃性に基づいており，クライン（1946）が「攻撃的対象関係の原型」と呼んだものや，ビオンが「過度な投影同一化」と呼んだものに相当する。

　自らの中に引き起こされたこころの状態を変形する外的コンテイナーの能力は，差し迫った感覚を理由にこころの状態が投影されているのか，または，攻撃性を理由に投影されているのかといったこととは，原理的には独立したものである。つまり，差し迫った投影（すなわち，コミュニケーションや変形を意図したもの）であっても，適切に理解され変形されることに失敗するかもしれないし，そのことで受け手が多少なりとも投影によって支配されるという結果にもなり得る。また，攻撃的な投影（すなわち，耐え難いこころの状態としてコンテイナーを支配し，変形されないよう意図したもの）であっても，コンテイナーがそれに耐え，それを変形することもあるだろう。

　外的コンテイナーの機能は，自分の中にあるこころの状態が投影された理由からは，ほぼ独立したものである。しかし，自分の耐え難いこころの状態が対象によってコンテインされることに対する投影者の**反応**は，元々の投影の動機に非常に左右される。こころの状態が攻撃的に投影された場合には，それがコンテインされること（それは，起こるべきものなのだが）は，送り主にとっては歓迎すべからざることだろう。このような歓迎しない態度は，コンテインされたこころの状態を再び受け取るという送り主の能力を阻害するだろうし，コンテイナーのコンテイン機能を取り入れるという能力も同じように阻害するだろう。言ってみれば，本来であれば適切なコンテインメントの持つ有益な効果が，心的内容物を（差し迫って投影するのとは対照的に）攻撃的に投影するこ

とに潜在的受益者が関心を持つために，制限されるのである。

　実際には，耐え難いこころの状態の差し迫った投影は，ほとんどの場合，その攻撃的投影と共に存在している。また，投影によって対象が乗っ取られ，それによってその投影の迫真性が増していくことを望んでいる患者の部分と，投影がコンテインされ真に現実的なものへと変形されることを望んでいる患者の部分との間の葛藤も，ほぼ常に存在している。ある患者のある時点で，どちらの動機がどれぐらい存在しているかは，適切なコンテインメントに対する患者の反応（歓迎しているか，そうでないか）を観察することによって，臨床的には見定めることができるだろう。

　このことは，分析家が，患者からの肯定的な反応があるかどうかとはまったく関係なく，自分が患者のこころの状態をコンテインしているかどうかを判断する手段を持たなくてはならないということを意味している。つまり，分析家は自分が適切に患者のこころの状態と接触しているかを自力で査定することができなければならないのである。これがどのように可能となるかという問いは，十分にそれを探索するための別の論文が必要になるほどのテーマである。ここでは次のことを言うだけに留めよう。自分が患者の無意識と適切に接触しているかに関する分析家の独立した判断は，分析的コンテインメントにとって必要不可欠なものである。この判断は，分析家自身の現実検討力が持つ機能のひとつであり，以下で私が探索する主題である。

　他者によるコンテインメントは自己コンテインメント能力の増加へとつながっている（すなわち，分析的成長に結実する）ため，対象によるコンテインメントは，投影者のこころの中の諸々の力のバランス如何に関わらず，当座のところ成功する可能性のあるものである。しかし送り主は，対象が自らの幸福や生存にとって必要不可欠な機能を果たしたということを認めることができなければならないし，それが自分自身の能力を超えたもの（つまり，自分の能力ではコンテインできないこころの状態のコンテインメント）であるということも認めることができなければならない。この認識のない場合，つまりコンテイナーの持つコンテイン能力が否認された場合，取り入れられるのは，貶められたコンテイナーであり，その能力はコンテインメントを必要としているパーソナリティの持つ能力より劣るものとして感じられることとなる。この場合には，自己コンテインメント能力の成長は起こらないだろう。つまり，コンテインされたいという願望と，対象が自分の耐え難いこころの状態をコンテインする能力

への感謝と賞賛（それは，耐え難いこころの状態に対する**差し迫った**投影への欲望の背後に存在するものである）は，コンテイナーへの羨望的な憎しみ，そのコンテイナーよりも優れていたいという願望，または，苦痛なこころの状態に対する対象の理解は自分自身の理解に勝るものではないという自己愛的願望（それは，耐え難いこころの状態に対する**攻撃的な**投影への欲望の背後に存在するものである）よりも強いものでなければならない。あるこころの状態の攻撃的投影と，それに関連した，適切なコンテインメントに対する反応は，ビオンの患者においてよく表れている。その患者は，彼には耐えられなかった経験を分析家も実際に経験すべきだと主張した。そして，ビオンが破綻することなくそれを成し遂げたと感じたとき，その患者は憎しみで満たされたのだった（Bion 1959, p.105）。

　正常な投影同一化，そして他者のこころによるコンテインメントというビオンの考えの持つある側面は，メラニー・クラインの『子どもの精神分析』の中の，取り入れと投影に関する議論に予見されていた。

> 　取り入れと投影の相互作用（それは超自我形成と対象関係の相互作用に相当する過程である）の結果，子どもは外の世界の恐れていたものに対する反論を見出し，そして同時にその現実的な「よい」対象を取り入れることで自らの不安を和らげる。（中略）
> 　子どもについての私の観察によると，母親は自分が存在することによって，自分が「悪い」攻撃する母親ではないということを何度も何度も証明しなければならない。子どもは取り入れられた恐ろしい対象や超自我の恐怖と戦うために，現実の対象を必要とする。さらに，母親の存在は，母親が死んでいないということの証拠として使用される。（中略）不安を克服しようとする努力の中では，子どもの自我は，自らを援助するために対象や現実との関係を必要とするのが現状である。そのため，これらの努力は，子どもの現実への適応や自我の発達にとって本質的に重要なものなのである。
> 　　　　　　　　　　　　　　　　　　　　　　　　（Klein 1932, pp.178-180）

それまでは耐え難かったこころの状態に耐える（または，ある人にとっては耐えてきた）能力によって，人は内的現実と外的現実の両方に対して，より現実的な視点を持つことができるようになる。なぜなら，前者については，こころの状態が投影されずにパーソナリティの内部で持ち堪えられるようになるからであり，後者については，内的現実の諸部分が外的現実の中へ排出されなけ

れば，外的現実はより正確に理解されるからである。このようなより現実的な視点というものは，具象性の少ないものであるが故に，より耐え得るものである（これが，以下で推敲する論点である）。

12.1.4 アルファ機能とベータ要素

先に進む前に，議論に用いられるいくつかの用語の意味を明確にしておきたいと思う。ビオンは，「アルファ機能」という言葉を，耐え難いこころの状態を耐えられるものへと変える複雑な処理過程を指し示すために用いた（たとえば，彼が「もの想いは，母親のアルファ機能のひとつの要素である」と言うときがそうである［Bion 1962, p.36］）。しかし彼は，同じ用語をまったく違った使い方でも用いている。それは，生の生理的感覚が心理的に意味あるものへと転換される，その過程を記述するときである。耐え難いこころの状態を耐えられるものへと転換することは，生の感覚や知覚といった，こころの状態ではないもの（そのため，耐えられるものでも，耐え難いものでもないもの）を，あるこころの状態へと転換することとは明らかに異なっている。

これら2つのまったく異なる型の精神活動を記述するのに，同じ用語を使用することは，私にはある種，混同を引き起こすもののように思える。さらに混同することに，ビオンは，アルファ機能が作用する生の素材を記述するのに，「ベータ要素」というたったひとつの用語しか用いなかった。しかし，もしビオンがアルファ機能と呼んだものに実際には2つの機能があり，その2つの型のアルファ機能がそれぞれ異なった2つの型の生の素材，つまりひとつには耐え難いこころの状態と，もうひとつはこころの状態でないもの（無意味な感覚）に作用しているのだとしたら，その両方の型の生の素材に同じ用語を用いるのは，やはり混同を招くものとなる。この混同が増すことを避けるために，私は，生の感覚や知覚を心理的に意味あるものにする型のアルファ機能を「統合的アルファ機能 synthetic alpha function」と呼び，耐え難いこころの状態を耐えられるものにする型のアルファ機能を（カントには申し訳ないが）「分析的アルファ機能 analytic alpha function」と呼ぼうと思う。

以下の項では，2つの型のアルファ機能について，そしてそれら2つがお互いにどのように関係し合っているのかについて，より詳細に私の見解を述べてみようと思う。まずは統合的アルファ機能から始めよう。

12.1.5 統合的アルファ機能

　私の提案とは，統合的アルファ機能は，感覚知覚と本能欲動というそれ自体では心理的意味を持たない両者を交わらせることによって，無意識的空想という心理的意味を持つものを形成するよう作用するものである，ということである。この過程のモデルは，フロイトの夢見ることの理論である。その理論では，本来はおそらく取るに足らない知覚表象（日中残滓の一部）が，潜在夢思考を形成するために，無意識的本能衝動とつなげられる。日中残滓があっても，それを取り上げる無意識的衝動がなければ，日中残滓は心理的意味を持たないまま，夢見られることもないままであろうし，無意識的衝動があっても，それを表現するための媒体（あるいは言語やモデル）として機能する日中残滓がなければ，無意識的衝動は表現されないまま，夢見られることもないままであろう。夢形成のこの局面（無意識的衝動と外的知覚との交わり）は無意識のものであり，その生成物は，潜在夢思考，無意識的空想，またはアルファ要素といったように，様々に呼び表されてきた。いったん無意識的空想（アルファ要素）が形成されると，それらは新たな無意識的空想やアルファ要素を生み出すために，次々と，新たな感覚や知覚と交わっていくことができる。空想でも思考でもない素材から無意識的空想や思考が発達する段階でのこの交わりは，エディプス的特徴を有している。つまり，知覚と本能は交わることで，アルファ要素と呼ばれる生きた精神的存在，生きた子どもを産むのである。統合的アルファ機能は，心理的作業をほとんど，あるいはまったく必要としない。つまり，それは夢見ることと同じくらい簡単なものなのである。また統合的アルファ機能自体は，コンテイナーの機能も必要としない。しかし，以下で述べるように，統合的アルファ機能をこころの中の他の諸力から守るためには，コンテイナーが必要とされるだろう。

12.1.6 現実感における無意識的空想の役割

　こころは，観察結果を受身的に収集し目録化することで学んでいくベーコン派の観察者ではなく，自分と外界についての仮説を立てて検証する能動的な研究者である。無意識的空想（統合的アルファ機能の生成物）は，経験から学ぶ（現実検討）ために必要不可欠な仮説の役割を果たす。無意識的空想は対象の中へと投影される。そして，その投影に対するその対象の「適合度」が観察されることで，その無意識的空想は検証される。こうした方法により，われわれ

は無意識的空想（アルファ要素）という自らの内的世界と，外的対象という外の世界との一致（または一致の欠如）について何がしかを学ぶ。このように無意識的空想を，知覚を検証するための仮説として用いることは，本質的に科学的なことである。それは個人の現実感と創造性の立役者の一人であり，第8章の「遊び，創造性そして実験」の中で取り上げている論点である。

　より正確に言うならば，現実感の獲得（フロイトが現実原則の発達と呼んだもの）には，対象に対する自分の無意識的仮説が証明され**ない**という経験が重要となる。対象に対する自分の仮説が証明されないということがまったくないならば，外的現実と内的現実との識別は発達しないだろうし，知覚を幻覚から識別することもできず，現実感が損なわれることになるだろう。何が現実かを知るためには，人は空想することができなければならず，次にその空想を知覚と比較できなければならず，そしてその違いを見ることができなければならない。現実感の確立とは「違いを見ること」，つまり，外的現実と内的現実との間の識別を確立することと同義である。思考と考える能力の発達のためには欲求不満が必要であるということでビオンが意味していたのは，このことである。

12.2　反アルファ機能

　内的現実と外的現実との間に線引きすることは，ビオンの万能的投影同一化やクラインの攻撃的対象関係の原型といったものの働きと対立する。つまりその線引きは，万能的な分割や投影の働きと対立する。そうした万能的な分割や投影の手口とは，外的現実と内的現実との境界を永久的にぼやかすことである。私はこのぼやかしを，反アルファ機能と呼ぼうと思う。

　反アルファ機能は，無意識的空想と知覚の2つを一緒くたにしてしまうことで，それら2つの科学的な交流を攻撃する。このことがもたらす影響は，ただ単にその2つの交流を破壊するだけでなく，無意識的空想自体を，そして知覚自体をも破壊してしまう。人に擬して例えると，それは，空想と知覚が（自らの要求通り）正確に一致しないことに腹を立てて，その仕返しとして，万能的な分割と投影がそれら2つを乱暴に一緒くたにし，心理的な怪物やキメラを作り出すようなものである。こうした怪物たちは空想でも知覚でもなく，かつて空想であったものと，かつて知覚であったものとを乱暴に融合させた結果，できあがったものである。それらは空想でも知覚でもないため，仮説としても，

また観察としてもまったく使い物にならない。

　反アルファ機能は，夢を見る可能性，想像力を持つ可能性，知覚を持つ可能性，欲求不満を持つ可能性，満足を持つ可能性を消し去ってしまう。（無意識的空想という形で）仮説を形成する能力と，（外的現実の理解という形で）測定する能力の両方を破壊することにより，自分の空想と知覚の意味を科学的に調べること（その意味を調べ得る唯一の方法）を妨害するのである。無意識的空想がなければ，われわれは自分たちの経験が何を意味しているのか想像することさえできないし，外的現実を理解する能力がなければ，われわれは何が想像で何が知覚なのか知ることができない。

　反アルファ機能によって，誰が誰であり，何が何であるかが，ぼやかされる。そしてその影響下で知覚は空想と一緒くたにされ，そのことで，何が現実であるかを経験的な方法で学ぶことのできる自我が，自己愛的な「超」自我に取って代わられる。自己愛的な「超」自我とは，経験から学ぶことを不可能にする機能を持つものである。「超」自我の支配下では，実験を可能にする精神的手段である空想と知覚は，具象的な精神的実体に取って代わられる。その具象的な精神的実体は，その現実性，またはその現実性のなさを探索することができない。なぜなら，それを探索するための手段（経験から学ぶために結合される想像と観察）が破壊されてしまっているからである。私は，ビオンの用語の使用法に従って，反アルファ機能の生産物を，反アルファ要素と呼ぼうと思う。それは，妄想，幻覚，そして奇怪な対象で構成される（この反アルファ機能という概念は，サンドラー[1997]が最近導入した概念と，いくつかの点で一致する）。

　反アルファ要素の生成は，ビオンがアルファ機能の逆転と呼んだものに相当する。しかし「逆転」という用語を，厳密にそのままの意味で理解することはできない。なぜならアルファ機能の逆転とは，ビオン自身が指摘したように，

　　ベータ要素（生の感覚的印象）への単なる回帰をもたらすわけではなく，元のベータ要素とは重要な点で異なる対象を生み出すからである。元のベータ要素とは，それに付着していたパーソナリティの色合いがまったくないベータ要素である。ベータ要素が奇怪な対象と異なるのは，奇怪な対象とはベータ要素に自我と超自我の痕跡を加えたものである，という点である。アルファ機能の逆転は，アルファ機能と関連した構造（すなわち，科学的自我）を侵害するのである。　　　　（Bion 1962, p.25）

要するに，反アルファ機能は統合的アルファ機能の仕事をただ単に打ち消すだけではない。つまり，反アルファ機能は無意識的空想を，感覚知覚と本能衝動，または感覚知覚と無意識的空想へと転換し戻すのではない。反アルファ機能は，妄想，幻覚，そして奇怪な対象を生み出し，それによって，無意識的空想の発展を阻害し，またその無意識的空想を感覚と関連させて科学的に使用することをも阻害する。

　われわれはいま，耐え難いこころの状態を，文字通り耐え難いものとしているのは何か，という疑問に取り組もうとしている。私は以下のような提案をしたい。夢，知覚，知識，そして道徳的価値は心理的な苦痛を引き起こすかもしれないが，それ自体では，文字通り耐え難いものではない。真に耐え難いこころの状態とは，反アルファ要素の範疇に分類されるものである。こころの状態が耐え難いものとなるとき，それは，そのこころの状態が無意識的妄想，幻覚，奇怪な対象，そして道徳的な憎しみによって構成されているときである。正確に言えば，これらは，少しもこころの状態ではなく，こころというものでは含みこむ（留め置く）ことのできない，つまり考えることや，疑うこと，または検証することのできない具象的経験である。なぜならそうした具象的経験は，むしろこころを包囲し，侵入し，死滅させるからである。

12.3　分析的アルファ機能

　反アルファ機能による反アルファ要素の生成は，第2の型のアルファ機能の働きを生じさせる。それは反アルファ要素に作用して，その反アルファ要素が派生してきた元のアルファ要素（無意識的空想）を回復しようとするものであり，それにより思考の可能性を回復しようとするものである。この型のアルファ機能は，生の知覚や本能または無意識的空想に働きかけるというよりも，むしろ反アルファ要素（奇怪な対象，幻覚，妄想，そして「超」自我）に働きかけるものであり，これが，私が分析的アルファ機能と呼んでいるものである。分析的アルファ機能とは，反アルファ機能の力に対抗するものでなければならない。私は，**コンテイナーの機能とはまさに分析的アルファ機能のことであり，それが働きかける素材（それがコンテインするベータ要素の型）とはまさに反アルファ要素のことである**と提案する。

　反アルファ機能の効果は，空想と外的現実を混同させることである（つまり，

空想と外的現実の2つを用いて，経験から学ぶことを邪魔するキメラ状の塊を作り出すことである）。コンテイナーがコンテインするのは，内的現実と外的現実を混同させ，それによって夢見る能力と知覚する能力を妨げようとする反アルファ機能の持つ傾向である。つまり，このコンテインメントは内的現実を外的現実から脱混同させるということに等しい。そしてこれが，耐え難いこころの内容物を解毒するために必要なアルファ機能の型である。

内的現実を外的現実から脱混同させることによって，分析的アルファ機能は内的現実との接触を改善させる。そしてその内的現実には，反アルファ機能に従事していたパーソナリティ部分も含まれている。自分自身の思考するための能力を破壊し，対象との真の接触（すなわち，本当の対象関係）を破壊してきたパーソナリティ部分とのこのような接触は，罪悪感と不安感を生じさせる。しかし同時に，こうした破壊的性質を持つパーソナリティ部分に対する気づきと，その気づきによってもたらされる罪悪感は安心ももたらす。なぜなら，それによって反アルファ機能の持つ効果が減じるからであり，そこにはアルファ機能を働かせる自我への攻撃が減じることも含まれるからである。

こころの**内部**で分析的アルファ機能が作用するということは，自己コンテインメントを構成する自我機能の持つ一側面である。分析的アルファ機能によって内的現実と外的現実は接触が増大し，その接触の増大が欲求不満をより耐えやすいものとする。そして，それには2つの方法がある。1つは，内的現実との接触の増大によって，人が考えることが可能となり，そしてまた自分の思考することについて客観的に考えることが可能となることである。ブリトン（Britton 1989）が指摘したように，これらは2つとも欲求不満に対処しようとする際に計り知れないほどの強みとなる。そしてもう1つは，外的現実との接触の増大によって，人が現実的な満足の経験を持つことが可能となる，つまり現実的な外的対象との間で満足の経験を持つことが可能となることである。

12.4　臨床例

3歳の男の子の分析の臨床例が，こうした点のいくつかについて明確にする助けとなるだろう。その男の子は，夜驚，親の権威への反抗，特に母親に対する反抗，扱いにくさ，そして慢性的な落ち着かなさと精神的苦痛のために，分析に連れてこられた。彼が生まれて最初の1年の間，母親は重い病気を患い，

たび重なる外科的手術のために何度も入院しなければならなかった。加えて，父親も仕事のために長期間，家を空けなければならなかったため，両親は一緒にいるよりもべつべつでいる方が非常に多かった。これから私が記述するセッションは，彼との2年目の分析の初期の頃のものであり，ある月曜日のものである。

　彼は私より先にプレイルームに入り，「これで全部だよ。おあいこだよ」と言って，私に外で立っているよう命じた。しばらくして，部屋に入るのは許してくれたものの，私は彼が指示した場所にきっちりと座り，彼の明確な許可なしに動いてはいけないものとされた。彼は自分がキャンプのリーダーであると言い，絵を描き始めた。そして私に，彼が描いたものとまったく同じものを自分自身の紙に描き写すよう命じた。私が解釈し始めると，彼は耳を塞ぎ，大きな声を出して私の声をかき消した。そして「みんなの楽しい時間を台無しにする」といって私を叱り飛ばした。それから，彼は紙に大きな目を1つ描いた。そしてその裏側に，太陽が降り注ぐ，きのこを描いた。彼はそれを「虹のきのこ」と呼んだ。次に彼は家の輪郭を描き，2階の窓とカーテンを2つずつその中に描き，そして，きのこの形をした玄関のドアを描いた。彼は，お母さんは家の中にいる，と言ったが，その後すぐに，お母さんは花と一緒に外にいると言った。彼はすばやくバルコニーを描いて，お母さんはバルコニーにいて，きのこと花を見渡している，と言い，そして，その家にはたくさんのバルコニーがあると言った。この間，彼はどんどん不安そうになり混乱していった。私が家の内部について何か言い始めると，彼は慌てて私を止め，その家に内側なんてものはないと言った。私はこのとき，その家が母親の肉体と，（母親の肉体を象徴する）私のこころの両方を表していることを解釈することができた。週末に私に会うのを待たなければならなかったことが，母親を待たなくてはならなかったときの気持ちを彼に思い出させ，また，父親が自分と母親の間に割り込み，母親の入り口，つまりヴァギナを，父親のきのこ，つまりペニスで塞いでしまったときの気持ちを思い出させた。彼は大変に落ち着いて，とても興味深そうに私のことを見つめていた。私は，「おあいこ」とは，彼が週末に除け者にされた感覚や，われわれにわざと除け者にされ楽しい時間を台無しにされた感覚を私にも味わわせることを意味していると伝えた。このため，彼は，われわれの楽しい時間を台無しにし，彼が管理でき，こき使えるモノにわれわれをすることで，「おあいこ」したくなったのだった。このようにして，彼は嫉

第12章 コンテイナーについての一理論

妬を感じる必要がなくなったのである。

彼は大きな目の絵を手に取り，テープを二重三重に使って，それを壁に貼った。これは明らかに，その絵を常設の展示とすることを意味していた。私は彼に，除け者にされた感覚はいまではそれほど酷いものではなくなり，その感覚を自分で感じることができるようになっており，そして，私に楽しい時間を持たせることもできるようになっていることを伝えた。しかし今度は，彼がいなくなったときに何が起こっているのか分かるように，そして除け者にされたと感じなくて済むように，私を見張る必要が出てきたのである。

その次に彼は，彼が聞いたことのある話を私にした。その話の中には，自分の頭を切り落としても，まだ生きているロボットが出てきた。それを彼は，「『トワイライト・ゾーン［1959―64年のアメリカのテレビドラマ―訳注］』のように怖い」ものだと言った。

首なしロボットは，私がそのセッションの大部分で感じていた気持ちをよく言い表している。またそれには，彼が私の動きを支配することと，私が自分自身の方法でセッションについて考えることを邪魔する彼の試みの両方が含まれている（ついでに言うと，この患者でとても特徴的だったことがある。それは，解釈に対して，自分が何か言ったということを否認することで反応することである。そのとき，彼は，私が彼の言っていることを聞き間違えたのだと言い，代わりに「正しい」解釈を示したりした。これは，私が彼について考えることができないよう巧妙に仕組まれた状況だった。なぜなら，私は常に「間違っている」のだから）。私とのこうした関係性がもたらした結果のひとつに，彼の私への恐れがあった。つまり私が彼の考える能力を奪いたがっているのではないかと彼は恐れたのである。そのため私は，上記のような状況で，ほぼ一言も口を差し挟むことができないときでさえ，彼から，ひっきりなしに喋り続けて「他の子どもたち」に順番を回してあげないといって責められた。しかし私が強調したいのは，その転移の持つロボットの側面についてである。それが意味する関係性とは，対象は厳格に支配され，それ自身の生命が否認され，（ほとんど同じことであるが）機械へと変えられたという空想に基づいたものである。

彼は空想の中で，週末によって活性化された無力感や嫉妬の感情を私の中に投影した。転移の中では，週末は両親の性交を表象しており，彼はそれが実際に途切れなく続いていて，彼の欲求不満や苦しみの大きな原因であると経験していた。私が自分一人で考えることができること（彼なしで，自分の考えをま

とめることができること）もまた，彼にとっては両親の性交を意味しており，私が思考することへの攻撃へとつながっていた。こうした投影と攻撃の結果として，私は，非常に恐ろしくて，支配的で，万能的な内的対象として体内化された。そのような内的対象は，彼の乳幼児期に，両親がなっていたものと同じものであった。それが，彼のパーソナリティを，正常な発達ラインのものから，悪夢と落ち着かなさ，そして想像上の両親－怪物への激しい抵抗を特徴とするものへと変えた。

こうした関係性を形成する動機として考え得るものとして，この症例の場合のように，（ママの内部と関係を持つことができると感じられている父親に対する）嫉妬と（週末の私の楽しい時間と，セッション中に考えることができるという私の楽しい時間を台無しにしたいという欲望である）羨望に対する防衛が挙げられるだろう。「『トワイライト・ゾーン』のように怖い」首なしロボットとは，このような空想が彼の夜驚と関係していることを指し示していた。

そのセッションの初めの方では，彼は私のことを，万能的な，除け者にされた赤ん坊として具象的に経験しており，彼の楽しみを台無しにし，彼をロボットにしようとしていると経験していた（そして，思いのままにそうできると，彼には感じられていた）。これは彼が，彼の一部を私の中に投影したことによるものであった。その彼の一部とは，週末／性交中の私および両親に対して，非常に具象的に，上記のようなことができると信じている彼の部分である。このことが，一組の非常に恐ろしい黄昏時の両親 twilight parents をもたらした。彼は早急に自分のこうした側面を投影する必要があったが，それは単に，除け者にされたと感じ嫉妬を感じるのが苦痛だからというだけでなく，それ以上に，そうした側面が耐え難い恐怖を生み出すからであった。しかし，そうした投影によって彼は，今度は**私**が**彼**にこれと同じようなことをしていると非常に具象的に感じることとなったのである。

投影された形でも，投影されなかった形でも，いずれにおいてもその空想は極めて万能的で具象的なものであった。私がその空想を同定し表現することができたとき，彼は，その空想によって私のこころが包囲され弱らされるのではなく，その代わりに，成句にもあるように，私が「それを理解すること get my mind around it」ができると感じることができた。このことは，彼の側の空想も，万能的なものから普通のものへと転換させることとなった。つまりその空想は，具象的で考えることのできないモノにならざるを得なかったものか

ら，こころの中に含み込める可能性のあるものへと転換されたのである。このことは真の安心をもたらし，そして，われわれの**どちらも**，われわれの対象の支配下にあることを運命づけられてはいないだろうという感覚，つまり，恐ろしい首なしロボットのいない世界で自分は生きることができるかもしれないという感覚をもたらした。私がここで強調しておきたいことは，コンテインメントが必要であったのは，彼の嫉妬ではなく，彼が対象を支配する（そして，それに続いて，対象が彼を支配する）という空想の持つ具象性がもたらした彼の恐怖であったということである。

　2番目の臨床例は，より重症な患者からのものであり，コンテインメントについてさらにいくつかの点が明らかになるだろう。その患者は，週末の病院からの外出をスタッフから許可されなかったことで非常に混乱していた。そして自分の分析家に対し，その却下の不公平さについて不満を訴えた。喋れば喋るほど，彼は混乱していった。最初，彼は自分と病院スタッフとの葛藤について話していたが，次には他の葛藤へと移っていった。そうした葛藤はどれもその前の葛藤より危険なものとなっていき，最後には，アメリカ合衆国とソビエト連邦は，いずれ核戦争でお互いを破滅させるだろうと予言した。

　分析家は，自分が以下のことを理解したと伝えた。それは，患者が混乱していて，要求が却下されたことに怒っていること，そのことで彼は病院スタッフに対して葛藤を感じるようになったこと，そしてその葛藤で自分とスタッフとの間の不和がどんどんと広がっていくように感じられていること，である。そしてまた，そうした状況はとても危険で，希望がまったくないように彼には感じられていると伝えた。これで患者は安心したようだった。分析家は以下のことを付け加えた。それは，たとえ上記のようであっても，それは第三次世界大戦ではないし，世界の終わりでもないし，それで誰かが死ぬようなことはない，ということであった。この時点で，患者は目に見えてリラックスしたが，その後まもなく，不安そうにし始めた。

　この簡単なビネットの中には，一連の複雑な力が働いているのが見て取れる。患者は分析家に対して病院スタッフとの葛藤について話した。分析家は，患者のこころの状態に対する彼の理解を伝え，そのことで患者は，分析家はその患者のこころの状態を拒絶していないということを感じることができた。これは私が先の3歳児との遊びの中で，割り当てられた役割に耐えていたことと同じものである。

分析家がその患者のこころの状態を是認する必要がないのは当然である。唯一，分析家に必要なのは，彼が患者のこころの状態を拒絶しないということを伝えることである。患者のこころの状態を拒絶しないことを伝えること，このことがさらなる解釈へのプロローグとして必要であり，かつ効果的なのだが，その理由は，患者が初め，自分が病院スタッフの考え方を拒絶したのと同じぐらい手荒く，自分の考え方が分析家から拒絶されるだろうと恐れ予想しているからである。万能感と反アルファ機能によって支配されているこころの状態では，不調和や相違は解決することができない。なぜなら，それらは互いに関係を持つことができないからである。それらにできるのは，お互いを滅ぼすことだけである。この患者においては，このことが分析家を何か別の狂った核保有国のようなものへと変えてしまった。

　要するに，その患者は分析家に対して妄想的な関係性を持っているので（つまり，患者は分析家から破壊的な攻撃を受けることを予想しているため），患者が分析家について恐れ予想している姿は事実と異なるということを再保証するために，患者の考え方について彼が理解していることを伝える必要がある（それは，決して患者を責めないということを意味している）。この段階がないと，患者は過度の妄想に留まってしまい（つまり，願望と知覚のいかなる不一致も，核による攻撃と同じものと見なされてしまうような世界の中にどっぷりと漬かってしまい），分析家から何か新たなものを受け取ることができないだろう（これは，ストレイチーが変化をもたらす解釈の第一段階と呼んだものに相当する）。

　この時点で分析家は，患者を（ウィニコットの用語である）「抱えること」には成功したが，まだ患者をコンテインはしてはいない。分析家が患者の考え方に対する理解を表明することで，患者を「抱える」必要があるのは，万能的なこころの状態が原因で，分析家（と彼の他の対象）に対して妄想的な関係性を患者が持っているからである。

　しかし，この抱えること，そして再保証とは単に，患者に対して分析家は敵意を持っていないということを伝えるだけのものである。この段階では，患者はまだ分析家が核保有国であるという感覚を持っていた。そしてこの段階で患者が得たものは，分析家が核保有国であっても敵意を持っていないことは確かだと感じてもよいという再保証，これが全てである。次の段階は，自分の怒りの核兵器的な性質に対する患者の無意識的信念に，分析家は同意していないと

いうことを患者に示すことへと分析家が進んだときに始まる。これは分析家が，まず患者の脅すような態度によって生じた自分の中の不安に気づき，この不安を引き起こした自分の中の空想を同定し，そしてこの空想を患者に対する実際の知覚と比較することによって可能となった。分析家は，この患者に関する空想が投影の体系の一部であり，この体系の中で自分が恐怖に怯えた犠牲者の役割をとらされていたことに気づいた。そして次には，患者もこの同じ空想に支配されているに違いないと気づいた。その結果，分析家は，自分の破壊性が有する力についての患者の見積もりは空想的なものであるという気づきをもとにして解釈を生み出すことができたのである。このように現実的であるために患者の考え方に対しラポールを築かないことで，患者との「抱える」関係性は破壊された（なぜならそれは，ウィニコットの前提条件——乳幼児は「自己以外の存在を知らない」（Winnicott 1965, p. 49）という彼の推測に分析家は忠実であるべきであるということ——に違反しているからである）。

しかし，分析家は自らの感情のために患者を攻撃しないという再保証以上のものを患者に与えたのは，まさにこのラポールを築かないということであった。つまり，それによって患者は，自分の空想の持つ万能性を確信していたことによる不安から，現実的な解放を得ることができたのである。ここに至って患者は，関係のある者の誰一人として核保有国ではない，つまり，怒りは核兵器ではないと感じることができ，そして（自分のものであっても，他の誰かのものであっても）敵意は，良かれ悪しかれ，それ自体で生死に関わるような問題ではないと感じることができた（これは最初の患者では，誰一人として，おそろしい首なしロボットであるものはいなかったと感じられるようになることに相応している）。私が提案するのは，空想をまさに空想そのものとして同定すること，このことがコンテインメントの本質だということである。分析家が患者に伝えていたのは，（実際には）以下のようなことなのである。それは「私はあなたが，核による大惨事の可能性の真っ只中にいると感じていることを知っています。だけどそれは，あなたの怒りとか他の人の怒りの性質について，あなたが抱いている空想にすぎないのです」と。これによって患者は明らかに安心する一方で（彼の目に見えるリラックスは，これによって説明がつく），ひとたびその解釈の持つ意味を完全に理解すると，それは患者に自分の力の限界に気づかせることにもなる（そのすぐ後に不安そうにしていたことは，これによって説明がつく）。

私が思うに，患者は，自分がその解釈を必要としていて，それが自分自身の能力では及ばないものでもあるということを，自分の安心が証拠づけていることに気づいたために，不安そうな様子となったのである。これは，患者にさらなる気づきをもたらすこととなった。それは，分析家は，自分の万能的空想が現実であると信じられているような体系の一部ではないこと，それゆえ分析家は，投影同一化によって対象に与えることができると感じている彼の支配の及ばないところにいることである。分析家は一挙に以下のことを成した。つまり，分析家は患者を不安から解放するものを与え，患者が自給できないもの（そのため，患者は分析家に頼らざるを得ないこと）を示し，自分が患者の支配の下にはないということを証明してみせたのである。

12.5　コンテインメント，安全感，そして不安感

　こうした様々な要因の組合せによって，患者が経験する安心と同時に，不安感という要素がもたらされる。この不安感は，抱えることだけの場合には存在しない。なぜなら，抱えることとは，分析家が患者に最大限に適応することが特徴であり（つまり，抱えることとは，分析家が患者の考え方から物事を見ることができて，そのため，患者に敵意はないということを再保証するものである），新たな観点を付け加えるものではないからである。抱えることの持つ重要な方略のひとつは，その関係性に含まれる，分析家は患者の考え方に同意していないという側面への気づきを，選択的・意図的に最小限にしようとすることである。
　ある患者たちは，彼らの不安がコンテイン可能になるまでに，かなりの期間，分析家にその不安を抱えてもらう必要がある。そのような患者では，分析家によって彼らの不安を抱えること（つまり，抱えることによって患者が妄想的でない形で分析家を見る能力を高めること）の効果は，すぐに消失してしまう傾向がある。そうした患者では，分析的に抱えることによって，分析家は妄想的な悪い対象ではないということを何度も再保証しなければならない。彼らをコンテインするのは難しい。なぜなら，コンテイナーとしての分析家は，必要であると同時に患者の支配の及ばないもの，つまり，私が他の箇所で真の対象（第10章）と呼んだものと感じられるからである。本来のよい対象は，患者の自己愛的なパーソナリティ部分のために，すぐに妄想的な対象になってしまう。

その患者の自己愛的なパーソナリティ部分は，本来のよい対象を悪い対象として常に経験する傾向があるが，それは，必要とされていて自己ではない対象は，自己愛の観点からは悪いものであるためである。この抱えることの持続期間（あるいは，抱えることとコンテインメントを患者がどのくらいの比率で必要とするか）は，妄想分裂機制や自己愛機制の中に患者がどれぐらい固定化されているかの尺度となる。

　なぜ不安感が分析的に抱えることではなく，分析的コンテインメントと結びついているのか，そのことについては，抱えることとコンテインメントの過程のある側面をより詳細に再検討してみることで，さらに充実した考えを得ることができるだろう。定義上，抱えることは，患者に対して本来の対象を示すことはない。その目的は，分析家に敵意はないということを再保証するために，患者に合わせることである。そして，そのために分析家は患者のこころの状態に同一化し，自分がそのように同一化していることを患者に伝える。この時点で，分析家は患者を，患者にとって馴染みのない領域へと移動させようとはしておらず，逆に自分が，患者にとって馴染みのあるものの中へと移動している。これは，患者の分析家に対する関係性に何ら現実的な変化も生み出すものではなく，妄想分裂水準に留まるものである。それは患者のこころに，分析家はよい妄想分裂（または自己愛）対象（すなわち，患者の考え方に同一化するもの）であるという印象を生じさせることで，患者の妄想分裂的世界観の中での変化を引き起こすのである。つまり，抱えることとは，患者の分割におけるよい方へと分析家を移動させるものなのである（その一方で，患者の他の対象は，分割における悪い方を身につけさせられたままである）。

　一方，コンテインメントとはまさに，患者を馴染みのない領域へと移動させるものである。それは，患者が自分では知ることのできないものに対する洞察を，つまり自分自身の無意識に対する洞察を得るために，彼への同一化以上のことをもたらす対象を患者に示す。これは分析家を，本来の対象として存在するという立場に置く。それは，患者が自分とは異なったものとして経験する対象であり，それは言いかえると，自己愛的対象でも妄想分裂対象でもない対象である。また同時に，コンテインメントは患者に，本来の自己経験を与えるものでもある。つまり患者は，対象に関しても，自分に関しても，誰が誰であるのか今では知っている。ビオンの言葉では，患者はこれによって「分析へと導いた事情や，今後，その分析によって生じる可能性のある帰結の責任は，誰と

も分かちあうことができないものである」ということに気づくのである。この気づきは，真の分析をまがい物の分析から識別するとビオンが感じた「分析の親密な関係内での孤立の感覚」を生み出す（Bion 1963, p.15）。

　本来の対象であることによって，分析家は，患者の自己愛的側面（投影を攻撃的に使用する患者の側面）にとっては悪い対象となる。そのため，自己と（異なっているという）識別をされ**ない**者だけが，よい対象となり得る。一方で，患者の非自己愛的側面または抑うつ的側面（差し迫った感覚によって現実的投影同一化を使用するように動機づけられ，コンテインメントを望んでいる患者の側面）は，本当に助けとなってきた分析家のことを，よい対象としてのコンテイナーであると経験している。いまや，患者は分析家に対して葛藤を持っている。つまり患者は同時に，悪い対象である分析家によって迫害されていると感じ，よい対象である分析家に助けられていると感じ，悪い対象である分析家を攻撃し，危機に際して無力を感じ，その無力さによってよい対象を危険に曝し，そしてこうした危険を作り出す上での自分の関与に対して罪悪感と自責の念を覚えるのである。これらの感情のひとまとまりが，クラインが抑うつ状態と呼んだものである。それは「迫害的不安の混ざり合いによって生じるものであり，そうした不安の内容物，苦悩の感情，そして愛する全体対象の迫りくる喪失に結びついた防衛の混ざり合いによって生じるもの」（Klein1935, p.275）である。

　この感情の組合せが，分析的アルファ機能やコンテインメントを特徴づける特有の不安感を引き起こす。私はこの不安の感覚（これは，たとえば相違や不一致が破局的なものではないといった感覚と結びついた安心の感覚と並行して存在するものである）が，コンテインメントや分析的アルファ機能の証明であると提案する。この不安の感覚の欠如は，分析的コンテインメントは成功しておらず，抱えることのようなものだけが生じているということを指し示す。分析的コンテインメントは耐え難いこころの状態（なぜなら，それが自分の考える能力や，知覚する能力，そして空想する能力を破壊するからである）を単に不安なこころの状態へと転換する。これは，分析がヒステリーの惨めさを普通の不幸へと変換することができれば，多くを得ることができるというフロイトの観察と（おそらくより深い層において）一致している。

参考文献

Bick, Esther (1964) 'Notes on infant observation in psychoanalytic training', the *International Journal of Psycho-Analysis* 45, 558–66.
Bion, Wilfred (1961) *Experiences in Groups*, Basic Books, New York.
—— (1962) *Learning from Experience*, Heinemann, London (also in *Seven Servants*, Jason Aronson, New York, 1977).
—— (1963) *Elements of Psychoanalysis*, Heinemann, London (also in *Seven Servants*, Jason Aronson, New York, 1977).
—— (1965) *Transformations*, Heinemann, London (also in *Seven Servants*, Jason Aronson, New York, 1977).
—— (1967a) 'Attacks on linking,' in *Second Thoughts*, Jason Aronson, New York, pp. 93–109. Originally published in the *International Journal of Psycho-Analysis* 40, 1959.
—— (1967b) 'A theory of thinking,' in *Second Thoughts*, Jason Aronson, pp. 110–19. Originally published in the *International Journal of Psycho-Analysis* 43, 1962.
—— (1982) *The Long Week-End 1897–1919*, Fleetwood Press, Abingdon.
Bower, T.G.R. (1977) *A Primer of Infant Development*, W.H. Freeman, San Francisco.
Britton, Ronald (1989) 'The missing link: parental sexuality in the Oedipus complex,' in J. Steiner, ed., *The Oedipus Complex Today*, Karnac, London, pp. 83–101.
—— (1992) 'The Œdipus situation and the depressive position,' in R. Anderson, ed., *Clinical Lectures on Klein and Bion*, Tavistock/Routledge, London and New York, pp. 34–45.
—— (1994) 'Psychic reality and unconscious beliefs', the *International Journal of Psycho-Analysis* 76, 19–24.
Caper, Robert (1981) 'The interaction of drug abuse and depression in an adolescent girl,' in *Adolescent Psychiatry* vol IX, University of Chicago Press.
Chasseguet-Smirgel, Janine (1984) *Creativity and Perversion*, W.W. Norton, New York.
Emde, Robert (1988a) 'Development terminable and interminable: I. innate and motivational factors in infancy', the *International Journal of Psycho-Analysis* 69, 23–42.
—— (1988b) 'Development terminable and interminable: II. recent psychoanalytic theory and therapeutic considerations', the *International Journal of Psycho-Analysis* 69, 283–96.
Faimberg, Haydée (1996) 'Listening to Listening', the *International Journal of Psycho-Analysis* 77(4), 667–77.
Feldman, Michael (1993) 'The dynamics of reassurance', the *International Journal of Psycho-Analysis* 74, 275–85.
Ferenczi, Sándor (1909) 'Introjection and transference', *Jahrbuch der Psychanalyse*. Translated in: S. Ferenczi, *First Contributions to Psycho-Analysis*, London, Hogarth Press, 1952, pp. 35–93.

Freud, Sigmund (1905) *Three Essays on the Theory of Sexuality*, *The Standard Edition of the Complete Psychological Works of Sigmund Freud*, ed. James Strachey, 24 volumes, Hogarth Press, London, 1953–73, vol. 7
—— (1908) 'Creative writers and day-dreaming', *The Standard Edition of the Complete Psychological Works of Sigmund Freud*, vol. 9.
—— (1909) 'Analysis of a phobia in a five-year-old boy', *The Standard Edition of the Complete Psychological Works of Sigmund Freud*, vol. 10.
—— (1911) 'Formulations on the two principles of mental functioning', *The Standard Edition of the Complete Psychological Works of Sigmund Freud*, vol. 12.
—— (1912) 'Recommendations to physicians practising psychoanalysis', *The Standard Edition of the Complete Psychological Works of Sigmund Freud*, vol. 12.
—— (1915) 'The unconscious', *The Standard Edition of the Complete Psychological Works of Sigmund Freud*, vol. 14.
—— (1915–17) *Introductory Lectures on Psycho-Analysis*, *The Standard Edition of the Complete Psychological Works of Sigmund Freud*, vols 15–16.
—— (1917) 'Mourning and melancholia', *The Standard Edition of the Complete Psychological Works of Sigmund Freud*, vol. 14.
—— (1918) 'From the history of an infantile neurosis', *The Standard Edition of the Complete Psychological Works of Sigmund Freud*, vol. 17.
—— (1921a) 'Group psychology and the analysis of the ego', *The Standard Edition of the Complete Psychological Works of Sigmund Freud*, vol. 18.
—— (1921b), 'Massenpsychologie und Ich-Analyse,' in *Gesammelte Werke*, S. Fischer Verlag, Frankfurt am Main, 1945, pp. 71–121.
—— (1925) 'An autobiographical study', *The Standard Edition of the Complete Psychological Works of Sigmund Freud*, vol. 20.
—— (1926) *Inhibitions, Symptoms and Anxiety*, *The Standard Edition of the Complete Psychological Works of Sigmund Freud*, vol. 20.
—— (1927) Postscript to 'The question of lay analysis", *The Standard Edition of the Complete Psychological Works of Sigmund Freud*, vol. 20.
—— (1930) *Civilization and its Discontents*, *The Standard Edition of the Complete Psychological Works of Sigmund Freud*, vol. 21.
—— (1933) *New Introductory Lectures on Psycho-Analysis*, *The Standard Edition of the Complete Psychological Works of Sigmund Freud*, vol. 22.
—— (1939) 'Findings, ideas, problems', *The Standard Edition of the Complete Psychological Works of Sigmund Freud*, vol. 23.
—— (1985) *The Complete Letters of Sigmund Freud To Wilhelm Fliess 1887–1904*, translated and edited J.M. Masson, Harvard University Press, Cambridge, MA.
Gardner, Sebastian (1993) *Irrationality and the Philosophy of Psychoanalysis*, Cambridge University Press, Cambridge.
Gill, Merton (1990), 'The analysis of transference,' in A. H. Esman, ed., *Essential Papers on Transference*, Essential Papers in Psychoanalysis, New York University Press, New York, pp. 362–91.
Gleick, James (1992) *Genius: The Life and Science of Richard Feynman*, Pantheon Books, New York.
Glover, Edward (1931) 'The therapeutic effect of inexact interpretation: a contribution to the theory of suggestion', the *International Journal of Psycho-Analysis* 12, 397.
Grinberg, Leon (1962) 'On a specific aspect of countertransference due to the patient's projective identification', the *International Journal of Psycho-Analysis* 43, 436–40.
Heimann, Paula (1942) 'A contribution to the problem of sublimation and its relation to processes of internalization', the *International Journal of Psycho-Analysis* 23, 8–17.
—— (1950) 'On countertransference', the *International Journal of Psycho-Analysis* 31, 81–4.

—— (1956) 'Dynamics of transference interpretation', the *International Journal of Psycho-Analysis* 37, 303–10.

Hinshelwood, R.D. (1997) 'The elusive concept of "internal objects" (1934–1943): its role in the formation of the Klein group', the *International Journal of Psycho-Analysis* 78(5), 877–97.

Isaacs, Susan (1952) 'The nature and function of phantasy,' in *Developments in Psychoanalysis*, Hogarth Press, London.

Joseph, Betty (1985) 'Transference: the total situation', the *International Journal of Psycho-Analysis* 66, 447–54.

—— (1989) *Psychic Equilibrium and Psychic Change*, Tavistock/Routledge, London and New York.

Kanner, Leo (1944) 'Early infantile autism', *Journal of Pediatrics* 25, 211–17.

Klein, Melanie (1921), 'The development of a child,' in *The Writings of Melanie Klein, Volume 1: Love, Guilt and Reparation and Other Works, 1921–1945*, Hogarth Press, London, 1975, pp. 1–53.

—— (1926), 'The psychological principles of early analysis,' in *The Writings of Melanie Klein, Volume 1: Love, Guilt and Reparation and Other Works, 1921–1945*, Hogarth Press, London, 1975, pp. 128–38.

—— (1930), 'The importance of symbol formation in the development of the ego,' in *The Writings of Melanie Klein, Volume 1: Love, Guilt and Reparation and Other Works, 1921–1945*, Hogarth Press, London, 1975, pp. 219–32.

—— (1931), 'A contribution to the theory of intellectual inhibition,' in *The Writings of Melanie Klein, Volume 1: Love, Guilt and Reparation and Other Works, 1921–1945*, Hogarth Press, London, 1975, pp. 236–47.

—— (1932) *The Psycho-Analysis of Children*, Hogarth Press, London, 1975.

—— (1935), 'A contribution to the psychogenesis of manic-depressive states,' in *The Writings of Melanie Klein, Volume 1: Love, Guilt and Reparation and Other Works, 1921–1945*, Hogarth Press, London, 1975, pp. 262–89.

—— (1936a), 'The early development of conscience in the child,' in *The Writings of Melanie Klein, Volume 1: Love, Guilt and Reparation and Other Works, 1921–1945*, Hogarth Press, London, 1936, pp. 290–305.

—— (1936b), 'Weaning,' in *The Writings of Melanie Klein, Volume 1: Love, Guilt and Reparation and Other Works, 1921–1945*, Hogarth Press, London, 1975, pp. 290–305.

—— (1937), 'Love, guilt and reparation,' in *The Writings of Melanie Klein, Volume 1: Love, Guilt and Reparation and Other Works, 1921–1945*, Hogarth Press, London, 1975, pp. 306–43.

—— (1940), 'Mourning and its relation to manic-depressive states,' in *The Writings of Melanie Klein, Volume 1: Love, Guilt and Reparation and Other Works, 1921–1945*, Hogarth Press, London, 1975, pp. 344–69.

—— (1946), 'Notes on some schizoid mechanisms,' in *The Writings of Melanie Klein, Volume 3: Envy and Gratitude and Other Works, 1946–1963*, Hogarth Press, London, 1975, pp. 1–24.

—— (1952a), 'On observing the behaviour of young infants,' in *The Writings of Melanie Klein, Volume 3: Envy and Gratitude and Other Works, 1946–1963*, Hogarth Press, London, 1975, pp. 94–121.

—— (1952b), 'The origins of transference,' in *The Writings of Melanie Klein, Volume 3: Envy and Gratitude and Other Works, 1946–1963*, Hogarth Press, London, 1975, pp. 48–56.

—— (1952c), 'Some theoretical conclusions regarding the emotional life of the infant,' in *The Writings of Melanie Klein, Volume 3: Envy and Gratitude and Other Works, 1946–1963*, Hogarth Press, London, 1975, pp. 61–93.

—— (1957), 'Envy and Gratitude,' in *The Writings of Melanie Klein, Volume 3: Envy and Gratitude and Other Works, 1946–1963*, Hogarth Press, London, 1975, pp. 176–235.

Kohut, Heinz (1959) 'Introspection, empathy and psychoanalysis', *Journal of the American Psychoanalytic Association* 7, 459–83.
—— (1979) 'The two analyses of Mr Z', the *International Journal of Psycho-Analysis* 60, 3–27.
Mason, A. A. (1994) 'A psychoanalyst looks at a hypnotist: a study of *folie à deux*', *Psychoanalytic Quarterly* 53, 641–79.
McDougall, Joyce (1995) *The Many Faces of Eros: A Psychoanalytic Exploration of Human Sexuality*, W.W. Norton, New York.
Meltzer, Donald (1966) 'The relation of anal masturbation to projective identification', the *International Journal of Psycho-Analysis* 47, 335–42.
—— (1967) *The Psycho-Analytical Process*, Heinemann, London.
—— (1972) *Sexual States of Mind*, Clunie Press, Strath Tay, Perthshire, Scotland.
Meltzer, Donald and Meg Harris Williams (1988) *The Apprehension of Beauty: The Role of Aesthetic Conflict in Development, Art and Violence*, Clunie Press, Strath Tay.
Money-Kyrle, R.E. (1956) 'Normal counter-transference and some of its deviations', the *International Journal of Psycho-Analysis* 37, 360–6.
—— (1968) 'Cognitive development', the *International Journal of Psycho-Analysis* 49, 691–8.
Ogden, Thomas H. (1994) 'The analytical third: working with intersubjective clinical facts', the *International Journal of Psycho-Analysis* 75, 3–19.
—— (1996) 'The perverse subject of analysis', *Journal of the American Psychoanalytic Association* 44(4), 1121–46.
Pick, I. (1985) 'Working through in the counter-transference', the *International Journal of Psycho-Analysis* 66, 157–66.
Quine, Willard van Orman (1961), 'Two dogmas of empiricism,' in *From a Logical Point of View*, Harper & Row, New York, pp. 20–46.
Racker, Heinrich (1968) *Transference and Counter-transference*, Hogarth Press, London.
Rosenfeld, Herbert (1971) 'Contributions to the psychopathology of psychotic states: the importance of projective identification in the ego structure and object relations of the psychotic patient', in P. Doucet and C. Laurin, eds, *Problems of Psychosis*, Excerpta Medica, Amsterdam, pp. 115–28 (also in E. Bott Spillius, ed., *Melanie Klein Today, Volume 1*, Routledge, London, 1988).
Sandler, Joseph (1976) 'Countertransference and role-responsiveness', *International Review of Psycho-Analysis* 3(1), 43–7.
Sandler, Paulo Cesar (1997) 'The apprehension of psychic reality: extension of Bion's theory of alpha-function', the *International Journal of Psycho-Analysis* 78(1), 43–52.
Segal, Hanna (1952) 'A psychoanalytical approach to aesthetics,' in *The Work of Hanna Segal*, Jason Aronson, New York, 1981, pp. 185–206.
—— (1957) 'Notes on symbol formation', the *International Journal of Psycho-Analysis* 38, 391–7 (also in *The Work of Hanna Segal*, Jason Aronson, New York, 1981).
—— (1974) 'Delusion and artistic creativity', in *The Work of Hanna Segal*, Jason Aronson, New York, 1981, pp. 207–16.
—— (1977) 'Countertransference,' in *The Work of Hanna Segal*, Jason Aronson, New York, 1981, pp. 81–7. (Originally published in the *International Journal of Psychoanalytic Psychotherapy*, 1977).
—— (1993), 'A dialogue on countertransference', unpublished panel discussion at the 1993 International Psychoanalytic Congress, Amsterdam.
Spillius, Elizabeth Bott (1988) *Melanie Klein Today, Volume 1: Mainly Theory*, Routledge, London.
Stern, Daniel N. (1985) *The Interpersonal World of the Infant*, Basic Books, New York.
Stoller, Robert (1994 [1986]) *Perversion: The Erotic Form of Hatred*, Brunner-Mazel, New York.
Stolorow, Robert D., Bernard Brandchaft and George E. Atwood (1987) *Psychoanalytic Treatment: an Intersubjective Approach*, Analytic Press, Hillsdale, NJ.

Strachey, James (1934 [1969]) 'The nature of the therapeutic action of psychoanalysis', the *International Journal of Psycho-Analysis* 50, 275.
Tausk, Victor (1919 [1933]) 'On the origin of the influencing machine in schizophrenia', *Psychoanalytic Quarterly* 2, 519–56.
Trevarthen, Colwyn (1993) 'The self born in intersubjectivity: the psychology of an infant communicating', in U. Neisser, ed., *The Perceived Self: Ecological and Interpersonal Sources of Self-knowledge*, Emory Symposia in Cognition, no. 5, Cambridge University Press, New York, pp. 121–73.
Trevarthen, Colwyn and Katerina Logotheti (1989) 'Child and culture: genesis of co-operative knowing,' in A. Gellatly, ed., *Cognition and Social Worlds*, *Keele cognition seminars*, vol. 5, Clarendon Press, Oxford, pp. 37–56.
Winnicott, D.W. (1953) 'Transitional objects and transitional phenomena', the *International Journal of Psycho-Analysis* 34. Reprinted in *Collected Papers: Through Paediatrics to Psycho-Analysis*, London, Tavistock, 1958, pp. 229–42.
—— (1965), 'The theory of the parent–infant relationship,' in *The Maturational Process and the Facilitating Environment*, Hogarth Press and the Institute of Psycho-Analysis, London. Originally published in the *International Journal of Psycho-Analysis* 41, 585–95.

監訳者あとがき

　数年前のことであった。旧知の友人別所晶子さんから，6人で本書を輪読しているが，できたらその成果を翻訳出版という形で実現したいとの相談を受けた。ケイパーによる本書に皆さんが強く魅かれている様子が伝わってくる話であった。それは私の思いとも重なるところがあり，出版社との橋渡しをお引き受けした。その縁で監訳者という立場に私は置かれることになった。その輪読会のメンバーは，東京大学関連の精神科医と上智大学関連の臨床心理士のいずれも未来への志を抱く意欲的な方たちであり，きらめく才能が感じられた。

　そして実際私の手元に届けられた翻訳文はほぼ完璧といってよいものであり，送られてくる各章についてわずかの修正案を提示するだけでよく，私はむしろ諸論文の内容を楽しく味わう時間を得た。そもそも翻訳出版が目的なのではなく，本書をテキストにしてメンバーそれぞれが精神分析的臨床を深め精神分析観を創造していくことが目的であったので，翻訳の完成までには時間を要したが，その成果は十分なものと私は感じている。今日，あるメンバーは精神分析の世界で頭角を現わし始め，もうひとりのメンバーは精神分析を背景にみずからの専門分野で大きな成果を上げている。別のメンバーは分析的臨床実践に打ち込んでいる，さらには怠りなく研究にいそしんでいるといったように，皆が輪読を始めたときから大きく前進している。それが喜びでなくて何が喜びであろう。

　本書の著者ケイパーについてはここにあらためて述べるまでもない。ビオンのアナライザンドであり後には同僚でもあったメイソンに薫陶を受けたケイパーは，米国西海岸の精神分析家であり，グロトスタインと同様に米国クライニアンと呼べる分析家である。クラインとビオンの精神分析を基底に置き，オリジナルな精神分析を築き上げている。その在り方には同じ西海岸のオグデンとも近似した姿勢があるが，オグデンに較べるとよりクライン－ビオンに忠実な精神分析を構築している一方，グロトスタインほどビオン一色でもないところに彼独自の位置があると私はとらえている。そこには，もともと物理学を学んで

いたという経歴に見られる科学的方法論を確実に身につけた彼の学問的姿勢と，論文にちらちらと現れる自我心理学的見識という米国の風土がもたらしたものが，彼をして達成させたと言えるのかもしれない。本書ではジェイムス・ストレイチーの名高い「精神分析の治療作用」論文がたびたび批判的に評価される。それは，ストレイチーの論文がクライン派精神分析にとっても自我心理学にとってもマイルストーン的技法論であるところから必然的といえる選択であったとみられよう。そうした精神分析の作用の探究とともに，精神分析手法のゴールと特異性を追求している。

　私たち精神分析臨床家にとって精神分析の学びと訓練は，その伝統の正確な継承で終わってはならないと私は考えている。伝統の確実な継承の上に，その臨床家独自のパーソナルな精神分析が成就されてこそ，私たちが自分自身として分析場面で真に機能できることになる。私たちが先達の複写にすぎないのなら，それがいかに正確なものであろうとも，私たち自身のこころからのことばをアナライザンドに伝えられないであろう。なぜなら，フロイトその人が先輩医師ブロイエルのものではないフロイト独自のものを達成し，それを精神分析と名づけた。クライン，ビオン，ウィニコットしかりである。そしてその在り方を，本書を通してケイパーが私たちに見せてくれる。
　本書は，読者の精神分析的思考を攪乱する触媒として作用するであろう。その攪乱から何をつかむかは，読者各自に委ねられている。

　2011 年 5 月

松木　邦裕

人名索引

Atwood, George E.　*89*

Bick, Esther　*93*
Bion, Wilfred R.　*2, 3, 4, 8, 9, 11, 12, 33, 52, 54~57, 66, 82, 95, 97, 105, 114, 133, 158, 170~184, 185~208*
Bower, T.G.R.　*93*
Brandchaft, Bernard　*89*
Britton, Ronald　*7, 79, 118, 145, 150, 164, 168*

Emde, Robert　*93*

Faimberg, Haydee　*82*
Ferdman, Haydee　*164*
Ferenczi, Sandor　*129*
Freud, Sigmund　*3, 9, 11, 13, 14, 19, 24, 25, 27, 29, 37, 38, 51, 55, 71, 72, 78, 79, 89, 92, 93, 96, 102, 103, 104, 110, 111, 128, 129, 131, 132, 134, 136, 143, 174, 185, 186, 195, 196*

Gill, Merton　*108*
Gleick, James　*113*
Glover, Edward　*104*
Grinberg, Leon　*26*

Heimann, Paula　*36, 56, 133, 146, 187*

Isaacs, Susan　*51, 79, 128*

Joseph, Betty　*26, 27, 36*

Klein, Melanie　*3, 4, 7, 16, 17, 27, 31, 36, 38, 42, 73, 79, 80, 88, 93, 95, 111, 113, 126, 127, 130, 131, 132, 134, 135, 136, 143, 147, 149, 186, 193, 196*
Kohut, Heinz　*28, 101*

Logotheti, Katerina　*93*

Meltzer, Donald　*4, 37, 41, 71, 88, 102, 103, 104*
Money-Kyrle, R. E.　*36, 81, 96, 97, 176*

Ogden, Thomas H.　*89, 152*

Quine, Willard van Orman　*173*

Racker, Heinrich　*76, 187*
Rosenfeld, Herbert　*26*

Sandler, Joseph　*197*
Segal, Hanna　*6, 36, 122, 123, 175*
Spillius, Elizabeth　*114*
Stern, Daniel N.　*93*
Stlorow, Robert N.　*89*
Stoller, Robert　*102*
Strachey, James　*2, 3, 7, 11~23, 25, 26, 41, 42, 43, 47~50, 53, 57, 150, 190, 204*

Tausk, Victor　*146*
Trevarthen, Colwyn　*93*

Winnicott, Donald W.　*10, 142, 205*

事項索引

あ行

愛の衝動　　30, 39
遊ぶこと　　5, 111〜126
後知恵　　43
アルファ機能　　8, 9, 54, 170〜184, 188, 189, 194
アルファ膜　　174
アルファ要素　　3, 8, 10, 51, 56, 170, 172〜175, 181, 183, 198
暗示　　1, 2, 10, 12, 15, 21, 36
アンビバレンス　　49
生きた転移　　107
悼む能力　　135
イド　　17
陰性治療反応　　70
陰性転移　　14
内なる対象　　127
うつ病　　135
上手くいっている分析　　188
影響機械　　133
エディプス・コンプレックス　　7, 120, 143, 145
エディプス三角　　138
エディプス状況　　7, 148, 166, 168
エディプス的父親　　6, 138, 142
エディプス的母親　　6, 138
O　　53

か行

快感原則　　92, 104, 110, 131
解釈　　27, 38, 49, 70, 82, 86, 87, 97, 100, 109, 153, 181, 190
　　——の運命　　20
外在化　　115
外傷　　116
外傷理論　　72
外的空想対象　　2, 18, 25, 26, 34, 43, 150, 153, 166, 190
外的現実　　9, 12, 56, 78, 79, 81, 85, 87, 96, 112, 114, 116, 118, 121, 123, 124, 193, 196, 199
外的世界　　121, 128
外的対象　　5, 17, 41, 65, 73, 150, 163, 165, 188, 196
外的対象世界　　131
外的出来事　　71, 72, 78
抱えること　　204, 206
科学的事実　　59
科学的心理学草稿　　174
確信　　105
価値観　　146
葛藤　　27, 208
空の思考　　189
考えること　　181
　　——についての理論　　175
考える能力　　177
喚起性投影同一化　　114
間主体性　　89
間主体的空間　　90
願望充足的幻覚　　92
観念　　173, 178
　　——のネットワーク　　179
偽解釈　　180
奇怪な対象　　9, 10, 197, 198
帰属的投影同一化　　79
偽-分析　　155
基本的思い込みの心性　　50
基本的思い込み集団　　2, 3, 11, 12, 14, 16, 20, 51, 57
逆転　　197
逆転移　　27, 32, 35, 36, 44, 45, 76, 86, 100, 114, 169, 179, 181, 190
逆転移病　　152
共同妄想　　40
共謀　　34

局所論　　174
禁欲原則　　33
空想　　26, 112, 205
具象性　　104
具象的経験　　198
具象的投影　　132
具象的同一化　　132, 142
クライン派　　70
K　　48
経験から学ぶこと　　95, 97, 108, 112, 119, 197, 199
経験から学ぶ能力　　94, 97, 120
芸術家　　123, 125
欠陥　　84, 90
幻覚　　9, 10, 118, 197, 198
幻覚的満足　　128
現在進行形の寄与　　88
顕在内容　　174
現実感　　196
　　——の喪失　　137
　　——の麻痺　　2, 44, 151
現実検討　　79
現実検討力　　192
現実原則　　56, 93, 196
現実的　　47, 48, 53
現実的投影同一化　　2, 8, 97, 100, 108, 109, 114, 170, 187, 190, 208
現実把握力　　49
原始的な超自我　　133
原始的精神状態　　4, 5, 92, 95, 101, 104, 107, 108, 109
原始的対象関係　　103
建設的衝動　　29
口唇攻撃性　　17
恒常的連接　　58
行動化　　34, 36, 42, 85, 162
合同夢　　171
固着　　92, 95, 102, 104
誤謬の理論　　101
コンテイナー　　8, 106, 170, 175, 185, 191, 198, 206
コンテイナー理論　　3, 51
コンテイン　　32, 40, 44, 74, 182, 189, 191, 198, 204, 206
コンテインド　　175
コンテイン能力　　106
コンテインメント　　9, 10, 19, 30, 40, 44, 182, 188, 189, 191, 205, 207, 208

さ行

再構成　　87, 105, 107
再保証　　37, 38, 40, 42, 205, 206
罪悪感　　32, 45, 46, 53, 57, 106, 135, 180, 199, 208
作業関係　　50
作業集団　　3, 12, 51
簒奪　　52, 56
自我　　17, 47, 54, 119, 120, 126, 138, 185
自我機能の制止　　54
自己　　80, 93, 95, 167
自己と対象との混同　　152
自己コンテインメント　　188, 199
自己愛　　49, 176
自己愛機制　　207
自己愛的　　8
　　——なパーソナリティ部分　　206
　　——な妄想　　122
自己愛的対象　　158, 207
自己愛的対象関係　　8, 9, 154
自己愛的同一化　　4, 5, 6, 96, 144, 155, 166
自己愛的認識　　7
自己愛的融合　　156, 165
思考　　171, 195
思考の全能　　104
自己分析　　44
システムとしての無意識　　128, 174
自責　　135
実験　　111, 120, 121, 124

嫉妬　　161
児童分析　　112
自発的な発達能力　　104
事物表象　　185
自分自身のこころ　　7, 96, 115, 124, 147, 155, 156, 159, 164, 167, 169, 182, 190
自閉　　176
自閉症　　111
主体　　188
主体的体験　　82
宗教的確信　　184
修正感情体験　　39
象徴　　121
象徴化　　51
象徴形成　　126, 175, 186
情緒　　44
情緒状態　　76
情緒的な難しさ　　32, 33, 39
情緒発達　　70
情動律動　　93
知る本能　　113
神経症　　71, 72, 78, 80
死んだ環境　　15
心的現実　　4, 41, 65, 71, 72, 78, 82, 85, 89, 112, 123, 182
心的構造　　84
信念　　14, 118, 120, 130, 176
親密な関係内での孤立　　4, 33, 66, 67, 208
心理的発達　　92, 153
心理療法家　　36
スキゾイド・パーソナリティ　　56
性愛　　119, 165
性愛化　　14
性愛転移　　31
性交　　202
制止　　43, 159
精神性的発達　　17
精神病　　111, 137, 170

精神病状態　　118
精神病部分　　116
精神病理　　101, 104, 108
精神分析　　1, 10, 12, 24, 49, 55, 62, 70, 91, 102, 129, 158, 167, 188
　——の治療作用　　2, 13, 25
　——の治療作用の本質　　41
　——への愛　　157
精神分析家　　36
精神分析過程　　37
精神分析協会　　50
精神分析的事実　　58, 60, 61, 66, 76
精神分析療法　　15
性的いたずら　　78
性的活動　　102
性的両親　　119
生の感覚データ　　9
性欲動　　71
性欲論三篇　　102, 129
性理論　　131
接触障壁　　174
接続　　173, 176
Z氏　　28
潜在内容　　174
潜在夢思考　　9, 10, 51, 170, 195
全体自己　　96
全体状況　　27, 36
全体対象　　96, 208
選択的注意　　150, 155
宣伝活動家　　69
羨望　　3, 38, 45, 49, 70, 71, 98, 100, 106, 155, 161, 193, 202
蒼古の超自我　　2, 4, 8, 20, 21, 41, 48, 49, 50, 53～57, 68, 90, 91, 132, 143, 168, 184
蒼古的道徳的非難　　9
創造　　111
創造性　　6, 40, 121, 123, 196
想像力　　197

た行

退行　　43, 92, 95, 102, 104, 147
対象　　80, 93, 95, 124, 138, 167
対象の喪失　　135, 145
対象関係　　3, 8, 87, 89, 103, 111, 164, 187, 193
　　真の――　　136
体内化　　129
耐え難いこころの状態　　9, 10, 188, 194, 198
脱価値化　　99
脱錯覚　　142
脱人格化　　137
脱性愛化　　68
知覚　　196, 205
　　――する能力　　199
知覚表象　　195
知性を見失った状態　　43, 54, 57
超自我　　7, 16, 17, 39, 47, 50, 127, 143, 146, 193
　　成熟した――　　53
　　――による自我機能の簒奪　　146
治療目標　　90
償い　　145
つながり　　7, 52, 143, 144, 167
つなぐこと　　113
抵抗　　16, 40, 104
転移　　4, 32, 43, 63, 76, 80, 81, 82, 86, 88, 89, 90, 150
　　――の収集　　41
転移解釈　　19, 21, 41, 56
転移関係　　107
転移神経症　　15, 16, 80
転移対象　　81
転移分析　　15, 80
転移役割　　150, 162
転換　　170, 194
展望の逆転　　97, 100, 108, 109
投影　　8, 9, 16, 17, 25, 27, 41, 46, 48, 65, 81, 95, 100, 114, 115, 120, 124, 167, 170, 179, 186, 189, 193, 202
　　攻撃的な――　　191, 193
　　差し迫った――　　191, 193
投影逆同一化　　26
投影同一化　　5, 26, 44, 79, 80, 82, 85, 87, 88, 91, 132, 143, 179, 187, 206
　　大規模な――　　105
倒錯　　102, 165
統合　　188
統合的アルファ機能　　9, 194, 195, 198
同一化　　39, 95, 128, 153, 167
同一志向　　153
洞察　　27, 44, 88
取り入れ　　9, 16, 95, 120, 129, 148, 188, 193
取り入れ同一化　　5
貪欲さ　　46

な行

内在化　　87
内的空想世界　　121
内的結合両親　　120
内的現実　　5, 9, 12, 56, 79, 81, 87, 93, 96, 112, 115, 116, 121, 124, 193, 196, 199
内的人物像　　68
内的世界　　36, 115
内的損傷　　84
内的対象　　6, 7, 17, 41, 65, 72〜75, 127, 130, 136, 150, 157, 163, 165, 167, 190, 202
内的対象関係　　167
内的対象世界　　131, 155
内的な難しさ　　42
内的両親カップル　　119
憎しみ　　38, 135, 138
偽の対象　　144
偽の対象関係　　134, 137
日中残滓　　72, 195

は行

パーソナリティ　32, 35, 37, 43, 53, 84, 91, 107, 109, 147, 150, 177, 186
　　——の自己愛的側面　154
　　——の精神病的部分　110, 171
破壊性　29, 39, 40
破壊的自己愛　139
破壊的衝動　29, 32
破壊的対象関係　103
破壊本能　104
迫害の不安　208
発達　41, 49, 56, 147
反アルファ機能　9, 10, 196, 198, 204
反アルファ要素　9, 10, 197, 198
万能感　12, 14, 20, 25, 27, 120, 204
万能的　129
万能的空想　92, 108, 130, 147, 187, 190, 206
万能的信念　178
万能的投影同一化　196
万能的同一化　147
万能的同一化空想　6
反復　81
非自己愛的側面　155, 208
ヒステリー　208
美的葛藤　4, 71
一人精神病　26
否認　50
非万能的同一化　147
表象　128, 174, 176, 182
病理的な投影同一化　3
病理的精神状態　105
不安　48, 53, 57
不安感　206, 208
不正確な解釈　104
二人精神病　26, 40, 187, 190
物理的実体　128
部分対象関係　95
ブラッドショウ・ウィークエンド　45, 99
分割　22, 27, 43, 50, 95, 104, 137, 142, 148, 186, 189
分割排除　10, 27, 28, 31, 32, 35, 37, 38, 107, 131, 186, 191
分析家　18, 55, 109
分析家の抵抗　35
分析過程　175
分析状況　15, 43
分析設定　157
分析的アルファ機能　9, 10, 194, 198, 208
分析的関係　89
分析的接触　163
分析的第三者　89
分離　153
分裂妄想ポジション　187
ベータ要素　3, 8, 9, 51, 52, 53, 56, 170, 172, 175, 179, 183, 194, 197, 198
変化をもたらす解釈　2, 3, 8, 18, 20, 41～44, 47～50, 54, 57, 204
変形　82, 85, 86, 87, 89, 97, 108, 109, 181
防衛　18, 48
防衛システム　36
ホールディング　10
補助自我　56
補助超自我　7, 17, 18, 47, 53, 56, 57
本当のこと　55, 56, 57
本能　79, 198
本能衝動　9
本能欲動　195

ま行

魔術的思考　94
魔術的防衛　133
慢性抑うつ　98
ミイラ化したパーソナリティ　15
無意識　32, 123, 186
無意識的信念　21, 64

無意識的観念　　183
無意識的願望空想　　72
無意識的空想　　3, 9, 10, 27, 34, 71, 78, 79, 80, 95, 97, 108, 113, 115, 120, 128, 131, 142, 152, 186, 195, 196, 198
無意識的蒼古的対象　　18
無意識的妄想　　79, 80, 81, 96, 97, 101, 108, 109, 176, 179, 183
メンタライズ　　128, 146
喪　　135
　　──の感情　　153
妄想　　8, 9, 10, 94, 118, 175, 178, 197, 198
妄想的確信　　126
妄想的対象　　155
妄想的転移　　90
妄想分裂ポジション　　3, 6, 95, 129, 131, 137, 142, 149, 154
妄想分裂機制　　148, 207
妄想分裂対象　　207
妄想分裂的対象関係　　148, 168, 187
妄想分裂的超自我　　146
妄想分裂的同一化　　131
妄想分裂内的対象　　130, 131, 143
もの想い　　194

や行

役割応答性　　151
役割現実化　　151
役割非応答的　　153
薬物乱用　　177
やり通すこと　　31, 57, 135, 136, 150
誘惑理論　　71
夢　　171
夢見ること　　9, 170
　　──の理論　　195
夢見る能力　　199
よい外的対象　　53
よい対象　　22, 70, 127, 207
よい内的対象　　37, 53, 146
よい部分　　148
「よい」関係　　50
陽性転移　　14, 16, 38
抑圧　　13, 15, 43, 78, 79, 185
抑うつ状態　　208
抑うつ的　　8
抑うつ的側面　　208
抑うつ的対象関係　　148
抑うつ的同一化　　6, 7, 146
抑うつ的な気づき　　148, 156
抑うつ的認識　　7
抑うつ的不安　　153
抑うつ内的対象　　130, 134
抑うつポジション　　3, 6, 7, 17, 130, 131, 137, 142, 147, 149, 167
欲求不満　　197

ら行

理想化　　50, 104
理想化する転移　　13, 14
両親カップル　　163
臨床的事実　　3, 58, 60, 61, 66, 71, 75
臨床的精神分析的事実　　4

わ行

悪い対象　　22, 127, 207
悪い内的対象　　37
悪い部分　　148

著者について

ロバート・ケイパー博士は，リード大学と UCLA 医学部とを卒業している。彼は，カリフォルニア精神分析センターの訓練・スーパーバイジング分析家であり，Immaterial Facts: Freud's Discovery of Psychic Reality and Klein's Development of His Work の著者である。彼には，精神分析の理論や技法に関する数多くの論文があり，そのうちの多くが本巻に登場している。

監訳者略歴

松木邦裕（まつき　くにひろ）
1950 年　佐賀市に生まれる
1975 年　熊本大学医学部卒業
1975 年　九州大学心療内科勤務
1978 年　福岡大学医学部精神科勤務
1985～87 年　タヴィストック・クリニックに留学
1987～99 年　医療法人恵愛会福間病院勤務
現　在　京都大学大学院教育学研究科教授
　　　　日本精神分析学会会長
　　　　日本精神分析協会正会員
訳　書　ケースメント「患者から学ぶ」（訳）・「あやまちから学ぶ」（監訳），（岩崎学術出版社），ストレイチー他「対象関係論の基礎」（訳　新曜社），ビオン「ビオンの臨床セミナー」（共訳）・「再考：精神病の精神分析論」（監訳）（金剛出版）
著　書　「対象関係論を学ぶ」・「分析臨床での発見」・「精神分析体験：ビオンの宇宙」（岩崎学術出版社），「精神病というこころ」・「摂食障害というこころ」（新曜社），「私説　対象関係論的心理療法入門」（金剛出版）「分析空間での出会い」（人文書院），精神分析臨床シリーズ（「摂食障害」，「抑うつ」，「精神病」）（編著　金剛出版），その他多数

訳者略歴（五十音順）

池田暁史（いけだ　あきふみ）
1972 年　山形県に生まれる。夏の暑さにも冬の寒さにもめげずに育つ
1999 年　東京大学医学部卒業
　　　　東京大学医学部精神神経科入局
2003 年　杏林大学医学部精神神経科学教室
2011 年　文教大学人間科学部臨床心理学科准教授
担当章　謝辞，第 1 章，第 2 章，第 11 章
著訳書　「自我心理学の新展開」（分担執筆　ぎょうせい），「患者理解のための心理学用語」（分担執筆　SMS），アレン他「メンタライゼーション・ハンドブック」（訳　岩崎学術出版社），他

久保田圭子（くぼた　けいこ）
1973 年　兵庫県に生まれ，東京で育つ

2000年　東京都立大学人文科学研究科心理学専攻博士課程単位取得満期退学
現　職　国立病院機構下総精神医療センター　臨床心理士
担当章　第3章，第9章

坂井俊之（さかい　としゆき）
1977年　東京に生まれる
2003年　上智大学大学院心理学専攻博士前期課程修了
2007年　東京医科大学病院メンタルヘルス科勤務
現　職　東京医科大学病院メンタルヘルス科臨床心理士・上智大学大学院博士後期課程在籍
担当章　第6章，第10章

藤巻　純（ふじまき　じゅん）
1968年　神奈川県生まれ
1994年　横浜市立大学医学部卒業
　　　　東京大学医学部附属病院にて研修
現　職　オフィスF（サイコセラピーオフィス）主宰
担当章　第4章，第8章

古川俊一（ふるかわ　しゅんいち）
1970年　北海道に生まれる
1996年　宮崎医科大学医学部卒業
　　　　東京大学医学部附属病院精神神経科入局
現　職　東京大学医学部附属病院リハビリテーション部助教
担当章　第5章，第12章前半
著訳書　QOLを高めるリハビリテーション看護第2版（分担執筆　医歯薬出版），よくわか
　　　　るリハビリテーション（分担執筆　ミネルヴァ書房），コリガン他「IST協働型スタッ
　　　　フ研修法──活力ある『精神障害者支援チーム』をめざして」（共訳　創造出版）

別所晶子（べっしょ　あきこ）
1974年　東京に生まれる
2004年　上智大学大学院心理学専攻博士後期課程満期退学
2007年　済生会横浜市東部病院勤務
現　在　米国コロンビア大学大学院在学中
担当章　第7章，第12章後半

米国クライン派の臨床
自分自身のこころ
ISBN978-4-7533-1025-8

監訳者
松木 邦裕

第1刷 2011年8月10日

印刷 新協印刷㈱／製本 河上製本㈱
発行所 ㈱岩崎学術出版社 〒112-0005 東京都文京区水道1-9-2
発行者 村上 学
電話 03-5805-6623 FAX 03-3816-5123
2011Ⓒ 岩崎学術出版社
乱丁・落丁本はおとりかえいたします。検印省略

対象関係論を学ぶ	松木　邦裕　著
●クライン派精神分析入門	本体3,000円＋税

分析臨床での発見	松木　邦裕　著
●転移・解釈・罪悪感	本体3,200円＋税

精神分析体験: ビオンの宇宙	松木　邦裕　著
●対象関係論を学ぶ　立志編	本体3,000円＋税

―― * ―― * ――

患者から学ぶ	P．ケースメント　著
●ウィニコットとビオンの臨床応用	松木　邦裕　訳
	本体4,500円＋税

あやまちから学ぶ	P．ケースメント　著
●精神分析と心理療法での教義を超えて	松木　邦裕　監訳
	本体4,000円＋税

人生から学ぶ	P．ケースメント　著
●ひとりの精神分析家になること	松木　邦裕　監訳
	山田　信　訳
	本体3,800円＋税

―― * ―― * ――

精神分析事典	小此木　啓吾　編
	本体20,000円＋税